普通高等教育"十二五"规划教材

财务报表编制与分析

王玉梅 曾 瑶 编著

北京邮电大学出版社
www.buptpress.com

内 容 简 介

财务报表编制与分析,主要包括财务报表编制和财务报表分析两大部分。财务报表编制部分,围绕资产负债表、利润表和现金流量表三大报表,介绍如何根据企业的经济业务,按照账务处理程序进行会计处理,最终编制财务报表的各个程序的基本理论和具体的编制方法。财务报表分析部分,同样围绕上述三大报表,从水平分析、垂直分析和比率分析等方面,分别从不同角度、用不同方法,并结合企业的行业特点、经营模式、经营战略、企业所处的外围环境等具体因素,讲授财务分析的理论知识、切入角度及具体的分析方法。

图书在版编目(CIP)数据

财务报表编制与分析 / 王玉梅,曾瑶编著. --北京:北京邮电大学出版社,2015.8(2023.8 重印)
ISBN 978-7-5635-4393-9

Ⅰ. ①财… Ⅱ. ①王…②曾… Ⅲ. ①会计报表—编制—教材②会计报表—会计分析—教材 Ⅳ. ①F231.5

中国版本图书馆 CIP 数据核字(2015)第 129424 号

书　　　　名:	财务报表编制与分析
著作责任者:	王玉梅　曾　瑶　编著
责 任 编 辑:	马晓仟
出 版 发 行:	北京邮电大学出版社
社　　　　址:	北京市海淀区西土城路 10 号(邮编:100876)
发　行　部:	电话:010-62282185　传真:010-62283578
E-mail:	publish@bupt.edu.cn
经　　　　销:	各地新华书店
印　　　　刷:	北京虎彩文化传播有限公司
开　　　　本:	787 mm×1 092 mm　1/16
印　　　　张:	14.5
字　　　　数:	374 千字
版　　　　次:	2015 年 8 月第 1 版　2023 年 8 月第 2 次印刷

ISBN 978-7-5635-4393-9　　　　　　　　　　　　　　　　　　　定价:30.00 元

· 如有印装质量问题,请与北京邮电大学出版社发行部联系 ·

前　言

财务报表编制是会计账务处理程序的最终环节，而编制完成的财务报表是进行财务报表分析的基础和依据。理解财务报表编制的基本理论，掌握财务报表编制的基本方法，一方面是正确编制财务报表的前提，另一方面也是进行财务报表分析的知识储备。由此，本书将财务报表编制与财务报表分析的内容融合为一本教材，使学生在学习财务报表编制的前提下，产生循序渐进的认识，能够更深入地理解财务报表分析。

本书的主要特点体现在以下几方面。

第一，按照学习和理解知识的规律来安排教材的结构、层次和内容。具体体现在：在财务报表编制部分，先讲解资产负债表、利润表、现金流量表等报表设计的内在理论，使学生理解为什么报表是以这种形式存在，而不是其他形式，在此基础上，按照实务操作的逻辑思路，逐步讲解具体的财务报表的编制程序和方法，使学生知其然更知其所以然。在财务报表分析部分，给出真实的上市公司案例，逐步引导学生按照财务分析的理论和方法进行分析。

第二，突出财务报表编制和分析的案例设计。按照财务报表的编制和分析程序，分步骤手把手地讲解每一个编制和分析环节，将复杂的内容简单化，易于学生理解和掌握。同时，将理论知识切实融入实际案例的操作中，深入浅出，突出实用性、可操作性，使学生易学易懂。

第三，设计真实的理财环境。在财务报表分析部分，数据资料来源于上证所披露的中国联通等近五年真实的上市公司财务报告及相关信息，使学生置身于真实的理财环境，强化学生的报表编制与分析技能，培养学生的主动学习能力、实践能力、创造能力。同时，将中国联通近五年的财务报表作为附录，附在教材最后，便于学习查阅。

全书共有9章。第1章至第5章为财务报表编制部分；第6章至第9章为财务报表分析部分。本书第1章和第6章由曾瑶编写，第2章、第3章、第4章、第5章、第7章、第8章、第9章由王玉梅编写。

在本书的编写过程中，参考了相关的文献，从中受益匪浅，在此对这些文献的著作者表示深深的感谢。由于时间仓促，加之我们的理论水平有限，书中不当之处，恳请读者批评指正。

编　者

目　录

第一章　财务报表编制概述 ……………………………………………………… 1
　　第一节　财务报表及其编制的意义 …………………………………………… 1
　　第二节　财务报表编制的规范与要求 ………………………………………… 4

第二章　资产负债表编制 …………………………………………………………… 8
　　第一节　资产负债表概述 ……………………………………………………… 9
　　第二节　资产负债表编制原理 ………………………………………………… 12
　　第三节　资产负债表编制信息基础 …………………………………………… 15
　　第四节　资产负债表编制方法 ………………………………………………… 22
　　第五节　资产负债表的编制实例 ……………………………………………… 25

第三章　利润表编制 ………………………………………………………………… 55
　　第一节　利润表概述 …………………………………………………………… 55
　　第二节　利润表编制原理 ……………………………………………………… 59
　　第三节　利润表编制方法 ……………………………………………………… 61
　　第四节　利润表编制实例 ……………………………………………………… 64

第四章　现金流量表编制 …………………………………………………………… 68
　　第一节　现金流量表概述 ……………………………………………………… 69
　　第二节　现金流量表编制原理 ………………………………………………… 73
　　第三节　现金流量表编制的信息基础 ………………………………………… 74
　　第四节　现金流量表编制方法 ………………………………………………… 76
　　第五节　现金流量表编制实例 ………………………………………………… 81

第五章　所有者权益变动表和会计报表附注编制 ………………………………… 87
　　第一节　所有者权益变动表和会计报表附注概述 …………………………… 88
　　第二节　所有者权益变动表和会计报表附注编制的信息基础 ……………… 92
　　第三节　所有者权益变动表的编制方法 ……………………………………… 93

第四节　所有者权益变动表编制实例 ································· 95

第六章　财务报表分析理论基础 ································· 98
　　第一节　财务报表分析的含义与意义 ································· 98
　　第二节　财务报表分析的对象与内容 ································· 101
　　第三节　财务报表分析的原则与程序 ································· 105
　　第四节　财务报表分析方法 ································· 108

第七章　资产负债表分析 ································· 116
　　第一节　资产负债表结构分析 ································· 116
　　第二节　资产负债表偿债能力分析 ································· 127
　　第三节　资产负债表营运能力分析 ································· 134

第八章　利润表分析 ································· 141
　　第一节　利润表增减变动分析 ································· 142
　　第二节　利润表结构变动分析 ································· 145
　　第三节　利润表盈利能力分析 ································· 148
　　第四节　杜邦财务分析法 ································· 155

第九章　现金流量表分析 ································· 159
　　第一节　现金流量表结构分析 ································· 159
　　第二节　现金流量表比较分析 ································· 167
　　第三节　现金流量表比率分析 ································· 170

思考与练习 ································· 175

思考与练习答案(客观题) ································· 193

附录一 ································· 197

附录二 ································· 207

附录三 ································· 213

参考文献 ································· 223

第一章 财务报表编制概述

知识体系框架

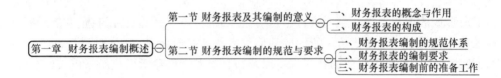

学习目标

本章主要讲授财务报表的概念、作用、基本构成,以及财务报表编制的规范与要求。通过本章的学习需要达到以下教学目标:

1. 财务报表的概念与作用(理解);
2. 财务报表的基本构成(掌握);
3. 财务报表编制基本规范与要求(了解);
4. 财务报表编制前需要做的准备工作(理解)。

第一节 财务报表及其编制的意义

一、财务报表的概念与作用

财务报表是企业在日常会计核算资料的基础上,利用统一的货币计量单位,按照财务报表统一规定的格式、内容和编制方法定期编制的,综合反映企业财务状况和经营成果、现金流量状况的书面文件。编制财务报表是会计核算的一种专门方法。

会计工作的目的,是向企业的管理者和与企业有关的外部各利害关系集团提供决策有用的会计信息。在会计制度和会计准则规范下,会计人员通过填制和审核会计凭证、登记账簿等会计核算方法,对企业所发生的各种经济业务虽然已经进行了连续、系统、全面的记录,但是这些日常核算资料比较庞杂、分散,不能集中、概括、相互联系地反映企业的经济活动及其经营成果的全貌。因此,不便于理解和利用,很难满足信息使用者的需要。为了使会计信息有用,还需要对日常的会计核算资料进一步进行加工整理,并按照一定的要求和格式,定期编制财务报表。

财务报表的作用,可概括为以下五个方面。

(1) 为企业内部的经营管理者进行日常经营管理提供必要的信息资料。

各企业的经营管理者,需要经常不断地考核、分析本企业的财务状况、成本费用情况;评价本企业的经营管理工作;总结经验、查明问题存在的原因;改进经营管理工作、提高管理水平;预测经济前景、进行经营决策。所有这些工作都必须借助于财务报表所提供的会计信息才能够进行。

(2) 为投资者进行投资决策提供必要的信息资料。

企业的投资者包括国家、法人、外商和社会公众等。投资者所关心的是投资的报酬和投资的风险,在投资前需要了解企业的财务状况和经营活动情况,以便做出正确的投资决策;投资后,需要了解企业的经营成果、资金使用状况以及资金支付报酬的能力等资料。而财务报表正是投资者了解所需信息的唯一或主要渠道。

(3) 为债权人提供企业的资金运转情况和偿债能力的信息资料。

随着市场经济的不断发展,商业信贷和商业信用在社会经济发展的过程中日趋重要。由商业信贷所形成的债权人主要包括银行、非银行金融机构等,它们需要反映企业能按时支付利息和偿还债务的资料。由商业信用所形成的债权人是商品经济条件下的债权人(通过供应材料、设备及劳务等交易成为企业的债权人),以及因公司发行债券所形成的债权人(包括法人和社会公众),他们需要了解企业偿债能力的资料。而财务报表也是债权人了解这些信息的唯一或主要渠道。

(4) 为财政、工商、税务等行政管理部门,提供对企业实施管理和监督的各项信息资料。

财政、工商、税务等行政管理部门,履行国家管理企业的职能,负责检查企业的资金使用情况、成本计算情况、利润的形成和分配情况以及税金的计算和结缴情况;检查企业财经法纪的遵守情况。财务报表作为集中、概括反映企业经济活动情况及其结果的会计载体,是财政、工商、税务各部门对企业实施管理和监督的重要资料。

(5) 为企业内部审计机构和外部审计部门检查、监督企业的生产经营活动,提供必要的信息资料。

审计包括企业内部审计和外部审计。而审计工作一般是从财务报表审计开始的,所以,财务报表不仅能够为审计工作提供详尽、全面的数据资料,而且可以为会计凭证和会计账簿的进一步审计指明方向。

二、财务报表的构成

1. 财务报表的构成

一般情况下,财务报表由以下四部分构成。

(1) 表头

财务报表的表头主要包括财务报表的名称、财务报表反映的时间(某一特定日期或某一会计期间)、编表单位名称和盖章、报表编号和金额单位等内容。

(2) 主表

主表即财务报表的主要内容,用以反映财务报表所要提供的主要会计信息。不同的财务报表所要提供的信息不同,财务报表主表的结构也各异。不同财务报表的主表的结构将在以后各节中作详细介绍。

(3) 补充资料

财务报表的补充资料也叫财务报表附注,是为帮助信息使用者了解财务报表的内容而对报表的有关项目等所作的解释或说明。主要包括：①所采用的主要会计处理方法；②会计处理方法的变更情况、变更原因及其对企业财务状况和经营成果的影响；③非经常性项目的说明；④财务报表中有关重要项目的明细资料；⑤其他有助于理解和分析报表需要说明的事项。

(4) 附表

财务报表的附表也是一张完整的财务报表，因其编制是建立在某一张财务报表编制的基础之上而得名。如"利润分配表"为"利润表"的附表。附表可单独编制，也可和主表合并在一起编制。如可将利润表和利润分配表合并编制"利润及利润分配表"。

2. 财务报表的种类

不同性质的经济单位，由于会计核算的内容和经济管理的要求不同，所编制的财务报表的种类也不尽相同。就企业而言，其所编制的财务报表也可以按照以下标准划分为不同的类别。

(1) 按照财务报表所反映的经济内容不同的分类

① 反映企业财务状况的财务报表。这类报表是用来总括反映企业在某一特定日期的财务状况的财务报表，如"资产负债表"。

② 反映企业经营成果的财务报表。这类报表是总括反映企业在一定时期的经营成果及其分配情况的财务报表，如"损益表"和"所有者权益变动表"。

③ 反映企业现金流入和流出情况的财务报表。这类报表是以现金的流入和流出来反映企业在一定时期内的经营活动、投资活动和筹资活动的财务报表，如"现金流量表"。

④ 反映企业收支情况的财务报表。这类报表是总括反映企业在一定时期内收入的取得和费用的支付情况的财务报表，如"主营业务收支明细表"。

⑤ 反映企业成本、费用情况的财务报表。这类报表是总括反映企业在一定时期内，因生产加工产品所发生的各项费用的支出和成本形成情况的财务报表，主要包括以下三类：

- 反映企业在一定时期内期间费用的支出情况的财务报表，如"管理费用明细表""财务费用明细表""产品销售费用明细表"。
- 反映企业在一定时期内制造费用支出情况的财务报表，如"制造费用明细表"。
- 反映企业在一定时期内所生产的产品生产成本形成和构成情况的财务报表，如"主要产品单位成本表"和"产品生产成本报表"等。

(2) 按照财务报表的报送对象不同的分类

① 对外财务报表。按照我国现行会计准则和会计制度的规定，企业对外报送的财务报表包括"资产负债表""利润表""现金流量表"和"所有者权益变动表"四种财务报表。企业对外报送的财务报表的具体格式、编制方法和报送时间均由财政部统一规定，任何单位都不得随意增减。

② 对内财务报表。企业对内财务报表的种类、格式、编制方法及其编制时间均由各单位根据本单位的经营特点和管理要求自行规定、自行设计。对于工业企业对内财务报表一般包括反映企业收支情况的财务报表和反映企业成本、费用情况的财务报表。

本书只对"资产负债表""利润表""现金流量表"及"所有者权益变动表"等对外财务报表进行介绍。

(3) 按照财务报表的编制主体不同的分类

① 个别财务报表。个别财务报表是指对外投资的单位所编制的只反映本单位的财务状况及其经营成果的财务报表，包括对内和对外财务报表。

② 合并财务报表。合并财务报表是指对外投资的企业，当其投资总额占被投资企业资本

总额的50%以上的情况下,将投资企业与被投资企业视为一个会计主体,将双方的有关经济指标合并在一起,由投资企业所编制的财务报表。合并财务报表所反映的是投资企业与被投资企业共同的财务状况和经营成果,一般只编制对外财务报表。

(4) 按照财务报表所编制的时间不同的分类

① 年度财务报表。年度财务报表也称年报,是用以总括反映企业年终财务状况和全年的经营成果情况的财务报表,主要包括"资产负债表""利润表""现金流量表"和"所有者权益变动表"。年度财务报表至少应反映两个会计年度或者相关两个会计期间的比较数据。

② 半年度财务报表。半年度财务报表也称中报,是用以总括反映企业会计年度中期财务状况和经营成果情况的财务报表。主要包括"资产负债表""利润表""所有者权益变动表"和"现金流量表"。半年度财务报表同年度财务报表一样,至少应反映两个会计年度或者相关两个会计期间的比较数据。

③ 季度财务报表。季度财务报表也称季报,是用来总括反映企业季末的财务状况和一个季度的经营成果情况的财务报表,主要包括"资产负债表"和"利润表"。

④ 月度财务报表。月度财务报表也称月报,是用来总括反映企业月末的财务状况及其一个月的经营成果情况的财务报表,主要包括"资产负债表"和"利润表"。

在编制对外财务报表时,哪些财务报表为年度和半年度财务报表,哪些财务报表为季度财务报表,哪些财务报表为月度财务报表,都应按照《企业会计准则》和行业会计制度的统一规定办理。在企业持续经营的条件下,一般按年、季、月定期编制财务报表,但在某种特殊情况下,则需要不定期编制财务报表,随着知识经济的到来和资本经营的不断扩展,不定期编制财务报表的情况会越来越多。如企业的破产、合并、联营、重组等,都需要编制不定期的财务报表。

(5) 按照财务报表编制单位的不同的分类

① 单位财务报表。单位财务报表是指由独立核算的会计主体编制的,用以反映该会计主体的财务状况、经营成果及其收支和成本、费用情况的财务报表。

② 汇总财务报表。汇总财务报表是由上级主管部门将其所属各基层经济单位的财务报表,与其本身的财务报表汇总编制而成的财务报表,用以反映一个部门或一个区域的经济情况。

(6) 按照财务报表反映的资金运动状态的分类

① 静态财务报表。静态报表也称时点报表,是指反映企业资金运动处于某一相对静止状态的财务报表,一般情况下,反映企业某一特定日期的财务状况的财务报表为静态财务报表,如"资产负债表"。

② 动态财务报表。动态报表也称时期报表,是指反映企业资金处于运动状态的财务报表,一般情况下,反映企业某一特定时期内的经营成果的"利润表"和反映企业在一定时期内经营活动、投资活动和筹资活动的"现金流量表"均为动态财务报表。

《企业会计准则第30号——财务报表列报》中明确了通用财务报表的组成及列报要求。准则中指出:财务报表至少应当包括资产负债表、利润表、现金流量表、所有者权益(股东权益)变动表和附注。

第二节 财务报表编制的规范与要求

一、财务报表编制的规范体系

制约企业财务报表编制的法律规范,包括《中华人民共和国会计法》(以下简称《会计法》)

和《企业会计准则》。《会计法》和《企业会计准则》构成了企业编制财务报表的规范体系,是企业在编制财务报表时必须遵守的基本规范。

《会计法》是制定各项会计法规的基本依据。《会计法》由总则、会计核算、公司及上市公司会计核算的特别规定、会计监督、会计机构和会计人员、附则等部分构成。

总则部分,明确了《会计法》的适用范围和有关人员依法行事的责任以及会计工作的管理权限等。会计核算部分,主要规定了应当办理会计手续,进行会计核算的内容,以及会计期间的划分和会计核算记账本位币等;还对会计核算程序、会计资料的保管等提出了要求。公司及上市公司会计核算的特别规定部分,明确了公司及上市公司会计核算的特殊性和重要性,对其会计核算做出了若干禁止性规定。会计监督部分,规定各单位要建立健全内部会计监督制度,同时还必须接受财政、审计以及税务等外部监督,并明确了内部监督和外部监督的职责要求。会计机构和会计人员部分,主要就会计机构的设置和人员配备,会计人员从业资格、职业道德和继续教育等做出了规定。法律责任部分,主要就单位领导人、会计人员等违反《会计法》应承担的法律责任做出了明确的规定。

《企业会计准则》分为基本准则和具体准则两个层次。基本准则,是在《会计法》的约束下,为保证会计信息的质量,对企业会计确认、计量和报告行为的一般要求和原则性规定。具体准则是根据基本准则的要求制定的,关于企业发生的经济业务的会计确认、计量和报告等的具体规定。

《企业会计准则》是会计核算工作的基本规范,《企业会计准则——基本准则》于2006年2月15日以财政部令第33号公布,根据2014年7月23日中华人民共和国财政部令第76号《财政部关于修改〈企业会计准则——基本准则〉的决定》修改。该《基本准则》分总则、会计信息质量要求、资产、负债、所有者权益、收入、费用、利润、会计计量、财务会计报告、附则11章50条,自2007年1月1日起施行。同时为规范企业会计确认、计量和报告行为,保证会计信息质量,根据《会计法》《企业会计准则——基本准则》等国家有关法律、行政法规,财政部制定了《企业会计准则第1号——存货》等38项具体准则,自2007年1月1日起在上市公司范围内施行,鼓励其他企业执行。

二、财务报表的编制要求

财务报表作为企业内部管理者了解本单位生产经营活动情况及其结果的重要信息资料和企业外部利害关系集团了解企业财务状况及其经营成果的唯一信息资料,必须保证质量,以充分发挥其在决策中的作用。

报表编制前,企业要保证账证相符、账账相符、账实相符,编制总账科目余额表,对企业的当期业务进行试算平衡,然后编制账务报表,保证账务报表的真实性与准确性。企业应根据真实的交易、事项以及完整、准确的账簿记录等资料,并按照国家统一的会计制度规定的编制基础、编制依据、编制原则和方法进行财务报表的编制。财务报表编制要达到内容完整、数字真实、计算准确、编报及时的基本要求。

1. 内容完整

财务报表必须按照国家规定的报表种类和内容填报,不得漏填漏报。财务报表应填列的内容,无论是表内项目,还是报表附注资料,都应一一填列齐全。对于汇总财务报表和合并财务报表,应按项目分别进行汇总或扣除,不得遗漏。

2. 数字真实

数字真实是指财务报表要与报表编制企业的客观财务状况、经营成果和现金流量相吻合，因此，为了保证财务报表的真实性，财务报表中各项目数字必须以报告期的实际数字来填列，不能使用计划数、预测数代替实际数，更不允许弄虚作假、篡改伪造数字。

3. 计算正确

对于各财务报表中那些需要经过专门计算才能填列的项目，必须根据《企业会计准则》《企业财务通则》和《行业会计制度》中规定的计算口径、计算方法和计算公式进行计算，不得任意删减和增加。

4. 编报及时

编报及时是指企业应按规定的时间编报财务报表，及时逐级汇总，以便报表的使用者能够及时、有效地利用财务报表资料。财务报表必须向各信息使用者提供于经济决策有用的会计信息，而经济决策又具有强烈的时间性，因此，财务报表提供的会计信息要满足有用性质量标准，必须编报及时。为此，企业应组织好会计的日常核算工作，选择适合本企业具体情况的会计核算组织形式，及时记账、算账并按期结账，为财务报表的及时编报奠定基础。

三、财务报表编制前的准备工作

为使财务报表达到内容完整、数字真实、计算准确、编报及时的要求，以保证报表编制的质量，在编制报表前应做好以下准备工作。

1. 财产清查

企业在编制年度财务会计报告前，应当进行全面的资产清查和债务核实，以保证账实一致。清查的内容包括以下几个方面。

（1）结算款项的清查。结算款项的清查包括核查应收款项、应付款项、应交税费等是否存在，以及与相关的债务、债权单位的相应债务、债权金额是否一致。

（2）存货的清查。存货的清查包括核查原材料、在产品、自制半成品、库存商品等各项存货的实际结存数量与账面结存数量是否一致，检查是否有报废、毁损以及积压等情况。

（3）对外投资的清查。对外投资的清查包括核查各项对外投资是否存在，投资收益是否按照会计准则的要求进行了确认和计量。

（4）固定资产的清查。固定资产的清查包括核查房屋建筑物、机器设备、运输工具等各项固定资产的实存数量与账面数量是否一致。

（5）在建工程的清查。在建工程的核查包括核查工程物资的实际结存数量与账面结存数量是否一致、在建工程的实际发生额与账面记录是否一致。

（6）其他。需要清查、核实的其他内容。

企业通过上述规定的清查、核实，查明财产物资的实存数量与账面数量是否一致，各项结算款项的拖欠情况及其原因，材料物资的实际储备情况，各项投资是否达到预期目的，固定资产的使用情况及其完好程度等。企业清查、核实后，应当将清查、核实结果及其处理办法向企业的董事会或者相应机构报告，并进行相应的会计处理。

企业应当在年度中间根据具体情况，对各项财产物资和结算款项进行重点抽查、轮流清查或者定期清查。

2. 其他准备工作

企业在编制财务会计报告前，除应当全面清查财产、核实债务外，还应当完成以下准备工作。

（1）账证核对。核对各会计账簿记录与会计凭证的内容、金额等是否一致，记账方向是否相符。

（2）结账，并进行账账核对。首先应在规定的结账日进行账目结算，结出有关账簿的发生额和余额；并在此基础上核对各会计账簿之间的余额，包括总账与所属明细账余额的核对以及总账发生额或余额的试算平衡。

（3）检查相关的会计核算是否按照国家统一会计准则或制度的规定进行。

（4）对于没有规定统一核算方法的交易、事项，检查其是否按照会计核算的一般原则进行确认和计量，以及相关账务处理是否合理。

（5）检查是否存在因会计差错、会计政策变更等原因需要调整前期或者本期相关项目。

对在上述工作中发现的问题，企业应当按规范的方法及时进行更正。

第二章 资产负债表编制

知识体系框架

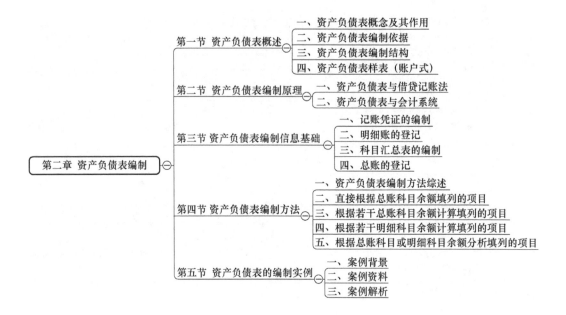

学习目标

本章主要讲授资产负债表的编制原理、编制方法、编制的信息基础,在此基础上,通过案例阐述资产负债表编制的方法。通过本章的学习需要达到以下教学目标:

1. 资产负债表的编制原理(理解);
2. 资产负债表的编制方法(掌握);
3. 资产负债表编制的信息收集(运用);
4. 资产负债表的编制(熟练掌握)。

资产负债表的编制,是财务报表编制的基础。资产负债表是一张什么样的报表?为什么要编制资产负债表?它是依据什么原理进行设计的?编制资产负债表需要哪些数据资料?有哪些编制方法?需要遵循怎样的编制程序?这些都是编制资产负债表前需要了解和掌握的相关问题。

本章就从回答上述问题入手，逐步讲授编制资产负债表的相关理论知识，并运用案例示例如何编制一张完整的资产负债表。

第一节　资产负债表概述

资产负债表是企业最为基础和重要的一张财务报表。要编制资产负债表，首先就要认识资产负债表，因此，在编制资产负债表之前，必须先了解资产负债表的概念、作用、编制结构、编制依据以及资产负债表的样表结构。

一、资产负债表概念及其作用

资产负债表是反映企业在某一特定日期财务状况的财务报表。而财务状况，则是指企业在某一时点上的资产、负债、所有者权益及其之间的相互关系。

编制资产负债表的主要目的，是将企业的财务状况提供给企业外部或内部的财务信息的使用者，使他们透过资产负债表了解到企业的资产、负债与所有者权益的结构以及规模，进一步分析和判断企业当前的偿债能力、营运能力以及企业经营的安全性等，为下一步决策提供依据。

二、资产负债表编制依据

资产负债表的编制依据为：资产＝负债＋所有者权益。

资产项目，分为流动资产和非流动资产，且流动性大的排在前；负债项目，分为流动负债和非流动负债，到期日近的排在前；所有者权益项目，永久性大的排在前。资产项目，借方为增加额，贷方为减少额；负债项目，借方为减少额，贷方为增加额；所有者权益项目，借方为减少额，贷方为增加额。

三、资产负债表编制结构

资产负债表的编制结构，分为报告式和账户式两种结构。

1. 报告式结构

报告式结构，是上市公司普遍采用的报表形式，也称为垂直式资产负债表。

报告式资产负债表，是将资产、负债以及所有者权益采用垂直排列的形式，排列于表格中，分为上、下两段。可以按照"资产－负债＝所有者权益"这一等式，先列示资产和负债项目作为第一段，后列示所有者权益项目作为第二段；或者按照"资产＝负债＋所有者权益"这一等式，先列示资产项目作为第一段，后列示负债和所有者权益项目作为第二段。

报告式资产负债表的优点是便于编制比较资产负债表，由于每行只有一个项目，所以易于进行旁注，注明某些需要说明项目的相关详细信息。缺点是资产、负债和所有者权益之间的恒等关系不直观。

报告式资产负债表的式样，如表2.1所示。

表 2.1 资产负债表报告式结构

编制单位：　　　　　　　　　20××年×月×日　　　　　　　　　　　单位：

项　　目	年初数	年末数
资产		
……		
资产合计		
负债		
……		
负债合计		
所有者权益		
……		
所有者权益合计		

2. 账户式结构

账户式资产负债表，是按照"资产＝负债＋所有者权益"这一等式，将资产项目排列在表的左边，负债和所有者权益项目排列在表的右边，从报表本身看上去，这一等式体现得非常直观。因此，账户式资产负债表的优点是资产、负债和所有者权益的平衡关系能一目了然，尤其是比较便于进行比较流动资产和流动负债的对应关系，但编制比较资产负债表时就显得不如报告式资产负债表方便。

账户式的编制结构如表 2.2 所示。

表 2.2 资产负债表账户式结构

编制单位：　　　　　　　　　20××年×月×日　　　　　　　　　　　单位：

项　　目	年初数	年末数	项　　目	年初数	年末数
流动资产			负债		
……			……		
流动资产合计			负债合计		
非流动资产			所有者权益		
……			……		
非流动资产合计			所有者权益合计		
资产总计			负债和所有者权益合计		

我国资产负债表的编制结构，一般企业均采用账户式结构。但随着我国上市公司财务报告披露的不断完善，上市公司一般采用报告式资产负债表结构。

四、资产负债表样表（账户式）

下面以账户式资产负债表为例，介绍资产负债表的样表，具体如表 2.3 所示。

表2.3 资产负债表账户式样表

编制单位： 20××年×月×日 单位：

资产	年初数	年末数	负债和所有者权益	年初数	年末数
流动资产：			流动负债：		
货币资金			短期借款		
交易性金融资产			应付票据		
应收票据			应付账款		
应收账款			预收账款		
预付账款			应付职工薪酬		
应收股利			应交税费		
应收利息			应付股利		
其他应收款			应付利息		
存货			其他应付款		
一年内到期的非流动资产			一年内到期的非流动负债		
其他流动资产			其他非流动负债		
流动资产合计：			流动负债合计：		
非流动资产：			非流动负债：		
可供出售金融资产			长期借款		
持有至到期投资			应付债券		
长期应收款			长期应付款		
长期股权投资			专项应付款		
投资性房地产			预计负债		
固定资产			递延所得税负债		
工程物资			其他非流动负债		
在建工程			非流动负债合计：		
固定资产清理					
生产性生物资产			负债合计		
油气资产			所有者权益：		
无形资产			实收资本		
开发支出			资本公积		
商誉			减：库存股		
长期待摊费用			盈余公积		
递延所得税资产			未分配利润		
其他长期资产					
非流动资产合计：			所有者权益合计		
资产总计			负债和所有者权益总计		

编制者： 财务负责人： 财务经理：

在表 2.3 中，左边为资产方，包括流动资产和非流动资产，反映的是资金的构成、投向以及资金的具体运用情况，资产总计等于流动资产和非流动资产之和；右边为负债和所有者权益方，包括流动负债、非流动负债和所有者权益，流动负债与非流动负债之和等于负债总计，负债总计与所有者权益之和列示在最下方，等于资产总计，反映的是资金的来源及其构成情况。

在表 2.3 中，账户式资产负债表由表首、基本部分和补充资料三个部分构成。

表首部分：表首是一张报表的基本标志，列示报表名称、编制单位、报表编号、编报日期和计量单位。在此要特别说明，由于资产负债表反映的是期末资产、负债和所有者权益的一张静态报表，所以编报日期是报告期末最后一天的日期，即月末或年末的日期，如 2014 年 3 月 31 日或 2014 年 12 月 31 日。

基本部分：是指表格内的各个报表的项目设计。

补充资料：注明需要特别说明的事项，如坏账准备的计提比例、方法等。

在表的下方，一般还会注明编制者、财务负责人、财务经理等，以明确责任。

第二节　资产负债表编制原理

资产负债表的编制基础来源于借贷记账法，借贷记账法是编制会计分录、制作记账凭证的理论依据，是会计系统进行流转内嵌的核查标准，而资产负债表作为会计系统流程的最终环节，其编制的原理同样依据借贷记账法。

一、资产负债表与借贷记账法

借贷记账法，是世界各国会计账务处理中普遍采用的一种记账方法，在我国同样也是应用最广泛的一种记账方法。2006 年我国重新颁布的《企业会计准则——基本准则》第十一条明文规定："企业应当采用借贷记账法记账。"

1. 借贷记账法的含义

借贷记账法，是以"借"和"贷"二字作为记账符号，记录会计要素增减变动情况的一种复式记账法。

2. 借贷记账法的账户结构

借贷记账法的记账符号以"借""贷"二字来表示，与之相对应的账户结构为"借方"和"贷方"。借贷记账法规定账户的左方为"借方"，右方为"贷方"。

借贷记账法的记账规则为：有借必有贷，借贷必相等。

"借"与"贷"是相反方向的记录，如果依据账户的性质和反映的经济内容，规定该账户借方用来登记增加额，那么贷方就用来登记减少额；如果规定借方用来登记减少额，那么贷方就用来登记增加额。

如果用"T"型账户表示，借贷记账法的账户类型可以表示为图 2.1。

账户名称		账户名称	
借（增加额）	贷（减少额）	借（减少额）	贷（增加额）

图 2-1　借贷记账法"T"型账户

3. 借贷记账法的会计恒等式

根据企业经济活动的特点,从会计的角度将企业全部的经济活动最终归结为:资产、负债、所有者权益、收入、费用、利润 6 个会计要素。而借贷记账法,记录的对象就是这 6 个会计要素增减变动的过程及其结果。

会计要素增减变动的过程及其结果,可用如下公式表示:

$$资产 = 负债 + 所有者权益 \tag{1}$$

$$收入 - 费用 = 利润 \tag{2}$$

会计上,一般将式(1)称为会计恒等式,式(2)是在会计恒等式的基础上演变出来的。

会计恒等式(1)揭示了借贷记账法的如下基本原理。

第一,各会计要素之间的数字平衡关系。在式(1)中,有多少数量的资产,就必然有相对应数量的负债和所有者权益,反之亦然。数量平衡关系在借贷记账法的表现为:每一笔经济业务的记账,其借方、贷方金额是平衡的;一定时期的所有账户的借方、贷方的金额也是平衡的;一个会计年度的所有账户的借方、贷方余额的合计数同样是平衡的。

第二,各会计要素增减变化一致性的内在联系。在会计恒等式(1)中,左边的资产发生增减变化时,右边的负债或所有者权益必然发生增减变化,以维持等式的平衡关系。也就是说,在应用借贷记账法记录经济业务时:记录资产账户的同时,必然同时记录负债或所有者权益账户,记录负债或所有者权益账户的同时,必然要同时记录资产账户,两边是步调一致、一一对应的。

第三,会计恒等式各因素之间是对立统一的关系。在会计恒等式(1)中,左边是资产,右边是负债和所有者权益,形成对立统一的关系。从借贷记账法所规定的账户结构来看,资产类账户借方记录增加额,贷方记录减少额;负债和所有者权益类账户贷方记录增加额,借方记录减少额。

如果用"T"型账户表示,根据借贷记账法的账户结构,资产类的账户结构如图 2.2 所示。因为资产类账户增加额在借方,属于借方科目,所以期初余额和期末余额,一般情况下都在借方,如果在贷方,在资产负债表中则以负数表示。

如果用"T"型账户表示,根据借贷记账法的账户结构,负债类的账户结构如图 2.3 所示。因为负债类账户增加额在贷方,属于贷方科目,所以期初余额和期末余额,一般情况下都在贷方,如果在借方,在资产负债表中则以负数表示。

资产类账户名称	
借方	贷方
期初余额 ×××	
增加额 ××× ……	减少额 ××× ……
本期发生额 ×××	本期发生额 ×××
期末余额 ×××	

图 2.2 "T"型资产类账户

负债类账户名称	
借方	贷方
	期初余额 ×××
减少额 ××× ……	增加额 ××× ……
本期发生额 ×××	本期发生额 ×××
	期末余额 ×××

图 2.3 "T"型负债类账户

如果用"T"型账户表示,根据借贷记账法的账户结构,所有者权益类的账户结构如图 2.4 所示。因为所有者权益类账户增加额在贷方,属于贷方科目,所以期初余额和期末余额,一般情况下都在贷方,如果在借方,在资产负债表中则以负数表示。

所有者权益类账户名称	
借方	贷方
	期初余额 ×××
减少额 ×××	增加额 ×××
……	……
本期发生额 ×××	本期发生额 ×××
	期末余额 ×××

图 2.4 "T"型所有者权益类账户

4. 借贷记账法是编制资产负债表的理论基础

由于资产负债表的基本结构，就是依据会计恒等式(1)设计的，即"资产＝负债＋所有者权益"，所以资产负债表就是前述资产类账户、负债类账户和所有者权益类账户的集中反映。其具体结构又分为报告式和账户式两种，无论哪种结构，编制正确与否的依据都是会计恒等式。以账户式结构的资产负债表为例，见第一节表 2.2，主体结构分为左右两部分，左边为资产类项目，右边为负债和所有者权益类项目。

编制完成的资产负债表，一定是左边的资产总计等于右边的负债和所有者权益总计，这就是借贷记账法的"有借必有贷，借贷必相等"的反映，也是会计恒等式所反映的账户特点的反映，因此，可以说，借贷记账法是编制资产负债表的根基。

二、资产负债表与会计系统

企业的活动不仅包括日常的经营活动，还涉及筹资活动、投资活动等各种经济活动，涉及人、财、物以及供、产、销等各个方面，可以说，企业的经济活动非常繁杂。这些活动一方面为企业带来盈利或亏损等经营成果，同时又在不断地改变企业的财务状况。如果没有一个科学的信息系统记录和反映这些活动，那么再精明的投资者或者决策者，也很难对企业的经营成果和财务状况有一个非常清晰和准确的评判，当然也很难做出正确的决策。会计系统就是在这样的背景下应运而生的。

一个完整的会计系统，包括会计凭证、会计账簿和财务报表三大环节。不断循环周而复始的会计系统，也称作会计循环。

会计凭证包括原始凭证和记账凭证。在会计系统中，企业的每一项经济活动必须取得原始凭证，如进货单、提货单以及购买发票等，然后根据原始凭证编制记账凭证，再根据记账凭证登记会计账簿，最后，根据会计账簿等资料编制财务报表。这一流程称为会计系统的流程，如图 2.5 所示。

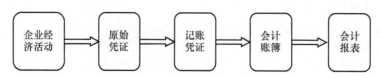

图 2.5 会计系统流程图

从图 2.5 中可以看到，会计报表是会计系统的最终环节，是企业经济活动信息的集中反映。而资产负债表作为会计报表的三大报表之一，在会计系统中起着举足轻重的作用。

如果以编制资产负债表为例，那么不断循环的会计系统，即会计循环的基本步骤包括：

（1）确认经济业务：即确认该笔经济业务，按照会计制度是否应该予以确认，将能够确认的经济业务纳入会计核算系统，并确定该笔经济业务对会计要素的具体影响。

（2）填制记账凭证：审核经济业务的原始凭证，填制记账凭证，将原始凭证附在记账凭证后面，作为备查的依据，这样就将能够用货币衡量的经济业务记录到了会计信息的载体上。

（3）登记明细分类账和总账：根据已经编制完成的记账凭证登记各明细分类账，然后再根据明细账登记总账，以分类反映各会计要素。

（4）结账：月末或年末，将各种收入类账户和费用类账户结转到有关账户中，结算出本期的经营成果。

（5）编制科目汇总表：根据总账或明细账账簿中记载的发生额、余额，编制科目汇总表，进行试算平衡，以检验账簿记录的正确性。

（6）编制资产负债表：根据科目汇总表及相关总账和明细账，编制资产负债表。

上述基本步骤可以用图2.6表示。

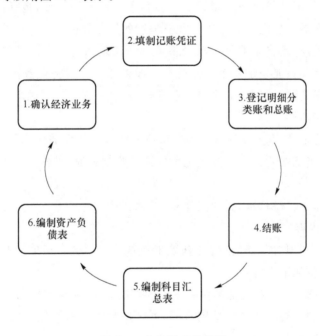

图2.6　会计循环示意图

可见，所有会计报表的编制都是建立在记录和反映企业原始经济活动的基础之上的，同样，要编制资产负债表，需要根据原始凭证编制记账凭证，其次需要根据记账凭证登记会计账簿，包括明细账和总账，最后根据会计账簿编制资产负债表，这一程序是由会计系统的流程所决定的，是编制资产负债表的信息基础。

第三节　资产负债表编制信息基础

从会计循环的步骤来看，在编制资产负债表之前，需要确认经济业务，编制记账凭证，根据记账凭证登记明细账和总账、编制科目汇总表等一系列的程序。这些程序是编制资产负债表的前提和信息基础，这些工作完成得好坏，直接涉及资产负债表能否及时、准确地编制完成。所以，要做好资产负债表的信息基础工作。

一、记账凭证的编制

1. 记账凭证的含义

记账凭证是登记企业会计账簿的依据,是会计人员根据审核无误的原始凭证,按照企业经济业务的内容和性质进行归类,编制会计分录的载体。

记账凭证根据经济内容的不同,可以划分为收款凭证、付款凭证以及转账凭证;按照填制方式的不同,可以划分为单式记账凭证和复式记账凭证。

(1) 收款凭证:是记录企业货币资金收入业务的凭证,一般情况下,按照企业银行存款和现金分别编制。例如,银行存款收款凭证和现金收款凭证;

(2) 付款凭证:是记录企业货币资金支出业务的凭证,一般情况下,也按照企业的银行存款和现金分别编制。例如,银行存款付款凭证和现金付款凭证;

(3) 转账凭证:是记录与企业的货币资金收付无关业务的凭证,包括固定资产折旧费用、工资费用以及依据产成品的完工入库单等业务编制的记账凭证。

(4) 单式记账凭证:是将企业的一项经济业务所涉及的每一个会计科目,分别单独填制,这样每张记账凭证上面只能登记一个会计科目。如果每一项经济业务涉及几个会计科目,那么就要填制几张记账凭证。因此,如果经济业务较多,这种方法比较烦琐,工作量会很大,不利于反映经济业务的完整性。

(5) 复式记账凭证:是将企业的每一项经济业务所涉及的全部会计科目,无论涉及多少会计科目,都填制在一张记账凭证上。复式记账凭证是收款凭证、付款凭证以及转账凭证的综合反映。

企业的实际工作中,应用最广泛的就是复式记账凭证。

2. 记账凭证的内容

根据中华人民共和国财政部的《会计基础工作规范》〔财会字(1996)19号〕第五十一条的规定,记账凭证须具备如下内容:

(1) 填制凭证的日期:收款凭证和付款凭证的填制日期,要按照货币资金实际收入的日期和实际付出的日期填写;转账凭证的填制日期,可以按照收到原始凭证的日期,也可以按照编制记账凭证的日期填写。

(2) 凭证编号:记账凭证必须按照一定方法编号,以方便查找。

(3) 经济业务摘要:摘要要求简要说明经济业务的关键内容。

(4) 会计科目:会计科目也就是账户的名称,是进行会计账务处理的基础环节。

(5) 金额:记账凭证上所列的金额是会计核算的基础,关系到登记会计账簿和编制会计报表的准确性,因此,记账凭证的金额必须准确,书写符合要求。

(6) 所附原始凭证的张数:记账凭证是依据原始凭证编制的,因此,在记账凭证上必须填写清楚所附原始凭证的张数,以利于核查。

(7) 填制凭证的人员、稽核的人员、记账的人员、会计机构的负责人以及会计主管人员,均需要签名或盖章,以便于明确经济责任。

3. 记账凭证的填制要求

在编制记账凭证时,必须按照下列要求编制:

(1) 必须根据审核无误的原始凭证进行编制;

(2) 记账凭证的摘要必须简明扼要,不但能概括该笔经济业务的要点,同时也便于登记账簿和账证核对。

(3) 记账凭证必须准确地使用会计科目,不得用代号简化;

(4) 记账凭证的内容的填写必须齐全,不得省略;

(5) 按规定对记账凭证进行编号,原始凭证附件必须完整。

二、明细账的登记

1. 明细账的含义

按照明细分类账户登记的账簿,称为明细分类账,简称"明细账",明细账是根据明细科目设置的,这些明细科目属于总账科目所辖,用于分类登记企业某一类经济业务的事项,提供企业明细的核算资料。

2. 明细账分类

明细账可采用活页式、订本式、多栏式、三栏式以及数量金额式。三栏式账页,一般适用于应收、应付款项的明细账;多栏式账页一般适用于收入、费用、成本等的明细账;数量金额式账页,一般适用于原材料、库存商品等的明细账登记。

由于明细账是按照二级或者明细科目所设置的账簿,一般采用活页式账簿。在总分类账的基础上,企业应结合自身的经济业务特点以及企业经营管理的要求,设置若干个明细分类账,作为总分类账的补充。明细分类账按账页格式不同,可分为三栏式、数量金额式和多栏式。

(1) 三栏式

三栏式明细账的账页,设有借方、贷方以及余额三个金额栏,不设数量栏。这种格式,适用于各种日记账、总分类账和资本、债务、债权明细账的登记,也适用于只需要进行金额核算,而不需要进行数量核算的明细科目,如"应收账款""应付账款"等的明细分类核算。三栏式明细账的账页样式,以原材料为例,如表 2.4 所示。

表 2.4 原材料明细分类账(三栏式)

科目: 日期:

年		凭证字号	摘要	借方							贷方							借/贷	余额						
月	日			万	千	百	十	元	角	分	万	千	百	十	元	角	分		万	千	百	十	元	角	分

(2) 数量金额式

数量金额式明细账,其借方、贷方以及余额三个栏目内,都分别设有数量、单价和金额这三个小栏,以反映企业财产物资的数量和价值量。这种格式,适用于那些既需要进行金额核算,又需要进行数量核算的各种财产物资,如"原材料""库存商品""产成品"等的明细分类核算。数量金额式的明细分类账的账页如表 2.5 所示。

表 2.5　数量金额式明细分类账

科目：　　　　　　　　　　　　　　　　　　　日期：

年		凭证字号	摘要	借方			贷方			余额		
月	日			数量	单价	本币（万千百十元角分）	数量	单价	本币（万千百十元角分）	数量	单价	本币（万千百十元角分）

（3）多栏式

多栏式明细账的账页，按照明细科目或者明细项目分设为若干专栏，以便在同一账页上能够集中反映各个明细科目或明细项目的具体金额。这种格式，适用于费用、收入、成本和成果的明细核算，如"制造费用""管理费用"以及"营业外收入"和"营业外支出"等科目的明细分类核算。多栏式明细账的账页设置，以原材料为例，如表 2.6 所示。

表 2.6　原材料进销存明细账

部类____　　产地____　　单位____　　规格____　　品名____

年		凭证字号	摘要	收入			发出			结存		
月	日			数量	单价	金额（万千百十元角分）	数量	单价	金额（万千百十元角分）	数量	单价	金额（万千百十元角分）

3. 明细账登记方法

明细账的登记方法，一般有以下三种：第一，根据原始凭证，直接登记明细账；第二，根据汇总的原始凭证登记明细账；第三，根据记账凭证登记明细账。

固定资产以及债务、债权等明细账要逐日逐笔进行登记；原材料、库存商品、产成品收发的明细账，以及收入、费用明细账，可以逐笔登记，也可以定期汇总登记。

三、科目汇总表的编制

1. 科目汇总表的含义

科目汇总表也称为"记账凭证汇总表"，是指定期对记账期内的全部记账凭证进行汇总，并按照各个会计科目，在表中列示借方发生额和贷方发生额的一种汇总凭证。科目汇总表的样式,如表 2.7 所示。

表 2.7 科目汇总表

科目名称	本期发生额	
	借方(元)	贷方(元)

2. 科目汇总表的编制原理

科目汇总表起着试算平衡的作用。因为根据借贷记账法的"有借必有贷,借贷必相等"的基本原理,科目汇总表中汇总的各个会计科目,借方发生额合计与贷方发生额合计是相等的。

3. 科目汇总表的账务处理程序

科目汇总表的账务处理程序,也称作"记账凭证汇总表账务处理程序",是根据记账凭证,定期汇总并编制科目汇总表,并根据科目汇总表登记总分类账的一种会计账务处理程序。科目汇总表的账务处理程序,可以用图 2.7 表示。

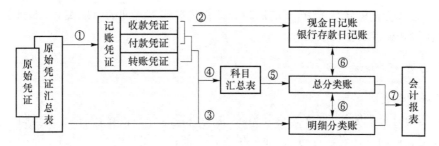

图 2.7 科目汇总表账务处理程序图

具体如下。

① 根据原始凭证或者原始凭证汇总表,编制记账凭证。

② 根据收款凭证和付款凭证,登记现金日记账和银行存款日记账。现金以及银行存款日记账一般采用收、付、余的三栏式日记账簿。

③ 根据原始凭证、原始凭证汇总表以及各种记账凭证,登记各种明细账。明细账的格式可以根据单位的管理要求,分别采用三栏式、多栏式和数量金额式。

④ 汇总各种记账凭证，编制科目汇总表。编制的时间间隔可以是十天、十五天或一个月。

⑤ 根据科目汇总表登记总分类账。一般总账采用借、贷、余三栏式。

⑥ 月终或定期根据科目汇总表进行总账的登记，将现金、银行存款日记账和各种明细账分别与总分类账进行核对。

⑦ 月终，根据总分类账以及明细分类账编制企业的财务会计报表。

4. 编制过程

编制科目汇总表，是科目汇总表核算程序中非常重要的一项工作。

首先，把所涉及的需要汇总的各项经济业务的会计科目，填制在"会计科目"栏。在填列时，为便于登记总分类账，会计科目的排列顺序最好与总分类账上的会计科目顺序一致。

其次，把填列在科目汇总表中的各个会计科目的借方发生额和贷方发生额进行加总，加总后，将加总金额填列在相对应的会计科目行的"借方金额"和"贷方金额"一栏中。

最后，按照"有借必有贷，借贷必相等"的原理，看会计科目的借、贷方的发生额是否相等，如果相等，说明编制正确，如果不相等，则需要进一步查找原因，直到汇总后的借贷方的发生额相等，这就是科目汇总表的试算平衡。

5. 编制时间

科目汇总表编制的时间，可以根据经济业务量的多少，选择3天、5天、10天、15天或1个月进行编制。

特别提示：为了便于登记总账，科目汇总表上的科目排列应按总分类账上科目排列的顺序来定。

6. 编制科目汇总表的优缺点

（1）优点

① 大大地减轻了登记总分类账的工作量。因为登记总分类账，是依据定期编制的科目汇总表登记的，而不是依据每一张记账凭证逐笔登记的，工作量自然减少了。

② 由于在科目汇总表中，将一定期间内各会计科目的借方发生额以及贷方发生额分别加总，并进行试算平衡，保证了账簿记录的正确性。

（2）缺点

在科目汇总表和总分类账中，不能反映会计科目与账户之间的对应关系，不利于对经济活动进行检查和分析以及查对账目。

四、总账的登记

1. 总账的含义

总账，是指总分类账簿，也称为总分类账，是为进行总分类核算，根据总分类科目开设的账户，用来登记企业的全部经济业务，进而提供总括全部核算资料的分类账簿。总分类账所提供的会计核算资料，是编制企业会计报表的主要依据，因此，任何单位都必须设置总分类账。

总分类账为一级账目，总领统御各个明细分类账目。

2. 总账的账页格式

总分类账一般采用订本式账簿，包括三栏式和多栏式两种。

（1）三栏式

总分类账的账页格式，一般采用"借方""贷方""余额"三栏式的格式，也可以根据实际需要，在"借方""贷方"两栏内增设"对方科目"栏。

三栏式总分类账的账页,如表2.8所示。

表 2.8 ＿＿＿＿总分类账

总第＿＿＿＿＿页

分第＿＿＿＿＿页

编号＿＿＿＿＿页

年		凭证字号	摘要	借方							贷方							借/贷	余额						
月	日			万	千	百	十	元	角	分	万	千	百	十	元	角	分		万	千	百	十	元	角	分

(2) 多栏式

总分类账的多栏式格式,是指把总分类记录和序时记录结合在一起,形成联合账簿,即日记总账。多栏式总分类账的账页,如表2.9所示。

表 2.9 日记总账

2005 年		凭证		摘 要	发生额	现金		银行存款		应收账款		…
月	日	字	号			借方	贷方	借方	贷方	借方	贷方	…
5	1	略	略	月初余额		1 200		61 000		38 000		
				购入材料	8 000				8 000			
				材料入库	8 000							
				购买机器	20 000				20 000			
				领用材料	5 000							…
				收回贷款	38 000						38 000	
				购办公用品	200		200					
				预支差旅费	600		600					
				偿还前欠贷款	30 000				30 000			
				⋮	⋮	⋮	⋮	⋮	⋮	⋮	⋮	

3. 总账的登记依据和方法

总分类账的登记所采用的方法,主要取决于企业所采用的会计核算形式。可以直接根据各种记账凭证进行逐笔登记,也可以先把记账凭证进行汇总,编制成科目汇总表,或者编制成汇总记账凭证等,再据以登记总账。

第四节 资产负债表编制方法

资产负债表的编制原理是依据借贷记账法,借贷记账法的"有借必有贷,借贷必相等",是设计资产负债表的依据,在此基础上,编制记账凭证、登记明细账和总账,进行试算平衡,是编制资产负债表所需要的信息基础。在整个过程中,所运用的最基本的元素就是会计科目。而资产负债表是对应相关会计科目设计的,列示在资产负债表中的项目称为报表项目,有些与会计科目的名称一致,而有些则不一致,那么,一致的如何填列,不一致的又如何填列呢?这是本节要探讨的问题。

一、资产负债表编制方法综述

1. 各项目"年初数"的填列

资产负债表中的"年初余额",应根据上年末的资产负债表"期末余额"栏内的数字填列。如果本年度资产负债表规定的项目名称和内容同上年度不一致,则应对上年年末的资产负债表各项目名称和内容,按本年度的规定进行调整,并以调整后的金额填入本年度的"年初余额"栏内。

2. 各项目"年末数"的填列

资产负债表"期末数"的填列,相对于年初数较为复杂,其各项目数据的填列,主要通过以下几种方式取得:

(1) 直接根据总账科目余额填列;
(2) 根据若干总账科目余额计算填列;
(3) 根据若干明细科目余额计算填列;
(4) 根据总账科目或明细科目余额分析填列。

二、直接根据总账科目余额填列的项目

这类项目的特点是,报表项目名称与账户名称一致,并且不存在任何抵减项目,因此可以按照总账的期末余额进行填列。

按照这种方法填列的报表项目归纳如表 2.10 所示。

表 2.10 直接根据总账科目余额填列的项目表

科目名称	填列方法
交易性金融资产	根据"交易性金融资产"总账的期末余额进行填列
工程物资	根据"工程物资"科目的期末余额进行填列
固定资产清理	根据"固定资产清理"总账的期末借方余额填列,如"固定资产清理"总账的期末余额为贷方余额,以"—"号进行填列
递延所得税资产	根据"递延所得税资产"总账的期末余额进行填列
短期借款	根据"短期借款"总账的期末余额进行填列
交易性金融负债	根据"交易性金融负债"总账的期末余额进行填列
应付票据	根据"应付票据"总账的期末余额进行填列
应付职工薪酬	根据"应付职工薪酬"总账的期末余额进行填列

续表

科目名称	填列方法
应交税费	"应交税费"项目,反映企业按照税法规定计算应交纳的增值税、消费税、营业税、所得税、资源税、土地增值税、城市维护建设税、房产税、土地使用税、车船使用税、教育费附加、矿产资源补偿费等。企业应代扣代交个人所得税,也通过本项目列示
应付利息	根据"应付利息"总账的期末余额进行填列
应付股利	根据"应付股利"总账的期末余额进行填列
其他应付款	本项目应当根据"其他应付款"总账的期末余额进行填列
长期借款	根据"长期借款"总账的期末余额进行填列
应付债券	根据"应付债券"总账的期末余额进行填列
专项应付款	根据"专项应付款"总账的期末余额进行填列
预计负债	根据"预计负债"总账的期末余额进行填列
递延所得税负债	根据"递延所得税负债"总账的期末余额进行填列
实收资本(或股本)	根据"实收资本(或股本)"总账的期末余额进行填列
资本公积	根据"资本公积"总账的期末余额进行填列
库存股	根据"库存股"总账的期末余额进行填列
盈余公积	根据"盈余公积"总账的期末余额进行填列

三、根据若干总账科目余额计算填列的项目

这类项目的特点是,报表项目名称与总账名称不一致,其通常包括几个总账所涵盖的内容,并且可能存在也可能不存在抵减项目,因此需要将几个总账的期末金额进行加总之后的金额,减去相应的抵减项目的期末余额(如果有的话),计算填列在报表项目之中。

按照这种方法填列的报表项目归纳如表 2.11。

表 2.11 根据若干总账科目余额计算填列的项目

科目名称	填列方法
货币资金	等于"库存现金"+"银行存款"+"其他货币资金"
存货	根据"材料采购""原材料""委托加工物资""包装物""低值易耗品""材料成本差异""生产成本""自制半成品""产成品"科目借贷方余额的差额计算
未分配利润	根据"本年利润""利润分配"科目余额计算
可供出售金融资产	根据"可供出售金融资产"总账的期末余额,减去"可供出售金融资产减值准备"总账的期末余额后的金额,计算填列
持有至到期投资	根据"持有至到期投资"总账的期末余额,减去"持有至到期投资减值准备"总账的期末余额后的金额,计算填列
长期股权投资	本项目应当根据"长期股权投资"总账的期末余额,减去"长期股权投资减值准备"总账的期末余额后的金额,计算填列
投资性房地产	根据"投资性房地产"总账的期末余额,减去"投资性房地产累计折旧(摊销)"总账与"长期股权投资减值准备"总账的期末余额后的金额,计算填列。企业采用公允价值模式计量投资性房地产,其应当根据"投资性房地产"总账的期末余额进行填列

续 表

科目名称	填列方法
固定资产	根据"固定资产"总账的期末余额,减去"累积折旧"总账与"固定资产减值准备"总账的期末余额后的金额,计算填列
在建工程	根据"在建工程"总账的期末余额,减去"在建工程减值准备"总账的期末余额后的金额,计算填列
生产性生物资产	根据"生产性生物资产"总账的期末余额,减去"生产性生物资产累积折旧"总账与"生产性生物资产减值准备"总账的期末余额后的金额,计算填列
油气资产	根据"油气资产"总账的期末余额,减去"累积折耗"总账与相应"减值准备"总账的期末余额后的金额,计算填列
无形资产	根据"无形资产"总账的期末余额,减去"无形资产减值准备"总账的期末余额后的金额,计算填列
商誉	根据"商誉"总账的期末余额,减去相应减值准备后的金额,计算填列
其他非流动资产	根据有关总账的期末余额加总后的金额,计算填列
其他流动负债	根据有关科目的期末余额计算填列
长期应付款	根据"长期应付款"总账的期末余额,减去相应的"非确认融资费用"总账的期末余额后的金额计算填列
未分配利润	根据"本年利润"总账的期末余额与"利润分配"总账的期末余额,计算填列。

四、根据若干明细科目余额计算填列的项目

按照这种方法填列的报表项目归纳如表 2.12 所示。

表 2.12 根据若干明细科目余额计算填列的项目

账户名称	明细账余额方向	
	借方余额	贷方余额
应收账款*	应收账款	预收账款
预收账款*	应收账款	预收账款
预付账款*	预付账款	应付账款
应付账款*	预付账款	应付账款
待摊费用*	待摊费用	预提费用
预提费用*	待摊费用	预提费用

注:带 * 的为账户名称,"借方余额"及"贷方余额"列为报表项目名称。

在表 2.12 中,这几个报表项目的填列相对特殊,说明如下。

应收账款和预收账款。应收账款是指企业因销售商品、提供劳务等经营活动所收取的款项。预收账款,是指企业按照合同规定预收的款项,该项负债需要用合同中约定的商品或者劳务偿付。资产负债表中"应收账款"和"预收账款"的填列,需要根据明细账中的"应收账款"和"预收账款"两个账户的余额分析填列。分为以下两种情况:将明细账中的"应收账款""预收账款"账户的期末借方余额加总后,再减"坏账准备"后,如果为借方余额,则填列在资产负债表的"应收账款"项目内;如果为贷方余额,则要在"预收账款"项目填列。

预付账款和应付账款。预付账款是指企业按照合同预付的款项。应付账款是指企业因购买商品、材料和接受劳务等经营活动应支付的款项,反映的是期末尚未支付的余额。资产负债表中的"预付账款"和"应付账款",应根据明细账中的"预付账款""应付账款"账户分析填列。分为以下两种情况:将明细账中的"预付账款""应付账款"账户的期末借方余额加总后,再减"坏账准备"后,如果为借方余额,则填列在资产负债表的"预付账款"项目内;如果为贷方余额,则要在"应付账款"项目填列。

待摊费用和预提费用,资产负债表中待摊费用的填列,需要根据明细账中的"待摊费用"和"预提费用"两个账户的余额分析填列。分为以下两种情况:将明细账中的"待摊费用""预提费用"账户的期末借方余额加总后,如果为借方余额,则填列在资产负债表的"待摊费用"项目内;如果为贷方余额,则要在"预提费用"项目填列。

五、根据总账科目或明细科目余额分析填列的项目

按照这种方法填列的报表项目归纳如表 2.13 所示。

表 2.13 根据总账科目或明细科目余额分析填列的项目

一年内到期的非流动资产	一年内到期的非流动负债
持有至到期投资	长期借款
长期应收款	应付债券
	长期应付款

在表 2.13 中,"一年内到期的非流动资产"和"一年内到期的非流动负债"的填列说明如下。

一年内到期的非流动资产,是指非流动资产一年内到期的部分,反映的是其期末金额。该项目应根据"持有至到期投资""长期应收款"等账户的期末余额分析填列,将各非流动资产项目中将于一年内到期的部分合计填列在该项目中。

一年内到期的非流动负债,是指企业的非流动负债中将要在一年内到期的部分,该项目反映其期末金额。该项目应根据"长期借款""应付债券"以及"长期应付款"等账户的期末余额分析填列,将各非流动负债项目中将在一年内到期的部分合计于该项目中。

第五节 资产负债表的编制实例

一、案例背景

小裘是一名刚刚参加工作的大学生,在校期间,他就取得了会计证。2013 年 10 月,他应聘到路路通手机有限责任公司做一名会计。小裘有着很强的上进心和责任感,他希望自己的工作能为公司带来效益,能得到领导的认可,有进一步晋升的机会。

二、案例资料

路路通公司是小规模纳税人,税率为 3%,11 月发生了如下经济业务:

1. 11 月 3 日采购商品三星手机、诺基亚手机、摩托罗拉手机 150 000 元并入库,其中三星手机、诺基亚手机、摩托罗拉手机分别是 80 000 元、30 000 元、40 000 元,银行转账。

2. 11月10日销售商品60 000元,其中三星手机、诺基亚手机、摩托罗拉手机分别是30 000元、20 000元、10 000元,银行收款。

3. 11月10日用银行存款缴纳上月增值税款1 800元。

4. 11月15日购买办公用品2 000元,现金支付。

5. 11月20日销售部接待客人招待费500元,现金支付。

6. 11月20日销售商品三星手机、诺基亚手机、摩托罗拉手机65 000元,其中三星手机、诺基亚手机、摩托罗拉手机分别是30 000元、20 000元、15 000元,银行收款。

7. 11月25日提取备用金5 000元。

8. 11月26日销售人员张某出差借支现金2 000元。

9. 11月30日销售商品三星手机、诺基亚手机、摩托罗拉手机55 000元,其中三星手机、诺基亚手机、摩托罗拉手机分别是25 000元、15 000元、15 000元,银行收款。

10. 11月30日公司盘点,盘亏金额为5 000元,全部为三星手机。其中3 600元应由营业员张某赔偿,其余为一般经营损失。

11. 计提本月工资,其中财务人员3 000元、营业员5 000元。

12. 11月30日发放本月工资8 000元,现金支付。

13. 结转本月销售商品成本(该超市采用毛利率法核算成本,上月毛利率为10%)。

14. 计提本月固定资产折旧500元。

15. 计算提取本月城建税、教育费附加。

16. 按利润总额的25%预提企业所得税。

17. 将本月收入和费用类账户结转本年利润。

领导要求小裴对上述经济业务进行账务处理,并采用科目汇总表程序编制资产负债表。

小裴虽然学的是会计专业,但却没有在实践中真正去做过会计。要想最终完成资产负债表的编制,小裴应该怎么做呢?

三、案例解析

第1步 根据经济业务制作记账凭证

(1)根据经济业务1,编制如下记账凭证第1号。

记账凭证

2013年11月3日   字第1号

摘要	总账科目	明细科目	借方金额/元	贷方金额/元
采购	库存商品	三星手机	80 000	
	库存商品	诺基亚手机	30 000	
	库存商品	摩托罗拉手机	40 000	
	银行存款			150 000
合计			150 000	150 000

特别提示:编制记账凭证时,要注意日期的准确和记账凭证编号的编排。

(2)根据经济业务2,编制如下记账凭证第2号。

记账凭证

2013 年 11 月 10 日　　　　　　　　　　　　　　　　　　字第 2 号

摘要	总账科目	明细科目	借方金额/元	贷方金额/元
销售商品	银行存款		60 000	
	主营业务收入	三星手机		29 126
	主营业务收入	诺基亚手机		19 417
	主营业务收入	摩托罗拉手机		9 709
	应交税费	应交增值税		1 748
合计			60 000	60 000

计算过程：$29\,126 = 30\,000 \div (1+3\%)$

　　　　　　$19\,417 = 20\,000 \div (1+3\%)$

　　　　　　$9\,709 = 10\,000 \div (1+3\%)$

　　　　　　$1\,748 = 60\,000 \div (1+3\%) \times 3\%$

特别说明：确认主营业务收入，需要将含增值税的价格按照上述方法换算成不含增值税的价格。

（3）根据经济业务 3，编制如下记账凭证第 3 号。

记账凭证

2013 年 11 月 10 日　　　　　　　　　　　　　　　　　　字第 3 号

摘要	总账科目	明细科目	借方金额/元	贷方金额/元
应交增值税	应交税费	应交增值税	1 800	
	银行存款			1 800
合计			1 800	1 800

（4）根据经济业务 4，编制如下记账凭证第 4 号。

记账凭证

2013 年 11 月 15 日　　　　　　　　　　　　　　　　　　字第 4 号

摘要	总账科目	明细科目	借方金额/元	贷方金额/元
购办公用品	管理费用	办公费	2 000	
	库存现金			2 000
合计			2 000	2 000

特别说明：按照现金的使用规定，1 000 元以下的零星支出才可使用现金，本案例仅适用于教学。

（5）根据经济业务 5，编制如下记账凭证第 5 号。

记账凭证

2013 年 11 月 20 日　　　　　　　　　　　　　　　　　　字第 5 号

摘要	总账科目	明细科目	借方金额/元	贷方金额/元
销售招待费	销售费用	招待费	500	
	库存现金			500
合计			500	500

(6) 根据经济业务 6,编制如下记账凭证第 6 号。

记账凭证

2013 年 11 月 20 日　　　　　　　　　　　　　　　　　　字第 6 号

摘要	总账科目	明细科目	借方金额/元	贷方金额/元
销售商品	银行存款		65 000	
	主营业务收入	三星手机		29 126
	主营业务收入	诺基亚手机		19 417
	主营业务收入	摩托罗拉手机		14 563
	应交税费	应交增值税		1 894
合计			65 000	65 000

特别提示：计算方法同经济业务 2。

(7) 根据经济业务 7,编制如下记账凭证第 7 号。

记账凭证

2013 年 11 月 25 日　　　　　　　　　　　　　　　　　　字第 7 号

摘要	总账科目	明细科目	借方金额/元	贷方金额/元
提取备用金	库存现金		5 000	
	银行存款			5 000
合计			5 000	5 000

(8) 根据经济业务 8,编制如下记账凭证第 8 号。

记账凭证

2013 年 11 月 26 日　　　　　　　　　　　　　　　　　　字第 8 号

摘要	总账科目	明细科目	借方金额/元	贷方金额/元
张某借差旅费	其他应收款	张某	2 000	
	库存现金			2 000
合计			2 000	2 000

(9) 根据经济业务 9,编制如下记账凭证第 9 号。

记账凭证

2013 年 11 月 30 日　　　　　　　　　　　　　　　　　　字第 9 号

摘要	总账科目	明细科目	借方金额/元	贷方金额/元
销售商品	银行存款		55 000	
	主营业务收入	三星手机		24 272
	主营业务收入	诺基亚手机		14 563
	主营业务收入	摩托罗拉手机		14 563
	应交税费	应交增值税		1 602
合计			55 000	55 000

特别提示：计算方法同经济业务 2。

(10) 根据经济业务 10,编制如下记账凭证第 10 号。

记账凭证

2013 年 11 月 30 日　　　　　　　　　　　　　　　　字第 10 号

摘要	总账科目	明细科目	借方金额/元	贷方金额/元
盘亏三星手机	待处理财产损益		5 000	
	库存商品	三星手机		5 000
	管理费用	其他	1 400	
	其他应收款	张某	3 600	
	待处理财产损益			5 000
合计			10 000	10 000

(11) 根据经济业务 11,编制如下记账凭证第 11 号。

记账凭证

2013 年 11 月 30 日　　　　　　　　　　　　　　　　字第 11 号

摘要	总账科目	明细科目	借方金额/元	贷方金额/元
分配工资	销售费用	工资	5 000	
	管理费用	工资	3 000	
	应付职工薪酬			8 000
合计			8 000	8 000

(12) 根据经济业务 12,编制如下记账凭证第 12 号。

记账凭证

2013 年 11 月 30 日　　　　　　　　　　　　　　　　字第 12 号

摘要	总账科目	明细科目	借方金额/元	贷方金额/元
发放工资	应付职工薪酬		8 000	
	库存现金			8 000
合计			8 000	8 000

(13) 根据经济业务 13,编制如下记账凭证第 13 号。

记账凭证

2013 年 11 月 30 日　　　　　　　　　　　　　　　　字第 13 号

摘要	总账科目	明细科目	借方金额/元	贷方金额/元
结转销售成本	主营业务成本	三星手机	74 272	
	主营业务成本	诺基亚手机	48 058	
	主营业务成本	摩托罗拉手机	34 952	
	库存商品	三星手机		74 272
	库存商品	诺基亚手机		48 058
	库存商品	摩托罗拉手机		34 952
合计			157 282	157 282

思考： 三星手机的 74 272 元是如何计算出来的？

答案： 三星手机的成本：[29 126(业务 2)+29 126(业务 6)+24 272(业务 9)]×(1−10%)=74 272 元，其他数据计算方法相同。

（14）根据经济业务 14，编制如下记账凭证第 14 号。

记账凭证

2013 年 11 月 30 日　　　　　　　　　　　　　　　　　　　字第 14 号

摘要	总账科目	明细科目	借方金额/元	贷方金额/元
计提折旧	管理费用	折旧费	500	
	累计折旧			500
合计			500	500

（15）根据经济业务 15，编制如下记账凭证第 15 号。

记账凭证

2013 年 11 月 30 日　　　　　　　　　　　　　　　　　　　字第 15 号

摘要	总账科目	明细科目	借方金额/元	贷方金额/元
计提城建税及教育费附加	营业税金及附加		524	
	应交税费	应交城建税		367
	应交税费	应交教育费附加		157
合计			524	524

思考： 应交城建税和应交教育费附加是如何计算出来的？

答案： 应交城建税=[1 748(业务 2)+1 894(业务 6)+1 602(业务 9)]×7%=367 元；
应交教育费附加=(1 748+1 894+1 602)×3%=157 元。

（16）根据经济业务 16，编制如下记账凭证第 16 号。

记账凭证

2013 年 11 月 30 日　　　　　　　　　　　　　　　　　　　字第 16 号

摘要	总账科目	明细科目	借方金额/元	贷方金额/元
计提所得税	所得税费用		1 138	
	应交税费	应交企业所得税		1 138
合计			1 138	1 138

思考： 应交所得税是如何计算出来的？

答案： 应交所得税=4 550×25%=1 138 元。

（17）根据经济业务 17，编制如下记账凭证第 17 号。

记账凭证

2013 年 11 月 30 日　　　　　　　　　　　　　　　　　　字第 17 号

摘要	总账科目	明细科目	借方金额/元	贷方金额/元
结转本年利润	本年利润		171 344	
	主营业务成本	三星手机		74 272
	主营业务成本	诺基亚手机		48 058
	主营业务成本	摩托罗拉手机		34 952
	管理费用			6 900
	销售费用			5 500
	营业税金及附加			524
	所得税费用			1 138
	主营业务收入	三星手机	82 524	
	主营业务收入	诺基亚手机	53 397	
	主营业务收入	摩托罗拉手机	38 835	
	本年利润			174 756
合计			346 100	346 100

特别提示：将所有成本费用的合计，结转至"本年利润"的借方，将所有收入的合计，结转至"本年利润"的贷方。

第 2 步　根据记账凭证登记各种明细账

（1）根据记账凭证第 1 号，登记明细账如下。

库存商品明细分类账

科目：三星手机

2013 年		凭证字号	摘要	借方/元	贷方/元	借或贷	余额/元
月	日						
11	1		期初余额			借	180 000
11	3	1	采购三星手机	80 000		借	260 000

特别提示：登记明细账时，要注意明细科目名称和余额合计的填写。

库存商品明细分类账

科目：诺基亚手机

2013 年		凭证字号	摘要	借方/元	贷方/元	借或贷	余额/元
月	日						
11	3	1	采购诺基亚手机	30 000		借	30 000

库存商品明细分类账

科目：摩托罗拉手机

2013年		凭证字号	摘要	借方/元	贷方/元	借或贷	余额/元
月	日						
11	3	1	采购摩托罗拉手机	40 000		借	40 000

银行存款明细分类账

科目：银行存款

2013年		凭证字号	摘要	借方/元	贷方/元	借或贷	余额/元
月	日						
11	1		期初余额			借	150 000
11	3	1	采购手机		150 000	平	0

(2) 根据记账凭证第 2 号，登记明细账如下。

银行存款明细分类账

科目：银行存款

2013年		凭证字号	摘要	借方/元	贷方/元	借或贷	余额/元
月	日						
11	1		期初余额			借	150 000
11	3	1	采购手机		150 000	平	0
11	10	2	销售手机	60 000		借	60 000

主营业务收入明细分类账

科目：三星手机

2013年		凭证字号	摘要	借方/元	贷方/元	借或贷	余额/元
月	日						
11	10	2	销售三星手机		29 126	贷	29 126

主营业务收入明细分类账

科目：诺基亚手机

2013年		凭证字号	摘要	借方/元	贷方/元	借或贷	余额/元
月	日						
11	10	2	销售诺基亚手机		19 417	贷	19 417

主营业务收入明细分类账

科目：摩托罗拉手机

2013年		凭证字号	摘要	借方/元	贷方/元	借或贷	余额/元
月	日						
11	10	2	销售摩托罗拉手机		9 709	贷	9 709

（3）根据记账凭证第3号，登记明细账如下。

银行存款明细分类账

科目：银行存款

2013年		凭证字号	摘要	借方/元	贷方/元	借或贷	余额/元
月	日						
11	1		期初余额			借	150 000
11	3	1	采购手机		150 000	平	0
11	10	2	销售手机	60 000		借	60 000
11	10	3	上交增值税		1 800	借	58 200

应交税金明细分类账

科目：应交增值税

2013年		凭证字号	摘要	借方/元	贷方/元	借或贷	余额/元
月	日						
11	1		期初余额			贷	1 800
11	10	3	上交增值税	1 800		平	0

(4) 根据记账凭证第 4 号，登记明细账如下。

管理费用明细分类账

科目：办公费

| 2013年 | | 凭证字号 | 摘要 | 借方/元 | 贷方/元 | 借或贷 | 余额/元 |
月	日						
11	15	4	购办公用品	2 000		借	2 000

库存现金明细分类账

科目：库存现金

| 2013年 | | 凭证字号 | 摘要 | 借方/元 | 贷方/元 | 借或贷 | 余额/元 |
月	日						
11	1		期初余额			借	10 000
11	15	4	购办公用品		2 000	借	8 000

(5) 根据记账凭证第 5 号，登记明细账如下。

销售费用明细分类账

科目：销售费用

| 2013年 | | 凭证字号 | 摘要 | 借方/元 | 贷方/元 | 借或贷 | 余额/元 |
月	日						
11	20	5	招待客人	500		借	500

库存现金明细分类账

科目：库存现金

| 2013年 | | 凭证字号 | 摘要 | 借方/元 | 贷方/元 | 借或贷 | 余额/元 |
月	日						
11	1		期初余额			借	10 000
11	15	4	购办公用品		2 000	借	8 000
11	20	5	招待客人		500	借	7 500

(6)根据记账凭证第6号,登记明细账如下。

银行存款明细分类账

科目:银行存款

2013年		凭证字号	摘要	借方/元	贷方/元	借或贷	余额/元
月	日						
11	1		期初余额			借	150 000
11	3	1	采购手机		150 000	平	0
11	10	2	销售手机	60 000		借	60 000
11	20	6	销售手机	65 000		借	125 000

主营业务收入明细分类账

科目:三星手机

2013年		凭证字号	摘要	借方/元	贷方/元	借或贷	余额/元
月	日						
11	10	2	销售三星手机		29 126	贷	29 126
11	20	6	销售三星手机		29 126	贷	58 252

主营业务收入明细分类账

科目:诺基亚手机

2013年		凭证字号	摘要	借方/元	贷方/元	借或贷	余额/元
月	日						
11	10	2	销售诺基亚手机		19 417	贷	19 417
11	20	6	销售诺基亚手机		19 417	贷	38 834

主营业务收入明细分类账

科目:摩托罗拉手机

2013年		凭证字号	摘要	借方/元	贷方/元	借或贷	余额/元
月	日						
11	10	2	销售摩托罗拉手机		9 709	贷	9 709

续 表

2013年		凭证字号	摘要	借方/元	贷方/元	借或贷	余额/元
月	日						
11	20	6	销售摩托罗拉手机		14 563	贷	15 272

(7) 根据记账凭证第7号,登记明细账如下。

银行存款明细分类账

科目:银行存款

2013年		凭证字号	摘要	借方/元	贷方/元	借或贷	余额/元
月	日						
11	1		期初余额			借	150 000
11	3	1	采购手机		150 000	平	0
11	10	2	销售手机	60 000		借	60 000
11	20	6	销售手机	65 000		借	125 000
11	25	7	提取备用金		5 000	借	120 000

库存现金明细分类账

科目:库存现金

2013年		凭证字号	摘要	借方/元	贷方/元	借或贷	余额/元
月	日						
11	1		期初余额			借	10 000
11	15	4	购办公用品		2 000	借	8 000
11	20	5	招待客人		500	借	7 500
11	25	7	提取备用金	5 000		借	2 500

(8) 根据记账凭证第8号,登记明细账如下。

其他应收款明细分类账

科目:张某

2013年		凭证字号	摘要	借方/元	贷方/元	借或贷	余额/元
月	日						
11	1		期初余额			借	5 000
11	26	8	差旅费借支	2 000		借	7 000

续 表

2013年		凭证字号	摘要	借方/元	贷方/元	借或贷	余额/元
月	日						

库存现金明细分类账

科目：库存现金

2013年		凭证字号	摘要	借方/元	贷方/元	借或贷	余额/元
月	日						
11	1		期初余额			借	10 000
11	15	4	购办公用品		2 000	借	8 000
11	20	5	招待客人		500	借	7 500
11	25	7	提取备用金	5 000		借	2 500
11	26	8	差旅费借支		2 000	借	500

（9）根据记账凭证第9号，登记明细账如下。

银行存款明细分类账

科目：银行存款

2013年		凭证字号	摘要	借方/元	贷方/元	借或贷	余额/元
月	日						
11	1		期初余额			借	150 000
11	3	1	采购手机		150 000	平	0
11	10	2	销售手机	60 000		借	60 000
11	20	6	销售手机	65 000		借	125 000
11	25	7	提取备用金		5 000	借	120 000
11	30	9	销售手机	55 000		借	175 000
			本月合计	180 000	155 000		
			累计				

主营业务收入明细分类账

科目：三星手机

2013年		凭证字号	摘要	借方/元	贷方/元	借或贷	余额/元
月	日						
11	10	2	销售三星手机		29 126	贷	29 126
11	20	6	销售三星手机		29 126	贷	58 252
11	30	9	销售三星手机		24 272	贷	82 524
			本月合计		82 524		
			累计				

主营业务收入明细分类账

科目：诺基亚手机

2013年		凭证字号	摘要	借方/元	贷方/元	借或贷	余额/元
月	日						
11	10	2	销售诺基亚手机		19 417	贷	19 417
11	20	6	销售诺基亚手机		19 417	贷	38 834
11	30	9	销售诺基亚手机		14 563	贷	53 397
			本月合计		53 397		
			累计				

主营业务收入明细分类账

科目：摩托罗拉手机

2013年		凭证字号	摘要	借方/元	贷方/元	借或贷	余额/元
月	日						
11	10	2	销售摩托罗拉手机		9 709	贷	9 709
11	20	6	销售摩托罗拉手机		14 563	贷	24 272
11	30	9	销售摩托罗拉手机		14 563	贷	38 835
			本月合计		38 835		
			累计				

（10）根据记账凭证第10号，登记明细账如下。

待处理财产损益明细分类账

科目：待处理财产损益

2013年		凭证字号	摘要	借方/元	贷方/元	借或贷	余额/元
月	日						
11	30	10	三星手机盘亏	5 000		借	5 000
11	30	10	盘亏张某赔偿		5 000	平	0

库存商品明细分类账

科目：三星手机

2013年		凭证字号	摘要	借方/元	贷方/元	借或贷	余额/元
月	日						
11	1		期初余额			借	180 000
11	3	1	采购三星手机	80 000		借	260 000
11	30	10	三星手机盘亏		5 000	借	255 000
			本月合计				
			累计				

管理费用明细分类账

科目：其他

2013年		凭证字号	摘要	借方/元	贷方/元	借或贷	余额/元
月	日						
11	15	4	购办公用品	2 000		借	2 000
11	30	10	三星手机盘亏	1 400		借	3 400

其他应收款明细分类账

科目：张某

2013年		凭证字号	摘要	借方/元	贷方/元	借或贷	余额/元
月	日						
11	1		期初余额			借	5 000
11	26	8	差旅费借支	2 000		借	7 000
11	30	10	三星手机盘亏	3 600		借	10 600

(11) 根据记账凭证第11号，登记明细账如下。

管理费用明细分类账

科目：其他

2013年		凭证字号	摘要	借方/元	贷方/元	借或贷	余额/元
月	日						
11	15	4	购办公用品	2 000		借	2 000
11	30	10	三星手机盘亏	1 400		借	3 400
11	30	11	计提工资	3 000		借	6 400

销售费用明细分类账

科目：销售费用

2013年		凭证字号	摘要	借方/元	贷方/元	借或贷	余额/元
月	日						
11	20	5	招待客人	500		借	500
11	30	11	计提工资	5 000		借	5 500

应付职工薪酬明细分类账

科目：应付职工薪酬

2013年		凭证字号	摘要	借方/元	贷方/元	借或贷	余额/元
月	日						
11	30	11	计提工资		8 000	贷	8 000

（12）根据记账凭证第12号，登记明细账如下。

应付职工薪酬明细分类账

科目：应付职工薪酬

2013年		凭证字号	摘要	借方/元	贷方/元	借或贷	余额/元
月	日						
11	30	11	计提工资		8 000	贷	8 000
11	30	12	发放工资	8 000		平	0

库存现金明细分类账

科目：库存现金

2013年		凭证字号	摘要	借方/元	贷方/元	借或贷	余额/元
月	日						
11	1		期初余额			借	10 000
11	15	4	购办公用品		2 000	借	8 000
11	20	5	招待客人		500	借	7 500
11	25	7	提取备用金	5 000		借	12 500
11	26	8	差旅费借支		2 000	借	10 500
11	30	12	发放工资		8 000	借	2 500

(13) 根据记账凭证第 13 号,登记明细账如下。

主营业务成本明细分类账

科目:三星手机

2013 年		凭证字号	摘要	借方/元	贷方/元	借或贷	余额/元
月	日						
11	30	13	结转成本	74 272		借	74 272

主营业务成本明细分类账

科目:诺基亚手机

2013 年		凭证字号	摘要	借方/元	贷方/元	借或贷	余额/元
月	日						
11	30	13	结转成本	48 058		借	48 058

主营业务成本明细分类账

科目:摩托罗拉手机

2013 年		凭证字号	摘要	借方/元	贷方/元	借或贷	余额/元
月	日						
11	30	13	结转成本	34 952		借	34 952

库存商品明细分类账

科目:三星手机

2013 年		凭证字号	摘要	借方/元	贷方/元	借或贷	余额/元
月	日						
11	1		期初余额			借	130 000
11	3	1	采购三星手机	80 000		借	210 000
11	30	10	三星手机盘亏		5 000	借	205 000
11	30	13	结转成本		74 272	借	130 728

库存商品明细分类账

科目：诺基亚手机

2013年		凭证字号	摘要	借方/元	贷方/元	借或贷	余额/元
月	日						
11	1		期初余额			借	50 000
11	3	1	采购诺基亚手机	30 000		借	80 000
11	30	13	结转成本		48 058	借	31 942

库存商品明细分类账

科目：摩托罗拉手机

2013年		凭证字号	摘要	借方/元	贷方/元	借或贷	余额/元
月	日						
11	3	1	采购摩托罗拉手机	40 000		借	40 000
11	30	13	结转成本		34 952	借	5 048

(14) 根据记账凭证第14号，登记明细账如下。

管理费用明细分类账

科目：其他

2013年		凭证字号	摘要	借方/元	贷方/元	借或贷	余额/元
月	日						
11	15	4	购办公用品	2 000		借	2 000
11	30	10	三星手机盘亏	1 400		借	3 400
11	30	11	计提工资	3 000		借	6 400
11	30	14	计提折旧	500		借	6 900

累计折旧明细分类账

科目：累计折旧

2013年		凭证字号	摘要	借方/元	贷方/元	借或贷	余额/元
月	日						
11	1		期初余额			贷	5 000
11	30	14	计提折旧		500	贷	5 500

(15) 根据记账凭证第 15 号,登记明细账如下。

营业税金及附加明细分类账

科目:营业税金及附加

2013 年		凭证字号	摘要	借方/元	贷方/元	借或贷	余额/元
月	日						
11	30	15	计提税金	524		借	524

应交税费明细分类账

科目:城建税

2013 年		凭证字号	摘要	借方/元	贷方/元	借或贷	余额/元
月	日						
11	30	15	计提城建税		367	贷	367

应交税金明细分类账

科目:教育费附加

2013 年		凭证字号	摘要	借方/元	贷方/元	借或贷	余额/元
月	日						
11	30	15	计提教育费附加		157	贷	157

(16) 根据记账凭证第 16 号,登记明细账如下。

所得税费用明细分类账

科目:所得税

2013 年		凭证字号	摘要	借方/元	贷方/元	借或贷	余额/元
月	日						
11	30	16	计提所得税	1 138		借	1 138

应交税金明细分类账

科目：所得税

2013年		凭证字号	摘要	借方/元	贷方/元	借或贷	余额/元
月	日						
11	30	16	计提所得税		1 138	贷	1 138

(17) 根据记账凭证第 17 号，登记明细账如下。

本年利润明细分类账

科目：本年利润

2013年		凭证字号	摘要	借方/元	贷方/元	借或贷	余额/元
月	日						
11	30	17	结转本年利润	171 344		借	171 344
11	30	17			174 756	贷	3 412

主营业务成本明细分类账

科目：三星手机

2013年		凭证字号	摘要	借方/元	贷方/元	借或贷	余额/元
月	日						
11	30	13	结转成本	74 272		借	74 272
11	30	17	结转本年利润		74 272	平	0

主营业务成本明细分类账

科目：诺基亚手机

2013年		凭证字号	摘要	借方/元	贷方/元	借或贷	余额/元
月	日						
11	30	13	结转成本	48 058		借	48 058
11	30	17	结转本年利润		48 058	平	0

主营业务成本明细分类账

科目：摩托罗拉手机

2013年		凭证字号	摘要	借方/元	贷方/元	借或贷	余额/元
月	日						
11	30	13	结转成本	34 952		借	34 952
11	30	17	结转本年利润		34 952	平	0

管理费用明细分类账

科目：其他

2013年		凭证字号	摘要	借方/元	贷方/元	借或贷	余额/元
月	日						
11	15	4	购办公用品	2 000		借	2 000
11	30	10	三星手机盘亏	1 400		借	3 400
11	30	11	计提工资	3 000		借	6 400
11	30	14	计提折旧	500		借	6 900
11	30	17	结转本年利润		6 900	平	0

销售费用明细分类账

科目：销售费用

2013年		凭证字号	摘要	借方/元	贷方/元	借或贷	余额/元
月	日						
11	20	5	招待客人	500		借	500
11	30	11	计提工资	5 000		借	5 000
11	30	17	结转本年利润		5 500	平	0

营业税金及附加明细分类账

科目：营业税金及附加

2013年		凭证字号	摘要	借方/元	贷方/元	借或贷	余额/元
月	日						
11	30	15	计提税金	524		借	524
11	30	17	结转本年利润		524	平	0

所得税费用明细分类账

科目：所得税

2013年		凭证字号	摘要	借方/元	贷方/元	借或贷	余额/元
月	日						
11	30	16	计提所得税	1 138		借	1 138
11	30	17	结转本年利润		1 138	平	0

主营业务收入明细分类账

科目：三星手机

2013年		凭证字号	摘要	借方/元	贷方/元	借或贷	余额/元
月	日						
11	10	2	销售三星手机		29 126	贷	29 126
11	20	6	销售三星手机		29 126	贷	58 252
11	30	9	销售三星手机		24 272	贷	82 524
11	30	17	结转本年利润	82 524		平	0

主营业务收入明细分类账

科目：诺基亚手机

2013年		凭证字号	摘要	借方/元	贷方/元	借或贷	余额/元
月	日						
11	10	2	销售诺基亚手机		19 417	贷	19 417
11	20	6	销售诺基亚手机		19 417	贷	38 834
11	30	9	销售诺基亚手机		14 563	贷	53 397
11	30	17	结转本年利润	53 397		平	0

主营业务收入明细分类账

科目：摩托罗拉手机

2013年		凭证字号	摘要	借方/元	贷方/元	借或贷	余额/元
月	日						
11	10	2	销售摩托罗拉手机		9 709	贷	9 709
11	20	6	销售摩托罗拉手机		14 563	贷	24 272

续表

2013年		凭证字号	摘要	借方/元	贷方/元	借或贷	余额/元
月	日						
11	30	9	销售摩托罗拉手机		14 563	贷	38 835
11	30	17	结转本年利润	38 835		平	0

第3步 根据记账凭证编制科目汇总表

科目汇总表

2013年11月30日

科目名称	本期发生额	
	借方/元	贷方/元
库存现金	5 000	12 500
银行存款	180 000	156 800
其他应收款	5 600	
库存商品	150 000	162 282
累计折旧		500
待处理财产损益	5 000	5 000
应付职工薪酬	8 000	8 000
应交税费	1 800	6 906
销售费用	5 500	5 500
管理费用	6 900	6 900
主营业务收入	174 756	174 756
主营业务成本	157 282	157 282
营业税金及附加	524	524
所得税费用	1 138	1 138
本年利润	171 344	174 756
合计	872 844	872 844

第4步 根据科目汇总表登记总账

(1) 库存现金总账的登记

总 账

科目：库存现金

2013年		摘要	借方/元	贷方/元	借或贷	余额/元
月	日					
11	1	期初余额			借	10 000
11	30	汇总1~17号凭证	5 000	12 500	借	2 500

(2) 银行存款总账的登记

总　账

科目：银行存款

2013 年		摘要	借方/元	贷方/元	借或贷	余额/元
月	日					
11	1	期初余额			借	150 000
11	30	汇总1～17号凭证	180 000	156 800	借	173 200

(3) 其他应收款总账的登记

总　账

科目：其他应收款

2013 年		摘要	借方/元	贷方/元	借或贷	余额/元
月	日					
11	1	期初余额			借	5 000
11	30	汇总1～17号凭证	5 600		借	10 600

(4) 库存商品总账的登记

总　账

科目：库存商品

2013 年		摘要	借方/元	贷方/元	借或贷	余额/元
月	日					
11	1	期初余额			借	180 000
11	30	汇总1～17号凭证	150 000	162 282	借	167 718

(5) 应收票据总账的登记

总　账

科目：应收票据

2013 年		摘要	借方/元	贷方/元	借或贷	余额/元
月	日					
11	1	期初余额			借	33 000
11	30	汇总1～17号凭证			借	33 000

(6) 固定资产总账的登记

总　账

科目：固定资产

2013 年		摘要	借方/元	贷方/元	借或贷	余额/元
月	日					
11	1	期初余额			借	60 000
11	30	汇总1～17号凭证			借	60 000

(7) 累计折旧总账的登记

总　账

科目：累计折旧

2013 年		摘要	借方/元	贷方/元	借或贷	余额/元
月	日					
11	1	期初余额			贷	5 000
11	30	汇总1～17号凭证			贷	5 000

(8) 应付职工薪酬总账的登记

总　账

科目：应付职工薪酬

2013 年		摘要	借方/元	贷方/元	借或贷	余额/元
月	日					
11	1	期初余额			贷	0
11	30	汇总1～17号凭证	8 000	8 000	贷	0

(9) 应交税费总账的登记

总　账

科目：应交税费

2013 年		摘要	借方/元	贷方/元	借或贷	余额/元
月	日					
11	1	期初余额			贷	1 800
11	30	汇总1～17号凭证	1 800	6 906	贷	6 906

（10）实收资本总账的登记

总　账

科目：实收资本

2013 年		摘要	借方/元	贷方/元	借或贷	余额/元
月	日					
11	1	期初余额			贷	250 000
11	30	汇总 1~17 号凭证			贷	250 000

（11）应付账款总账的登记

总　账

科目：应付账款

2013 年		摘要	借方/元	贷方/元	借或贷	余额/元
月	日					
11	1	期初余额			贷	20 000
11	30	汇总 1~17 号凭证			贷	20 000

（12）利润分配总账的登记

总　账

科目：利润分配

2013 年		摘要	借方/元	贷方/元	借或贷	余额/元
月	日					
11	1	期初余额			贷	28 200
11	30	汇总 1~17 号凭证			贷	28 200

（13）本年利润总账的登记

总　账

科目：本年利润

2013 年		摘要	借方/元	贷方/元	借或贷	余额/元
月	日					
11	1	期初余额			贷	0
11	30	汇总 1~17 号凭证	171 344	174 756	贷	3 412

(14) 预付账款总账的登记

总　账

科目：预付账款

2013 年		摘要	借方/元	贷方/元	借或贷	余额/元
月	日					
11	1	期初余额			借	70 000
11	30	汇总1~17号凭证			借	70 000

(15) 短期借款总账的登记

总　账

科目：短期借款

2013 年		摘要	借方/元	贷方/元	借或贷	余额/元
月	日					
11	1	期初余额			贷	200 000
11	30	汇总1~17号凭证			贷	200 000

(16) 应付利息总账的登记

总　账

科目：应付利息

2013 年		摘要	借方/元	贷方/元	借或贷	余额/元
月	日					
11	1	期初余额			贷	3 000
11	30	汇总1~17号凭证			贷	3 000

(17) 销售费用总账的登记

总　账

科目：销售费用

2013 年		摘要	借方/元	贷方/元	借或贷	余额/元
月	日					
11	1	期初余额			平	0
11	30	汇总1~17号凭证	5 500	5 500	平	0

(18) 管理费用总账的登记

总 账

科目：管理费用

2013 年		摘要	借方/元	贷方/元	借或贷	余额/元
月	日					
11	1	期初余额			平	0
11	30	汇总 1~17 号凭证	6 900	6 900	平	0

(19) 主营业务收入总账的登记

总 账

科目：主营业务收入

2013 年		摘要	借方/元	贷方/元	借或贷	余额/元
月	日					
11	1	期初余额			平	0
11	30	汇总 1~17 号凭证	174 756	174 756	平	0

(20) 主营业务成本总账的登记

总 账

科目：主营业务成本

2013 年		摘要	借方/元	贷方/元	借或贷	余额/元
月	日					
11	1	期初余额			平	0
11	30	汇总 1~17 号凭证	157 282	157 282	平	0

(21) 营业税金及附加总账的登记

总 账

科目：营业税金及附加

2013 年		摘要	借方/元	贷方/元	借或贷	余额/元
月	日					
11	1	期初余额			平	0
11	30	汇总 1~17 号凭证	524	524	平	0

（22）所得税费用总账的登记

总　账

科目：所得税费用

2013年		摘要	借方/元	贷方/元	借或贷	余额/元
月	日					
11	1	期初余额			平	0
11	30	汇总1~17号凭证	1 138	1 138	平	0

第5步　根据总账和明细账编制资产负债表

资产负债表

编制单位：　　　　　　　　　　2013年11月30日　　　　　　　　　　单位：元

资产	年初数	期末数	负债和所有者权益	年初数	期末数
流动资产：			流动负债：		
货币资金	160 000	175 700	短期借款	200 000	200 000
交易性金融资产			应付票据		
应收票据	33 000	33 000	应付账款	20 000	20 000
应收账款			预收账款		
预付账款	70 000	70 000	应付职工薪酬		
应收股利			应交税费	1 800	6 906
应收利息			应付股利		
其他应收款	5 000	10 600	应付利息	3 000	3 000
存货	180 000	167 718	其他应付款		
一年内到期的非流动资产			一年内到期的非流动负债		
其他流动资产			其他非流动负债		
流动资产合计：	448 000	457 018	流动负债合计	224 800	229 906
非流动资产：			非流动负债：		
可供出售金融资产			长期借款		
持有至到期投资			应付债券		
长期应收款			长期应付款		
长期股权投资			专项应付款		
投资性房地产			预计负债		
固定资产	55 000	54 500	递延所得税负债		
工程物资			其他非流动负债		
在建工程			非流动负债合计：		
固定资产清理					
生产性生物资产			负债合计	224 800	229 906
油气资产			所有者权益：		

续表

资产	年初数	期末数	负债和所有者权益	年初数	期末数
无形资产			实收资本	250 000	250 000
开发支出			资本公积		
商誉			减:库存股		
长期待摊费用			盈余公积		
递延所得税资产			未分配利润	28 200	31 612
其他长期资产					
非流动资产合计:	55 000	54 500	所有者权益合计	278 200	281 612
资产总计	503 000	511 518	负债和所有者权益总计	503 000	511 518

第三章 利润表编制

知识体系框架

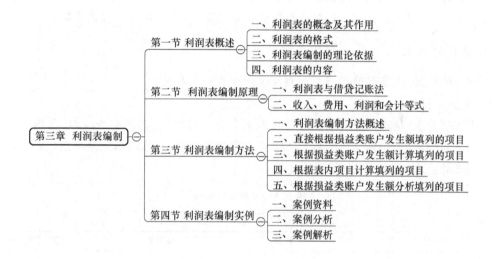

学习目标

本章主要讲授利润表的编制原理、编制方法,在此基础上,通过案例阐述编制利润表的方法。通过本章的学习需要达到以下教学目标:

1. 利润表的编制原理(理解);
2. 利润表的编制方法(掌握);
3. 利润表的编制(熟练掌握)。

利润表和资产负债表一样,是财务报表三大报表之一。那么,利润表是一张什么样的报表?为什么要编制利润表?它是依据什么原理进行设计的?编制利润表需要哪些数据资料?有哪些编制方法?这些都是编制利润表前需要了解和掌握的相关问题。

本章就从回答上述问题入手,逐步讲授编制利润表的相关理论知识,并运用案例示例如何编制一张完整的利润表。

第一节 利润表概述

利润表和资产负债表同样是企业重要的一张财务报表。要编制利润表,首先就要认识利润表,因此,在编制利润表之前,必须先了解利润表的概念、作用、格式、编制依据以及利润表的样表结构。

一、利润表的概念及其作用

1. 利润表的概念

利润表是反映企业一定会计期间经营成果的会计报表,是一张动态的会计报表。

经营成果,是指企业经过一定时期的经营,取得的全部收入减去全部支出后的差额。当全部收入大于全部支出时,企业的经营成果为盈利;当全部收入小于全部支出时,其经营结果为亏损;当全部收入等于全部支出时,其经营成果为盈亏平衡。

2. 利润表的作用

编制利润表的主要目的,就是将企业一定会计期间的经营结果,提供给企业外部和内部的各个财务会计信息的使用者,使他们通过利润表洞察盈利的规模、结构以及企业的经营业绩,从而进一步分析企业的获利能力、企业投资的报酬风险等,为企业决策提供依据。

二、利润表的格式

利润表的格式,主要有单步式利润表和多步式利润表两种。

1. 单步式利润表

单步式利润表,是将本期发生的所有收入集中在一起列示,将所有的成本、费用等支出类也集中在一起列示,最后将收入类总计减去成本费用类总计,计算出本期净利润(或亏损)。单步式利润表的格式如表3.1所示。

表 3.1　单步式利润表

编制单位：　　　　　　　　　　日期：　　　　　　　　　　单位：

项目	行次	本月数	本年累计数
一、收入			
主营业务收入			
其他业务收入			
投资收益			
营业外收入			
收入合计			
二、费用			
主营业务成本			
主营业务税金及附加			
营业费用			
其他业务支出			
管理费用			
财务费用			
投资损失			
营业外支出			
所得税			
费用合计			
三、净利润			

2. 多步式利润表

多步式利润表分为三个层次：营业利润、利润总额和净利润。①营业利润。收入减去费用后的净额，即营业利润，它是企业利润的基础。②利润总额。在营业利润的基础上加上直接计入当期利润的利得减去直接计入当期利润的损失，即为利润总额。③净利润。在利润总额的基础上减去所得税费用，即为净利润。所得税费用是指企业应从利润总额中扣除的所得税。多步式利润表的格式如表3.2所示。

表 3.2 多步式利润表

编制单位：　　　　　　　　　　　日期　　　　　　　　　　　　单位：

项目	本期金额	上期金额
一、营业收入		
减：营业成本		
营业税金及附加		
销售费用		
管理费用		
财务费用		
资产减值损失		
加：公允价值变动收益（损失以"－"号填列）		
投资收益（损失以"－"号填列）		
其中：对联营企业和合营企业的投资收益		
二、营业利润（亏损以"－"号填列）		
加：营业外收入		
减：营业外支出		
其中：非流动资产处置损失		
三、利润总额（亏损总额以"－"号填列）		
减：所得税费用		
四、净利润（净亏损以"－"号填列）		
五、每股收益		
（一）基本每股收益		
（二）稀释每股收益		
六、综合收益		
（一）其他综合收益		
（二）综合收益总额		

特别提示：我国企业会计制度规定，利润表采用多步式格式。

三、利润表编制的理论依据

1. 理论依据

利润表编制的理论依据为：

$$利润＝收入－费用$$

收入是指企业在日常经营活动中形成的、会导致企业的所有者权益增加的、与所有者投入资本无关的经济利益的总流入。收入可以有不同的分类,可分为销售商品收入、提供劳务收入、让渡资产使用权收入、建造合同收入等。

费用是指企业在日常经营活动中发生的、会导致企业所有者权益减少的、与向所有者分配利润无关的经济利益的总流出。广义的费用是指企业在日常活动中所发生的所有耗费,包括费用和成本两部分。狭义的费用仅指企业为销售商品、提供劳务等日常经营活动,所发生的经济利益的流出。我国的费用概念界定为狭义的费用,即仅指与营业收入的获得相关所发生的费用。

收入与费用的差额就是利润。

2. 利润表项目间的钩稽关系

利润表的钩稽关系包括六个等式,即:

$$收入-费用=利润 \tag{1}$$
$$营业收入-营业费用=营业利润 \tag{2}$$
$$营业外收入-营业外损失=营业外收支净额 \tag{3}$$
$$投资收益-投资损失=投资净收益 \tag{4}$$
$$营业利润+营业外收支净额+投资净收益=税前利润 \tag{5}$$
$$税前利润-所得税=税后利润 \tag{6}$$

上述钩稽关系可以用图 3.1 表示。

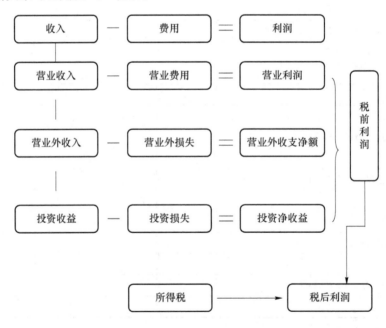

图 3.1　利润表表内项目钩稽关系图

四、利润表的内容

1. 营业收入

营业收入是指企业在生产经营活动中获得的收入,包括企业主营业务收入和其他业务收入等。

主营业务收入,是指企业为完成其主要经营目标所从事的经营活动取得的收入。主营业务收入占企业总收入的比重一般较大,对企业经济效益的影响也较大。

其他业务收入,是指企业除了主要经营业务以外的其他经营活动所实现的收入。是企业日常活动中的次要交易实现的收入,一般来说,占企业总收入的比重较小。如出租无形资产、销售材料、工业企业出租固定资产、出租周转材料、提供非工业性劳务等实现的收入等。

2. 营业利润

营业收入减去营业成本、营业税金及附加、销售费用、管理费用、财务费用、资产减值损失,加上公允价值变动收益、投资收益,即为营业利润。

营业成本,是指企业在生产经营活动中所发生的成本,包括主营业务成本和其他业务成本。

营业税金及附加,是指企业在生产经营过程中发生的、与企业的经营活动相关的应该向国家缴纳的税金及附加,包括营业税、消费税、城市维护建设税、资源税和教育费附加等。

销售费用,是指企业因销售商品、提供劳务所发生的各种费用,包括包装费、广告费、展览费、商品维修费、运输费、装卸费等,以及为销售商品而专设的销售部门的职工薪酬、折旧费、业务费等。

管理费用,是指企业为了管理和组织企业的生产经营所发生的各种费用,包括企业在筹建期间所发生的开办费、董事会以及行政管理部门在经营管理中发生的,或者应由企业统一负担的公司经费、董事会费、工会经费,聘请中介机构费、业务招待费、房产税、车船税、土地使用税、印花税等。

财务费用是指企业为了筹集生产经营所需要的资金而发生的各种筹资费用,包括利息支出(减去利息收入)、汇兑损失以及相关的各种手续费、企业在收款时所发生的现金折扣(减去收到的现金折扣)。

资产减值损失是指企业为了计提各项资产减值准备而形成的损失,包括企业因存货、应收款项、持有至到期投资、长期股权投资、无形资产、固定资产、贷款等资产所发生的减值而计提准备所形成的损失。

3. 利润总额

营业利润加上营业外收入,减去营业外支出,即为利润总额。

4. 净利润

利润总额减去所得税费用,即为净利润。

5. 每股收益

普通股或潜在的普通股已公开交易的企业,和正处于公开发行普通股或潜在普通股的企业,在利润表中还应当列示每股收益信息,包括基本每股收益以及稀释每股收益两项指标。

6. 综合收益

包括其他综合收益和综合收益总额。其中,其他综合收益反映企业根据企业会计准则的规定,未在损益中确认的各项利得和损失扣除所得税影响后的净额;综合收益总额是企业净利润与其他综合收益的合计金额。

第二节 利润表编制原理

在第二章中,我们阐述了资产负债表的编制原理来源于借贷记账法,同样,作为会计系统流程中的最终环节的利润表,和资产负债表一样,其编制原理也来源于借贷记账法。

一、利润表与借贷记账法

1. 借贷记账法的会计等式

在第二章中,我们已经阐述了借贷记账法根据企业经济活动的特点,从会计的角度将企业全部的经济活动最终归结为:资产、负债、所有者权益、收入、费用、利润6个会计要素。同时也介绍了"资产＝负债＋所有者权益"这一会计恒等式,在这个公式的基础上,根据借贷记账法的记账原理,可以将收入、费用、利润这三个要素归结为如下公式:

$$收入-费用=利润$$

如果用"T"型账户表示,根据借贷记账法的账户结构,收入类的账户结构如图3.2所示。企业在经营中取得的各种收入,在扣除成本费用以前,均可以将其看作是资产的来源。从这一性质看,收入类账户与负债和所有者权益账户的结构是相同的,即收入如果增加,其金额记入账户的贷方,收入减少或者转出时,则应记入账户的借方。一般情况下,由于在转出收入时要通过借方转出,所以收入类账户通常情况下没有余额。如果因某种特殊情况有余额,则表现为贷方余额。

如果用"T"型账户表示,收入类账户如图3.2所示。

借方	收入类账户名称		贷方
	期初余额	×××	
减少额 ×××		增加额	×××
……		……	
本期发生额 ×××		本期发生额	×××
	期末余额	×××	

图3.2　收入类"T"型账户

企业在经营活动中会产生各种成本以及其他费用,在抵消收入前,可以理解为瞬间资产,从这一角度出发,成本费用类账户与资产类账户的结构是基本相同的,即增加额均记录在账户的借方,转出或减少时记录在账户的贷方。因为在转出时一般都通过贷方转出,所以通常情况下转出后,成本费用类账户没有期末余额。如果因某种情况有余额,也是借方余额。

如果用"T"型账户来表示,如图3.3所示。

借方	费用类账户名称		贷方
期初余额 ×××			
增加额 ×××		减少额	×××
……		……	
本期发生额 ×××		本期发生额	×××
期末余额 ×××			

图3.3　费用类"T"型账户

二、收入、费用、利润和会计等式

收入和费用是两个相关联的概念,支付费用目的是取得收入。企业的生产经营活动目的是盈利,即取得利润,而利润是收入一定要大于费用,也可以说,利润是企业一定期间取得的经营成果。

1. 收入

收入,是企业在日常经营活动中产生的,是与所有者投入资本无关的,是一定期间内经济利益的总流入。企业取得收入的同时,也意味着企业或者减少了负债,或者增加了资产,或者二者兼而有之。企业只有不断取得收入,才能够持续经营下去。从会计上来说,企业的收入包括销售商品所得到的收入、提供劳务所取得的收入和他人使用本企业资产所取得的收入。

界定收入需要注意以下几个方面:首先,收入不是企业偶然活动所取得的,而是企业日常活动中所产生的经济利益流入;其次,收入是实实在在的经济利益的流入,如果只是名义上的,则不能称之为收入;第三,收入的形成总是伴随着资产的增加或者负债的减少。

2. 费用

费用,是企业在日常经营活动中发生的、能够导致所有者权益减少,与向投资者分配利润无关的经济利益的总流出。收入和费用是相对应的一对概念,费用可以说是企业为了取得收入而付出的代价,是资产的耗费和资产的转化形式。

在理解费用这一概念时,要注意以下方面:第一,确认费用时要与确认收入相匹配;第二,由于费用是为取得收入而付出的代价,因此,费用可以说是企业收入的一种扣除,表现为企业经济利益的流出。

3. 利润

利润,是指企业一定会计期间内的经营成果,是全部收入减去全部费用差额,是收入与费用相抵后的盈余,如果收入大于费用,则为盈利,如果收入小于费用,则为亏损,它反映企业在一定期间内所取得的生产经营的财务成果。企业生产产品,进行销售,也可能同时对外提供劳务,从顾客或者消费者那里获得收入,这一过程大多导致企业资产的增加,或者负债的减少,也会导致所有者权益的增加。

4. 会计等式

收入减去费用以后的结果就是利润。利润可以累积所有者权益,也可以增加资产,如果收入减去费用的结果是负数,利润则表现为企业的亏损,如果收入减去费用的结果是正数,利润则表现为企业的盈利。用数量表示三者之间的关系如下:

$$收入-费用=利润$$

这就是在借贷记账法基础上推导出来的上述会计等式的内在原理,也是编制利润表的理论依据。

第三节　利润表编制方法

编制资产负债表的信息资料,同样也是编制利润表的信息基础。只不过利润表所用到的信息是有关收入、成本和费用类科目。收入、成本和费用类科目,在会计期末均结转到了"本年利润"科目中,所以这类科目无余额。资产负债表是余额表,所以不涉及这些科目,而利润表是发生额表,填列的就是收入、成本和费用在会计期间内的发生额。那么,如何根据相关账簿编制利润表呢?这是本节要探讨的问题。

一、利润表编制方法概述

1. 利润表项目"上期金额"的填列

利润表"上期金额"栏内的各项目,应根据上期利润表中"本期金额"栏的金额填列,如果本期利润表中的项目名称、内容有变化,则应该根据规定对上期利润表的相关项目的金额、内容进行调整,然后按照调整后的金额填入本期利润表的"上期金额"栏。

2. 利润表项目"本期金额"的填列

利润表"本期金额"栏的填列方法可分为以下四种:
(1)根据损益账户发生额直接填列;
(2)根据损益账户发生额计算填列;
(3)根据表内项目计算填列;
(4)根据损益账户发生额分析填列。

二、直接根据损益类账户发生额填列的项目

这类项目的特点是,报表项目名称与账户名称一致,并且不存在任何抵减项目,只是若有贷方发生额应予以扣除,转入本年利润的贷方发生额除外,因此可以直接根据损益类账户发生额填列。

按照这种方法填列的科目,归纳如表 3.3 所示。

表 3.3　直接根据损益账户发生额填列的项目表

项目	编制方法
营业税金及附加	根据总账"营业税金及附加"科目借方发生额填列,若有贷方发生额应扣减(转入"本年利润"的贷方发生额除外)
销售费用	根据总账"销售费用"科目借方发生额填列,若有贷方发生额应扣减(转入"本年利润"的贷方发生额除外)
管理费用	根据总账"管理费用"科目借方发生额填列,若有贷方发生额应扣减(转入"本年利润"的贷方发生额除外)
财务费用	根据总账"财务费用"科目借方发生额填列,若有贷方发生额应扣减(转入"本年利润"的贷方发生额除外)
资产减值损失	根据总账"资产减值损失"科目借方发生额填列,若有贷方发生额应扣减(转入"本年利润"的贷方发生额除外)
营业外收入	根据总账"营业外收入"科目借方发生额填列,若有贷方发生额应扣减(转入"本年利润"的贷方发生额除外)
营业外支出	根据总账"营业外支出"科目借方发生额填列,若有贷方发生额应扣减(转入"本年利润"的贷方发生额除外)
所得税	根据总账"所得税"科目借方发生额填列,若有贷方发生额应扣减(转入"本年利润"的贷方发生额除外)

三、根据损益类账户发生额计算填列的项目

这类项目的特点是,报表项目名称与账户名称不一致,其通常包括几个总账所涵盖的内

容,因此需要将几个总账的期末金额进行加总计算,填列在报表项目之中。

按照这种方法填列的科目,包括以下几类。

(1) 营业收入:"营业收入"项目反映企业当期确认的营业收入金额,该项目本期金额根据总账"主营业务收入""其他业务收入"账户的贷方发生额之和填列,若账户有借方发生额应扣减(转入"本年利润"的借方发生额除外)。

(2) 营业成本:"营业成本"项目反映企业当期确认的营业成本金额,该项目本期金额根据总账"主营业务成本""其他业务成本"账户的借方发生额之和填列,若账户有贷方发生额应扣减(转入"本年利润"的贷方发生额除外)。

可归纳如表3.4所示。

表3.4 根据损益类账户发生额计算填列的项目表

项目	编制方法
营业收入	根据"主营业务收入"和"其他业务收入"科目的发生额分析填列
营业成本	根据"主营业务成本"和"其他业务成本"科目的发生额分析填列

四、根据表内项目计算填列的项目

这类项目的特点是,账户中没有与之对应的科目,需要对利润表中的相关项目进行加减计算求得。

这类项目包括以下几种。

1. 营业利润

营业利润=营业收入-营业成本-营业税金及附加-销售费用-管理费用-财务费用-资产减值损失+公允价值变动收益+投资收益。

2. 利润总额

利润总额=营业利润+营业外收入-营业外支出。

3. 净利润

净利润=利润总额-所得税费用。

这类项目的填制方法可归纳如表3.5所示。

表3.5 根据表内项目计算填列的项目表

项目	编制方法
营业利润	营业利润=营业收入-营业成本-营业税金及附加-销售费用-管理费用-财务费用-资产减值损失+公允价值变动收益+投资收益
利润总额	利润总额=营业利润+营业外收入-营业外支出
净利润	净利润=利润总额-所得税费用

五、根据损益类账户发生额分析填列的项目

这类项目的特点是,报表名称与账户名称一致,但需要根据总账的账户发生额分析填列,如果是收益以"+"号填列,如果是损失则以"-"号填列。

这类项目包括以下几种。

1. 公允价值变动收益

"公允价值变动收益"项目反映企业当期确认的公允价值变动净收益(或净损失),该项目根据总账"公允价值变动收益"账户发生额分析填列,如果是净收益以"＋"号填列,净损失则以"－"号填列。

2. 投资收益

"投资收益"项目反映企业当期确认的净投资收益(或净损失),该项目根据总账"投资收益"账户发生额分析填列,如果是收益以"＋"号填列,损失则以"－"号填列。

这类账户的填列方法可归纳如表 3.6 所示。

表 3.6　根据损益类账户发生额分析填列的项目表

项目	编制方法
公允价值变动收益	根据总账"公允价值变动收益"账户发生额分析填列,如果是净收益以"＋"号填列,净损失则以"－"号填列
投资收益	根据总账"投资收益"账户发生额分析填列,如果是收益以"＋"号填列,损失则以"－"号填列

第四节　利润表编制实例

一、案例资料

(续第二章第五节案例资料)

年底了,路路通公司这一年的效益到底怎么样呢?是盈利还是亏损?今年的业绩如何?扣除税收后利润如何?财务经理把一系列的问题抛给小裘,让小裘赶紧把利润表编制出来。

那么,面对领导的催促,小裘应该如何完成利润表的编制呢?

二、案例分析

小裘要完成利润表的编制,需要做如下两方面的工作。

第 1 步　做好编制利润表的准备工作

由于小裘已经完成了资产负债表的编制工作。那么,在编制利润表时,小裘就轻松多了,因为编制利润表的前 4 步与编制资产负债表的工作一样。

这时,小裘只需要检查一下之前的工作,重点关注一下收入、费用类的科目核算、登记是否正确。接下来,小裘就可以编制利润表了。

第 2 步　根据总账和明细账编制利润表

完成准备工作后,小裘需要根据总账和明细账编制利润表。

三、案例解析

1. 营业收入的编制

根据第二章第五节案例中资产负债表编制第 4 步中的第 19 项登记的主营业务收入的总账(如下表所示),登记到利润表中的"营业收入"一栏。

特别提示:由于路路通公司没有其他业务收入,所以该公司利润表的营业收入根据主营业务收入的发生额填列。

总　账

科目：主营业务收入

2013 年		摘要	借方/元	贷方/元	借或贷	余额/元
月	日					
11	1	期初余额			平	0
11	30	汇总 1～17 号凭证	174 756	174 756	平	0

2. 营业成本的编制

根据第二章第五节案例中资产负债表编制第 4 步中第 20 项登记的主营业务成本的总账（如下表所示），登记到利润表中的"营业成本"一栏。

特别提示：由于路路通公司没有其他业务成本，所以该公司利润表的营业成本根据主营业务成本的发生额填列。

总　账

科目：主营业务成本

2013 年		摘要	借方/元	贷方/元	借或贷	余额/元
月	日					
11	1	期初余额			平	0
11	30	汇总 1～17 号凭证	157 282	157 282	平	0

3. 销售费用

根据第二章第五节案例资产负债表编制第 4 步中第 17 项销售费用总账（如下表所示），登记到利润表中的"销售费用"一栏。

总　账

科目：销售费用

2013 年		摘要	借方/元	贷方/元	借或贷	余额/元
月	日					
11	1	期初余额			平	0
11	30	汇总 1～17 号凭证	5 500	5 500	平	0

4. 管理费用

根据第二章第五节案例资产负债表编制第 4 步中第 18 项管理费用总账（如下表所示），登记到利润表中的"管理费用"一栏。

总 账

科目：管理费用

2013年		摘要	借方/元	贷方/元	借或贷	余额/元
月	日					
11	1	期初余额			平	0
11	30	汇总1~17号凭证	6 900	6 900	平	0

5. 营业税金及附加

根据第二章第五节案例资产负债表编制第4步中第21项营业税金及附加总账（如下表所示），登记到利润表中的"营业税金及附加"一栏。

总 账

科目：营业税金及附加

2013年		摘要	借方/元	贷方/元	借或贷	余额/元
月	日					
11	1	期初余额			平	0
11	30	汇总1~17号凭证	524	524	平	0

6. 所得税

根据第二章第五节案例资产负债表编制第4步中第22项所得税费用总账（如下表所示），登记到利润表中的"所得税"一栏。

总 账

科目：所得税费用

2013年		摘要	借方/元	贷方/元	借或贷	余额/元
月	日					
11	1	期初余额			平	0
11	30	汇总1~17号凭证	1 138	1 138	平	0

7. 计算完成营业利润、利润总额和净利润

计算完成营业利润、利润总额和净利润，并填列在利润表的"营业利润""利润总额"和"净利润"栏目中。

营业利润＝营业收入－营业成本－营业税金及附加－销售费用－管理费用－财务费用－资产减值损失±公允价值变动收益±投资收益＝174 756－157 282－524－5 500－6 900＝4 550元

利润总额＝营业利润＋营业外收入－营业外支出＝4 550＋0－0＝4 550元

净利润＝利润总额－所得税费用＝4 550－1 138＝3 412元

8. 编制完成利润表

填制完成的利润表如下。

利润表

编制单位:路路通有限责任公司　　　　2013 年 11 月　　　　单位:元

项目	行次	本期金额	上期金额
一、营业收入	1	174 756	略
减:营业成本	4	157 282	
营业税金及附加	5	524	
销售费用	6	5 500	
管理费用	7	6 900	
财务费用	9		
资产减值损失	10		
加:公允价值变动收益(损失以"-"号填列)	11		
投资收益(损失以"-"号填列)	12		
二、营业利润(亏损以"-"号填列)	13	4 550	
加:营业外收入	14		
减:营业外支出	15		
其中:非流动资产处置损失	16		
三、利润总额(亏损总额以"-"号填列)	17	4 550	
减:所得税费用	18	1 138	
四、净利润(净亏损以"-"号填列)	19	3 412	

第四章 现金流量表编制

知识体系框架

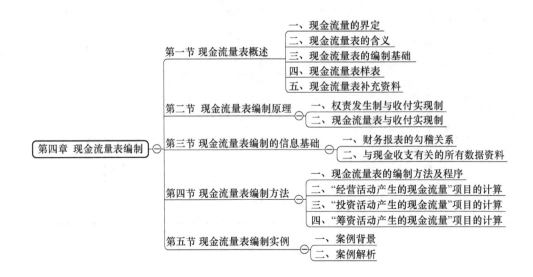

学习目标

本章主要讲授现金流量表的编制原理、编制的信息基础、编制方法,在此基础上,通过案例阐述现金流量表编制的方法。通过本章的学习需要达到以下教学目标:

1. 现金流量表的编制原理(理解);
2. 现金流量表的编制方法(掌握);
3. 现金流量表编制的信息收集(运用);
4. 现金流量表的编制(熟练掌握)。

现金流量表的编制方法与资产负债表和利润表不同,所依据的理论也不一样。那么,现金流量表是一张什么样的报表?为什么要编制现金流量表?它是依据什么原理进行设计的?编制现金流量表需要哪些数据资料?有哪些编制方法?需要遵循怎样的编制程序?这些都是编制现金流量表前需要了解和掌握的相关问题。

本章就从回答上述问题入手,逐步讲授编制现金流量表的相关理论知识,并运用案例示例如何编制一张完整的现金流量表。

第一节　现金流量表概述

现金流量表和资产负债表、利润表并称为企业的三张主要报表。要编制现金流量表,首先就要认识现金流量表,因此,在编制现金流量表之前,必须先了解现金流量的概念和分类、现金流量表的含义、编制基础以及现金流量表的样表结构。

一、现金流量的界定

1. 现金流量的含义

现金流量是指现金和现金等价物的流入和流出,即现金流量包括现金流入和现金流出。现金流入包括销货收款、取得借款、发行股票、发行债券等;现金流出包括购货付款、归还借款、购买股票、购买债券等。现金流入与现金流出之差被称为现金净流量。

2. 现金流量的形成渠道

现金项目与非现金项目之间的转换才会产生现金流量,如图4.1所示。以下转换形式不产生现金流量:

(1)"现金"与"银行存款"之间的转换;
(2)"其他货币资金"与"银行存款"之间的转换;
(3)"现金"与"现金等价物"之间的转换。

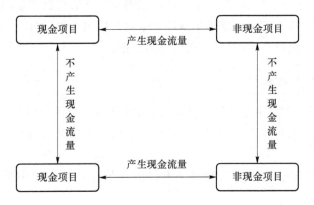

图4.1　现金流量形成渠道

3. 现金流量的分类

企业的现金流量分为三类,即经营活动产生的现金流量、投资活动产生的现金流量和筹资活动产生的现金流量。

(1)经营活动产生的现金流量

经营活动,是指企业投资活动和筹资活动以外的所有交易和事项,经营活动主要包括销售商品、提供劳务、接受劳务、支付税费等。

通过经营活动产生的现金流量,可以判断企业经营活动对现金流入和现金流出的影响程度,可以反映企业在不动用对外筹资的情况下,能否足以维持生产经营、支付股利、偿还债务、对外投资等。

(2) 投资活动产生的现金流量

投资活动,是指企业固定资产、在建工程、无形资产、其他长期资产等资产的购建,不包括在现金等价物范围内的债权投资及其处置活动。包括取得和收回投资、购建和处置固定资产、购买和处置无形资产等。

通过投资活动所产生的现金流量,可以判断企业投资活动对现金流量净额的影响程度。

(3) 筹资活动产生的现金流量

筹资活动,是指导致企业资本及债务规模和构成发生变化的活动,包括发行股票或接受投入资本、发行和偿还公司债券、分派现金股利、取得和偿还银行借款等。

通过筹资活动产生的现金流量,可以分析判断企业获取现金的能力,可以判断筹资活动对企业现金流量净额的影响程度。

二、现金流量表的含义

现金流量表,是指反映企业在一定会计期间内现金和现金等价物流入和流出的报表,是以收付实现制为原则,将权责发生制下的盈利信息调整为收付实现制下的现金流量信息,便于信息使用者了解企业净利润的质量的报表。

从内容上看,现金流量表被划分为经营活动、投资活动和筹资活动三个部分,每类活动又分为若干个具体项目,从不同角度反映企业的经营业务活动的现金流入与流出,全面反映了资产负债表中现金项目从期初到期末的具体变化过程,并在补充资料里列报了如何将净利润调整为经营活动产生的净现金流量,弥补了资产负债表和利润表提供信息的不足。

通过现金流量表,报表使用者能够了解现金流量的影响因素,评价企业的偿债能力和周转能力,预测企业未来现金流量,为其决策提供有力依据。

三、现金流量表的编制基础

现金流量表以现金和现金等价物为基础编制,划分为经营活动、投资活动和筹资活动,按照收付实现制原则编制,将权责发生制下的盈利信息调整为收付实现制下的现金流量信息。

1. 现金

是指企业库存现金以及可以随时用于支付的存款。不能随时用于支付的存款不属于现金。

2. 现金等价物

是指企业持有的期限短、流动性强、易于转换为已知金额现金、价值变动风险很小的投资。期限短,一般是指从购买日起三个月内到期。现金等价物通常包括三个月到期的债权投资等。权益性投资变现的金额通常不确定,因而不属于现金等价物。企业应当根据具体情况,确定现金等价物的范围,一经确定不得随意变更。

3. 现金流量表的编制基础

现金流量表的编制基础为:

$$现金流入-现金流出=现金流量净额$$

特别提示:现金流量表的编制,依据资产负债表、利润表和利润分配表以及有关账户记录资料。编制现金流量表的过程就是将权责发生制下的会计资料转换为收付实现制表示的现金流动。

四、现金流量表样表

表4.1 现金流量表

编制单位： 20××年度 单位：

一、经营活动产生的现金流量	行次	本期金额	上期金额
销售商品、提供劳务收到的现金	1		
收到的税费返还	3		
收到的其他与经营活动有关的现金	8		
经营活动现金流入小计	9		
购买商品、接受劳务支付的现金	10		
支付给职工以及为职工支付的现金	12		
支付的各项税费	13		
支付的其他与经营活动有关的现金	18		
经营活动现金流出小计	20		
经营活动产生的现金流量净额	21		
二、投资活动产生的现金流量			
收回投资所收到的现金	22		
取得投资收益所收到的现金	23		
处置固定资产、无形资产和其他长期资产收回的现金净额	25		
收到的其他与投资活动有关的现金	28		
投资活动现金流入小计	29		
购建固定资产所支付的现金	30		
投资支付的现金	31		
取得子公司及其他营业单位支付的现金净额	32		
支付的其他与投资活动有关的现金	35		
投资活动现金流出小计	36		
投资活动产生的现金流量净额	37		
三、筹资活动的现金流量			
吸收投资所收到的现金	38		
借款所收到的现金	40		
收到的其他与筹资活动有关的现金	43		
筹资活动现金流入小计	44		
偿还债务所支付的现金	45		
分配股利、利润或偿付利息所支付的现金	46		
支付的其他与筹资活动有关的现金	52		
筹资活动现金流出小计	53		
筹资活动产生的现金流量净额	54		
四、汇率变动对现金的影响	55		
五、现金及现金等价物净增加额	56		
加:期初现金及现金等价物余额	57		
六、期末现金及现金等价物余额	58		

五、现金流量表补充资料

1. 现金流量表补充资料的内容

现金流量表补充资料,主要揭示以间接法计算的反映经营活动的现金流量。

间接法是指以净利润为起算点,调整不涉及现金的收入、费用、营业外收支等有关项目,剔除投资活动、筹资活动对现金流量的影响,据此计算出经营活动产生的现金流量。

2. 现金流量表补充资料的结构

现金流量表补充资料包括三部分:一是将净利润调节为经营活动现金流量;二是不涉及现金收支的投资和筹资活动;三是现金及现金等价物净增加情况。

3. 现金流量表补充资料的样表

现金流量表补充资料的格式如表 4.2 所示。

表 4.2 现金流量表补充资料

编制单位: 20××年度 单位:

1. 将净利润调节为经营活动现金流量	本期金额	上期金额
净利润		
加:资产减值准备		
固定资产折旧、油气资产折耗、生产性生物资产折旧		
无形资产摊销		
长期待摊费用摊销		
处置固定资产、无形资产和其他长期资产的损失(收益以"-"号填列)		
固定资产报废损失(收益以"-"号填列)		
公允价值变动损失(收益以"-"号填列)		
财务费用(收益以"-"号填列)		
投资损失(收益以"-"号填列)		
递延所得税资产减少(增加以"-"号填列)		
递延所得税负债增加(减少以"-"号填列)		
存货的减少(增加以"-"号填列)		
经营性应收项目的减少(增加以"-"号填列)		
经营性应付项目的增加(减少以"-"号填列)		
其他		
经营活动产生的现金流量净额		
2. 不涉及现金收支的重大投资和筹资活动		
债务转为资本		
一年内到期的可转换公司债券		
融资租入固定资产		
3. 现金及现金等价物净增加情况		
现金的期末余额		
减:现金的期初余额		
加:现金等价物的期末余额		
减:现金等价物的期初余额		
现金及现金等价物净增加额		

第二节 现金流量表编制原理

现金流量表的编制原理,来源于会计确认的收付实现制。会计确认有两种方法:权责发生制和收付实现制。在现代日常经济生活中,企业所采用的会计基础,一般为权责发生制。资产负债表和利润表,反映的都是按照权责发生制进行确认的经济业务活动的财务状况或财务成果。但是,作为企业的各利益相关者,还需要了解企业能够随时用于支付的现金的情况,而这一需求正契合了收付实现制的理论基础,于是,以收付实现制为原理编制的现金流量表应运而生。

一、权责发生制与收付实现制

会计确认的基础包括权责发生制和收付实现制。

1. 权责发生制的理论内涵

采用权责发生制作为会计确认的基础,即凡是当期已经实现的收入、已经发生或应当负担的费用,不论款项是否已经收付,都应当确认作为当期的收入和费用;凡是不属于当期的收入和费用,即使款项已经在当期收付,也不应当确认作为当期的收入和费用。

也就是说,在权责发生制情况下,企业的产品一旦发货,就被记录到企业的营业收入当中,不管购买者什么时候支付货款。在日常的经济生活中,几乎所有的企业都会面临给他们的客户提供各种支付信用,这样则会造成只要销售确认,在会计报表中就会确认企业的营业收入和营业成本,并在资产负债表中记录到应收账款,但这样的结果是公司有盈利,却不一定能够有足够的现金净流量。

具体来说,权责发生制有以下几方面特征:

第一,权责发生制能有效地鉴别进入企业会计系统的经济业务,以是否对企业的经济义务和资源确实产生了影响作为鉴别标准,是否具有影响则以责任或权利的发生与否为依据来判断;

第二,被准予进入会计系统的事项或交易,按照其实际影响的责任与权利的情况,决定应记入哪一种会计要素,即决定计入资产、负债、收入、费用、所有者权益哪一类账户中;

第三,权责发生制能广泛运用于全部的会计要素,不仅仅是对收入和费用的确认。虽然费用和收入一直是现代会计所关注的重心,而且是应用权责发生制的基础的一部分。

由于权责发生制具有上述特征,在现代会计中,它能更真实地反映企业特定期间内的经营成果和财务状况,所以,一般要求现代企业在会计核算中应当以权责发生制为基础。

2. 收付实现制的理论内涵

收付实现制:凡是收到的现金就是本期收入,凡是支付的现金就是本期费用。由于这些实际收到的收入和实际支付的费用均已登记,并根据账簿记录已经确定本期的收入和费用,因而不存在对账簿记录进行期末调整的问题,也就不存在预收、预付和应收、应付的问题。

收付实现制和权责发生制是相对应的两个概念。和权责发生制不同,收付实现制不考虑没有发生的现金收支,只确认实际已经发生的现金收支;按照收入减去费用的方式确定企业利润,按照这种方法确定的利润就是企业的现金净余额,因为收入和费用分别等同于企业的现金收支。

具体来说,收付实现制有以下几方面特征:

第一,收付实现制一般只用于确认收入和费用;

第二,按照收付实现制作为会计确认基础,所有收到的现金,都应该作为当期收入;所有的现金支出,都应该作为当期费用,最后的收益就是企业现金收支的净额。

第三,在纯粹的收付实现制下,由于会计只确认和现金收支有关的经济业务事项,而且,所有的支出均作为费用,而实际收到的现金均作为收入,那么,此时会计主体的全部资产均为现金,没有现金形式以外的资产。

可见,只有当会计主体的经营活动非常简单、不需要任何事先的大额投入,而且不存在非现金交易的情况下,这种纯粹的收付实现制方能付诸应用。

二、现金流量表与收付实现制

由于现代经济生活的复杂性,收付实现制的局限性,现代企业一般均采用权责发生制确认企业的经济业务活动。但同时,企业还需要了解一段时间内真正可以用于付现的现金流的情况,由此,现代会计在收付实现制的基础上设计了现金流量表,弥补了资产负债表和利润表的不足,将按权责发生制确认的经济业务信息,调整为按收付实现制确认的会计信息。

现金流量表,是反映企业在一定会计期间内的现金和现金等价物的流入和流出的财务报表。现金流量表主要为会计信息的使用者,提供企业现金及现金等价物净增加额及其构成的信息;通过现金流量表,报表使用者可以了解企业销售能力、持续产生现金流量的能力、利润的质量、利润与现金之间的关系等。

现金流量表是依据资产负债表和与资产负债表相关的各项目的构成情况等资料,依据利润表和与利润表有关的各项目的构成情况的详细资料以及其他涉及现金及现金等价物的相关资料编制,最终将依据权责发生制核算所反映的会计信息,转换为按照收付实现制核算下的会计信息。

第三节 现金流量表编制的信息基础

编制现金流量表,需要用到的基础的数据资料就是资产负债表和利润表。之所以说这两张表是编制现金流量表所需要的基础数据,是由资产负债表、利润表与现金流量表之间的勾稽关系所决定的。

一、财务报表的勾稽关系

在财务报表中,资产负债表反映的是企业某一特定日期的财务状况的财务会计报表,即是反映某一时点的存量信息的报表;而利润表、所有者权益变动表以及现金流量表,均是反映企业某一会计期间的流量信息的报表。从这个角度看,存量是截止到一个时点的结果,而流量是一个时期的变化过程,一个会计期间内期初的存量通过期间内的流量,最终形成期末的存量。因此,财务报表之间是相互关联的。这种关联体现在以下几方面。

1. 从数据的勾稽关系上看

(1)"净利润"相等

在利润表中,末行的"净利润"等于所有者权益变动表第6行的"净利润"。

(2)"年初余额"和"年末余额"相等

所有者权益变动表中的本年"年初余额"等于资产负债表中所有者权益的"年初余额",所有者权益变动表末行的本年"年末余额"等于资产负债表中所有者权益的期末余额。

(3) "现金及现金等价物净增加额"的对应关系

现金流量表中的"现金及现金等价物净增加额",等于资产负债表中相关项目(通常是货币资金和交易性金融资产)期末数与期初数之差。

2. 从会计恒等式的变化上看

资产负债表的编制基础为会计恒等式:

$$资产 = 负债 + 所有者权益 \tag{1}$$

由于资产负债表反映的是一定会计期间的时点状况,因此由上述会计恒等式可以推出如下等式:

$$期初资产 = 期初负债 + 期初所有者权益 \tag{2}$$

$$期末资产 = 期末负债 + 期末所有者权益 \tag{3}$$

等式(2)与等式(1)相比,虽然等式的平衡关系保持不变,但是资产、负债和所有者权益的数额均已发生改变。因为,收入的取得要么表现为资产的增加,要么表现为负债的减少,而费用的支出,则要么表现为资产的减少,要么表现为负债的增加。因此,一定会计期间内所发生的收入和费用、利得及损失的流量,就在不断地改变着资产和负债的存量,而整个会计期间内所有的收入、利得减去费用、损失后,所得到的就是利润流量,最终会增加所有者权益的存量。

下面通过一个例子来说明报表之间的钩稽关系。

【例 4.1】 甲公司是一家投资经营公司,其 2014 年年初的资产负债表数据(单位:元)如下:

资产	金额	负债和所有者权益	金额
货币资金	80 000	长期借款	120 000
长期股权投资	200 000	实收资本	160 000
资产总计	280 000	负债和所有者权益总计	280 000

在 2014 年 1 月,甲公司收到投资收益 18 000 元,存入银行;甲公司还用现金支付了工资 8 000元;发生了租金 5 000 元,等到年末支付。该月内没有新的筹资和投资活动,也没有利润分配事项,而且不考虑所得税事宜。则 2014 年 1 月公司的利润表数据(单位:元)为:

项目	金额
营业收入	18 000
减:管理费用	13 000
净利润	5 000

由于 18 000 元的投资收入使企业的货币资金增加了 18 000 元,8 000 元的工资支出又使企业的货币资金减少了 8 000 元,因此该月内货币资金增加 10 000 元,到月末变为 90 000 元。同时,5 000 元应付未付的租金使企业的其他应付款增加了 5 000 元,5 000 元的利润使未分配利润增加了 5 000 元。由此得到公司 2014 年 1 月末的资产负债表数据(单位:元)如下:

资产	金额	负债和所有者权益	金额
货币资金	90 000	其他应付款	5 000
长期股权投资	200 000	长期借款	120 000
		实收资本	160 000
		未分配利润	5 000
资产总计	290 000	负债和所有者权益总计	290 000

由此可见,资产、负债和所有者权益期初的平衡,正是通过期间内收入、费用和利润的发生,实现了期末的新平衡。同时,在2014年1月,公司发生了两笔现金流量:一笔18 000元的现金流入和一笔8 000元的现金流出,因而最终现金及现金等价物增加了10 000元,这恰好等于资产负债表中货币资金的期末数90 000元与期初数80 000元的差额。

二、与现金收支有关的所有数据资料

搜集与现金收支有关的所有业务资料,是编制现金流量表具体项目的一个重要环节,这是由现金流量表所采用的收付实现制编制原则所决定的。而在会计处理上,会计准则要求使用权责发生制原则。

那么,公司实际发生的现金流入和现金流出如何记录呢?这就是现金流量表产生的原因。一家公司可能通过发行股票或债券获得大量现金,但它不能产生盈利。同理,一家公司有大量的赊销而没有现金流入,它同样可以产生盈利。现金流量表告诉我们,一家公司是现金流入大于现金流出(正的净现金流)还是现金流出大于现金流入(负的净现金流)。

所以,在编制现金流量表之前,我们要搜集所有与现金流入和现金流出有关的经济业务,为编制现金流量表做好数据上的准备。

第四节 现金流量表编制方法

现金流量表的编制是建立在资产负债表和利润表的基础上,并收集与现金流量有关的资产负债表项目和利润表项目的详细数据。但是,资产负债表和利润表编制所依据的理论基础是权责发生制下核算出来的数据,而现金流量表是按照收付实现制设计的,是将权责发生制下的数据调整为收付实现制下的信息。那么,如何依据资产负债表、利润表及其他相关数据信息,编制现金流量表,是本节将要阐述的内容。

一、现金流量表的编制方法及程序

1. 直接法和间接法

编制现金流量表时,列报经营活动现金流量的方法有两种:直接法和间接法。这两种方法通常也称为编制现金流量表的方法。

(1) 直接法

直接法,是指按照现金收入及现金支出的主要类别,直接反映企业经营活动所产生的现金流量的方法。如销售商品、提供劳务收到的现金,购买商品、接受劳务支付的现金等,就是按现金收入和支出的类别直接进行反映的。在直接法下,一般是以利润表中的"营业收入"为起算点,调节与经营活动有关项目的增减变动,然后计算出经营活动产生的现金流量。

(2) 间接法

间接法,是指以利润表中的"净利润"为起算点,调整不涉及现金的收入、费用、营业外收支等有关项目,剔除投资活动、筹资活动等对现金流量的影响,以此计算出经营活动产生的现金流量的方法。因为净利润是按照权责发生制的原则确定的,而且包括了与投资活动及筹资活动相关的收益和费用,那么,将净利润调节为经营活动的现金流量,实际上就是将按权责发生制原则确定的净利润调整为现金净流入,并剔除投资活动和筹资活动对现金流量的影响。

2. 工作底稿法、"T"型账户法和分析填列法

在具体编制现金流量表时,企业可根据经济业务量的大小和复杂程度,选择采用工作底稿法、"T"型账户法,或者直接根据有关科目的记录分析填列。

(1) 工作底稿法

工作底稿法,是指以工作底稿为编制手段,以利润表和资产负债表的数据为编制基础,结合有关会计科目的记录,对现金流量表的每一报表项目进行分析并编制调整分录,进而编制出现金流量表的一种方法。

现金流量表工作底稿格式如表 4.3 所示。

表 4.3 现金流量表工作底稿

项目	期初数	调整分录		期末数
		借方	贷方	
一、资产负债表项目: 借方项目 贷方项目				
二、利润表项目				本期数
三、现金流量表项目				本期数
四、调整分录借贷合计				

编制现金流量表工作底稿法步骤如下。

第 1 步,将资产负债表各项目的期初数和期末数、利润表各项目的本期数过入工作底稿;

第 2 步,对当期业务进行分析并编制调整分录;

第 3 步,将调整分录过入到工作底稿中的相应项目;

第 4 步,核对调整分录;

第 5 步,根据工作底稿中现金流量表部分各项目的借贷金额计算确定各项目的本期数,据以编制正式的现金流量表。

(2) "T"型账户法

"T"型账户法,是指以利润表和资产负债表为基础,结合有关会计科目的记录,对现金流量表的每一个项目进行分析并编制调整分录,通过"T"型账户编制现金流量表的一种方法。

(3) 分析填列法

分析填列法,是指直接根据资产负债表、利润表及有关会计科目明细账的记录信息资料,分析并计算出现金流量表中各项目的金额,并据以编制现金流量表的一种方法。

二、"经营活动产生的现金流量"项目的计算

1. "销售商品、提供劳务收到的现金"项目

"销售商品、提供劳务收到的现金"项目,反映的是企业因销售商品、提供劳务而实际收到的现金,包括销售收入以及应向购买者收取的增值税销项税额,包括本期提供劳务、销售商品收到的现金,以及前期提供劳务和前期销售而在本期收到的现金,以及本期的预收账款,减去本期退回的本期销售的商品和前期销售的本期退回的商品支付的现金。企业销售相关材料以及代购代销业收到的现金,也在本项目反映。

本项目可以根据"现金""银行存款""应收账款""应收票据""预收账款""主营业务收入""其他业务收入"等科目的记录分析填列。

"销售商品、提供劳务收到的现金",根据以下公式进行调整计算:

销售商品、提供劳务收到的现金
＝销售商品、提供劳务产生的"收入和增值税销项税额"
＋应收账款(期初余额－期末余额)
＋应收票据(期初余额－期末余额)
＋预收账款(期末余额－期初余额)
±特殊调整业务(导致应收项目发生变化但并未发生现金流量变化的项目,如债务重组、坏账等)

【例 4.2】 销售商品、提供劳务收到的现金计算

A 股份有限公司本期销售一批商品,开出的增值税专用发票上注明的销售价款为 3 500 000 元,增值税销项税额为 566 000 元,以银行存款收讫;应收票据账户期初余额为 380 000 元,期末余额为 80 000 元;应收账款账户期初余额为 1 100 000 元,期末余额为 510 000 元;年度内核销的坏账损失为 40 000 元。另外,本期因商品质量问题发生退货,支付银行存款 35 000 元,货款已通过银行转账支付。

则本期销售商品、提供劳务收到的现金为
＝3 500 000＋566 000＋(380 000－80 000)＋(1 100 000－510 000)－35 000－40 000＝4 881 000 元

2. "收到的税费返还"项目

该项目反映企业收到的返还的各种税费。包括收到返还的消费税、增值税、营业税、关税、教育税附加、所得税等。本项目可以根据"银行存款""库存现金""其他应收款""营业税金及附加"等科目的记录分析填列。

3. "收到其他与经营活动有关的现金"项目

该项目反映企业除了上述各项目以外收到的其他的与经营活动有关的现金,如罚款、经营租赁租金、流动资产损失中由个人赔偿的现金等。其他现金流入如果价值较大,应该单列项目反映。本项目可以根据"银行存款""库存现金""营业外收入"等科目的记录分析填列。

4. "购买商品、接受劳务支付的现金"项目

"购买商品、接受劳务支付的现金"项目,反映企业购买商品、材料以及接受劳务实际支付的现金,包括本期购入的商品、材料和接受劳务支付的现金(包括增值税进项税额),以及本期支付的前期购入的商品、接受劳务的未付款项,和本期预付的款项以及代购代销的业务支付的现金等。如果是本期发生的购货退回收到的现金应该从本项目内减去。

本项目可以根据"现金""银行存款""应付账款""应付票据""主营业务成本"等科目的记录

分析填列。

"购买商品、接受劳务支付的现金",根据以下公式进行调整计算:

购买商品、接受劳务支付的现金

＝购买商品、接受劳务产生的"销售成本和增值税进项税额"

＋应付账款(期初余额－期末余额)

＋应付票据(期初余额－期末余额)

＋预付账款(期末余额－期初余额)

±特殊调整业务(导致应付项目发生变化但并未发生现金流量变化的项目,如债务重组等)

【例 4.3】 购买商品、接受劳务支付现金的核算

B 股份有限公司本期购买原材料,收到的增值税专用发票上注明的材料价款为 350 000 元,增值税进项税额为 28 400 元,款项已通过银行转账支付;应付票据期初余额为 210 000 元,期末余额为 90 000 元;应付账款期初余额为 130 000 元,期末余额为 80 000 元。

本期购买商品、接受劳务收到的现金为

350 000＋28 400＋(210 000－90 000)＋(130 000－80 000)＝548 400 元

5. "支付给职工以及为职工支付的现金"项目

该项目反映企业实际支付给职工,以及为职工支付的现金,包括本期实际支付给职工的工资、奖金、各种津贴和补贴等,以及为职工支付的其他费用。企业代扣代缴的职工个人所得税,也在本项目反映。

本项目可以根据"库存现金""应付职工薪酬""银行存款"等科目的记录分析填列。

6. "支付的各项税费"项目

该项目反映企业按规定支付的各种税费,包括企业本期发生并支付的税费,本期支付以前各期发生的税费和本期预交的税费,包括增值税、所得税、营业税、印花税、消费税、房产税、车船使用税、土地增值税、教育税附加、矿产资源补偿费等,但不包括本期退回的增值税、所得税,也不包括计入固定资产价值、实际支付的耕地占用税。

7. "支付其他与经营活动有关的现金"项目

该项目反映企业除上述各项目以外所支付的其他与经营活动有关的现金,如经营租赁支付的租金、差旅费、支付的罚款、业务招待费、保险费等。

三、"投资活动产生的现金流量"项目的计算

投资活动产生的现金流量应单独列示的项目如下。

1. "收回投资收到的现金"项目

该项目反映企业转让、出售或到期收回的除现金等价物以外的对其他企业的债务工具、权益工具和合营中的权益等投资收到的现金。不包括收回可供出售金融资产、持有至到期投资的利息,以及收回的非现金资产。

本项目可以根据"银行存款""库存现金""长期股权投资""交易性金融资产""可供出售金融资产"和"持有至到期投资"等科目的记录分析填列。

2. "取得投资收益收到的现金"项目

该项目反映企业除现金等价物以外的对其他企业的权益工具、债务工具和合营中的权益

投资分回的现金股利和利息等,不包括股票股利。本项目可以根据"银行存款""现金""投资收益"等科目的记录分析填列。

3. "处置固定资产、无形资产和其他长期资产收回的现金净额"项目

该项目反映企业报废、出售固定资产、无形资产和其他长期资产所收到的现金(其中包括因资产毁损而收到的保险赔偿款),扣除为处置这些资产所支付的有关费用后的净额。

4. "处置子公司及其他营业单位收到的现金净额"项目

该项目反映企业处置子公司以及其他营业单位所取得的现金,减去相关处置费用。本项目可以根据有关科目的记录分析填列。

5. "收到其他与投资活动有关的现金"项目

该项目反映企业除了上述各项目以外,所收到的其他与投资活动有关的现金流入。如企业收回的购买股票和债券时所支付的已经宣告但是尚未领取的现金股利或者已经到期但是尚未领取的债券利息。其他现金流入如果价值较大的,应该单列项目反映。本项目可以根据有关科目的记录分析填列。

6. "购建固定资产、无形资产和其他长期资产支付的现金"项目

该项目反映企业本期建造、购买的固定资产、取得的无形资产以及其他长期资产实际支付的现金,包括用现金支付的应由无形资产和在建工程负担的职工薪酬,但不包括为购建固定资产而发生的借款利息资本化部分,以及融资租入固定资产支付的租赁费。

7. "投资支付的现金"项目

该项目反映企业取得的除现金等价物以外的对其他企业的债务工具、权益工具以及合营中的权益投资所支付的现金,包括支付的佣金、手续费等交易费用,但取得子公司及其他营业单位支付的现金净额除外。本项目可以根据"持有至到期投资""长期股权投资""银行存款"等科目的记录分析填列。

8. "取得子公司及其他营业单位支付的现金净额"项目

该项目反映企业购买子公司以及其他营业单位,购买出价中用现金支付的部分,减去子公司以及其他营业单位持有的现金及现金等价物后的净额。

9. "支付其他与投资活动有关的现金"项目

该项目反映企业除上述各项以外,支付的其他与投资活动有关的现金流出。其他现金流出如价值较大的,应单列项目反映。本项目可以根据有关科目的记录分析填列。

四、"筹资活动产生的现金流量"项目的计算

筹资活动产生的现金流量应单独列示的项目如下。

1. "吸收投资收到的现金"项目

该项目反映企业以发行股票、债券等方式筹集资金而实际收到的款项,减去直接支付的佣金、手续费、宣传费、咨询费、印刷费等发行费用后的净额。以发行债券、股票等方式筹集资金,而由企业直接支付的审计和咨询等费用,在"支付的其他与筹资活动有关的现金"项目反映,不从本项目内减去。本项目可以根据"库存现金""实收资本(或股本)""银行存款"等科目的记录分析填列。

2. "取得借款收到的现金"项目

该项目反映企业筹借各种短期、长期借款实际收到的现金。可以根据"长期借款""短期借

款""库存现金""银行存款"等科目的记录分析填列。

3. "收到其他与筹资活动有关的现金"项目

该项目反映企业除了上述各项目外所收到的其他与筹资活动有关的现金流入,如接受现金捐赠等。如其他现金流入价值较大的,应该单列项目反映。本项目可以根据有关科目的记录分析填列。

4. "偿还债务支付的现金"项目

该项目反映企业偿还债务本金时所支付的现金,包括企业偿还金融企业的借款本金以及偿还债券本金等。企业偿还的借款和债券的利息,在"分配股利、利润或偿付利息所支付的现金"项目中反映,不包括在本项目内。本项目可以根据"短期借款""长期借款""库存现金"以及"银行存款"等科目的记录分析填列。

5. "分配股利、利润或偿付利息支付的现金"项目

该项目反映企业支付给其他投资单位的利润、实际支付的现金股利或用现金支付的债券利息、借款利息等。本项目可以根据"应付股利""长期借款""财务费用""银行存款""库存现金"等科目的记录分析填列。

6. "支付其他与筹资活动有关的现金"项目

该项目反映企业除了上述各项目外,所支付的其他与筹资活动有关的现金流出,包括以发行债券、股票等方式筹集资金,而由企业直接支付的咨询和审计等费用、融资租入的固定资产所支付的租赁费、为购建固定资产发生的借款利息的资本化部分,以及以分期付款方式购建的固定资产以后各期支付的现金等。其他现金流出如价值较大的,应单列项目反映。本项目可以根据有关科目的记录分析填列。

第五节 现金流量表编制实例

一、案例背景

(沿用第三章案例资料)

小裴在路路通手机有限责任公司干得不错!学会了编制资产负债表和利润表,业务也逐渐熟练起来。

这个时候,甲股份有限公司招聘有经验的会计,需要编制现金流量表。小裴想进一步提升自己,就去应聘并且成功了。

那么,初到甲股份有限公司的小裴,面对比路路通公司更多的经济业务,小裴应该如何编制一份现金流量表和现金流量表补充资料呢?

二、案例解析

第1步 搜集编制现金流量表资料

1. 数据资料(1):资产负债表

首先,小裴需要拿到公司的资产负债表和利润表:

资产负债表

编制单位:甲股份有限公司　　　　2014年12月31日　　　　单位:元

资产	年初数	期末数	负债和所有者权益	年初数	期末数
流动资产:			流动负债:		
货币资金	805 030	1 400 000	短期借款	50 000	293 700
交易性金融资产	0	35 000	应付票据	100 000	220 000
应收票据	78 000	216 000	应付账款	943 699	953 800
应收账款	698 200	339 600	预收账款	0	0
预付账款	120 000	120 000	应付职工薪酬	187 300	138 900
应收股利	0	0	应交税费	346 731	86 600
应收利息	0	0	应付股利	32 215.85	0
其他应收款	6 500	6 500	应付利息	0	1 000
存货	2 480 000	2 630 000	其他应付款	76 500	76 500
一年内到期的非流动资产	0	0	一年内到期的非流动负债		970 000
其他流动资产	125 000	125 000	其他非流动负债	0	0
流动资产合计:	4 312 730	4 872 100	流动负债合计	1 736 445.85	2 740 500
非流动资产:			非流动负债:		
可供出售金融资产	0	0	长期借款	1 199 200	904 900
持有至到期投资	0	0	应付债券	0	0
长期应收款	0	0	长期应付款	0	0
长期股权投资	410 000	410 000	专项应付款	0	0
投资性房地产	0	0	预计负债		
固定资产	2 198 500	1 065 000	递延所得税负债	0	0
工程物资	282 000	0	其他非流动负债	0	0
在建工程	328 000	1 520 000	非流动负债合计:	1 199 200	904 900
固定资产清理	0	0			
生产性生物资产	0	0	负债合计	2 935 645.85	3 645 400
油气资产	0	0	所有者权益:		
无形资产	405 200	593 500	股本	4 865 200	4 865 200
开发支出	0	0	资本公积	0	0
商誉	0	0	减:库存股	0	0
长期待摊费用	0	0	盈余公积	103 870.4	80 000
递延所得税资产	6 300	0	未分配利润	218 013.75	50 000
其他长期资产	180 000	180 000			
非流动资产合计:	3 810 000	3 768 500	股东权益合计	5 187 084.15	4 995 200
资产总计	8 122 730	8 640 600	负债和股东权益总计	8 122 730	8 640 600

2. 数据资料(2):与现金有关的资产负债表项目的明细资料

(1) 本期收回交易性股票投资本金25 000元、公允价值变动2 000元,同时实现投资收益1 500元。

(2) 存货中生产成本、制造费用的组成:职工薪酬325 900元,折旧费90 000元。

(3) 应交税费的组成:本期增值税进项税额53 466元,增值税销项税额322 500元,已缴增值税120 000元;应缴所得税期末余额为32 097元,应缴所得税期初余额为0元;应缴税费期末数中应由在建工程负担的部分为150 000元。

(4) "应付职工薪酬"的期初数中无应付在建工程人员的部分,本期支付在建工程人员职工薪酬为350 000元。"应付职工薪酬"的期末数中应付在建工程人员的部分为32 000元。

(5) 应付利息均为短期借款利息,其中本期计提利息21 500元,支付利息8 500元。

(6) 本期用现金购买固定资产121 000元,购买工程物资280 000元。

(7) 本期用现金偿还短期借款430 000元,偿还一年内到期的长期借款1 200 000元;借入长期借款580 000元。

3. 数据资料(3):利润表

利润表

编制单位:甲股份有限公司　　　　　　2014年12月　　　　　　　　　　单位:元

项目	行次	本期金额	上期金额
一、营业收入	1	2 250 000	略
减:营业成本	4	1 650 000	
营业税金及附加	5	22 000	
销售费用	6	34 000	
管理费用	7	217 000	
财务费用	9	52 000	
资产减值损失	10	41 000	
加:公允价值变动收益(损失以"-"号填列)	11	0	
投资收益(损失以"-"号填列)	12	42 000	
其中:对联营企业和合营企业的投资收益			
二、营业利润(亏损以"-"号填列)	13	276 000	
加:营业外收入	14	75 100	
减:营业外支出	15	29 700	
其中:非流动资产处置损失	16		
三、利润总额(亏损总额以"-"号填列)	17	321 400	
减:所得税费用	18	105 500	
四、净利润(净亏损以"-"号填列)	19	215 900	
五、每股收益			
(一)基本每股收益			
(二)稀释每股收益			

4. 数据资料(4):与现金有关的利润表的详细资料

2014年度利润表有关项目的明细资料如下:

(1) 管理费用 217 000 元的组成：职工薪酬 75 100 元，无形资产摊销 55 000 元，折旧费 25 000 元，支付其他费用 61 900 元。

(2) 财务费用 52 000 元的组成：计提借款利息 21 500 元，支付应收票据（银行承兑汇票）贴现利息 30 500 元。

(3) 资产减值损失 41 000 元的组成：计提坏账准备 11 900 元，计提固定资产减值准备 28 000 元。上年年末坏账准备余额为 1 100 元。

(4) 投资收益 42 000 元的组成：收到股息收入 30 000 元，与本金一起收回的交易性股票投资收益 3 500 元，自公允价值变动损益结转投资收益 8 500 元。

(5) 营业外收入 75 100 元的组成：处置固定资产净收益 75 100 元（其所处置固定资产原价为 400 000 元，累计折旧为 150 000 元，收到处置收入 325 100 元）。假定不考虑与固定资产处置有关的税费。

(6) 营业外支出 29 700 元的组成：报废固定资产净损失 29 700 元（其所报废固定资产原价为 210 000 元，累计折旧为 180 000 元，支付清理费用 500 元，收到残值收入 800 元）。

(7) 所得税费用 105 500 元的组成：当期所得税费用 92 800 元，递延所得税收益 12 700 元。

第 2 步　计算现金流量表各项目的现金流量

小裴应该如何根据收集到的资产负债表、利润表和相关的具体业务数据，计算经营活动产生的现金流量、投资活动产生的现金流量和筹资活动产生的现金流量呢？

小裴应该区分经营活动、投资活动和筹资活动三个方面的各个具体项目，计算现金流量。

1. 经营活动产生的现金流量的计算

(1) 销售商品、提供劳务收到的现金

＝营业收入

＋应交税费——应交增值税（销项税额）

＋（应收账款期初余额－应收账款期末余额）

＋（应收票据期初余额－应收票据期末余额）

－当期计提的坏账准备

－票据贴现的利息

＝2 250 000＋322 500＋(698 200－339 600)＋(78 000－216 000)－11 900－30 500

＝2 750 700 元

(2) 购买商品、接受劳务支付的现金

＝营业成本

＋应交税费——应交增值税（进项税额）

－（存货期初余额－存货期末余额）

＋（应付账款期初余额－应付账款期末余额）

＋（应付票据期初余额－应付票据期末余额）

＋（预付账款期末余额－预付账款期初余额）

－当期列入生产成本、制造费用的职工薪酬

－当期列入生产成本、制造费用的折旧费和固定资产修理费

=1 650 000＋53 466－(2 480 000－2 630 000)＋(943 699－953 800)＋(120 000－120 000)－325 900－90 000＝1 427 465 元

(3) 支付给职工以及为职工支付的现金

＝生产成本、制造费用、管理费用中职工薪酬

＋(应付职工薪酬期初余额－应付职工薪酬期末余额)

－[应付职工薪酬(在建工程)期初余额－应付职工薪酬(在建工程)期末余额]

＝325 900＋(187 300－138 900)－(0－32 000)＝406 300 元

(4) 支付的各项税费

＝当期所得税费用

＋营业税金及附加

＋应交税费——应交增值税(已交税金)

－(应交所得税期末余额－应交所得税期初余额)

＝92 800＋22 000＋120 000－(32 097－0)

＝202 703 元

(5) 支付其他与经营活动有关的现金

＝其他管理费用＋销售费用

＝61 900＋34 000＝95 900 元

2. 投资活动产生的现金流量的计算

(6) 收回投资收到的现金＝交易性金融资产贷方发生额

＋与交易性金融资产一起收回的投资收益

＝35 000＋2 000＋1 500＝38 500 元

(7) 取得投资收益所收到的现金

＝收到的股息收入＝30 000 元

(8) 处置固定资产收回的现金净额

＝325 100＋(800－500)＝325 400 元

(9) 购建固定资产支付的现金

＝用现金购买的固定资产、工程物资

＋支付给在建工程人员的薪酬

＝121 000＋280 000＋350 000＝751 000 元

3. 筹资活动产生的现金流量的计算

(10) 取得借款所收到的现金

＝580 000 元

(11) 偿还债务支付的现金

＝430 000＋1 200 000＝1 630 000 元

(12) 偿还利息支付的现金

＝8 500 元

第3步 编制现金流量表

填写完成的现金流量表如下。

现金流量表

编制单位:甲股份有限公司　　　　2012 年度　　　　单位:元

一、经营活动产生的现金流量	行次	本期金额	上期金额(略)
销售商品、提供劳务收到的现金	1	2 750 700	
收到的税费返还	3	0	
收到的其他与经营活动有关的现金	8	0	
经营活动现金流入小计	9	2 750 700	
购买商品、接受劳务支付的现金	10	1 427 465	
支付给职工以及为职工支付的现金	12	406 300	
支付的各项税费	13	202 703	
支付的其他与经营活动有关的现金	18	95 900	
经营活动现金流出小计	20	2 132 368	
经营活动产生的现金流量净额	21	618 332	
二、投资活动产生的现金流量			
收回投资所到的现金	22	38 500	
取得投资收益所收到的现金	23	30 000	
处置固定资产、无形资产和其他长期资产收回的现金净额	25	325 400	
收到的其他与投资活动有关的现金	28	0	
投资活动现金流入小计	29	393 900	
购建固定资产所支付的现金	30	751 000	
投资支付的现金	31	0	
取得子公司及其他营业单位支付的现金净额	32	0	
支付的其他与投资活动有关的现金	35	0	
投资活动现金流出小计	36	751 000	
投资活动产生的现金流量净额	37	−357 100	
三、筹资活动的现金流量			
吸收投资所收到的现金	38	0	
借款所收到的现金	40	580 000	
收到的其他与筹资活动有关的现金	43	0	
筹资活动现金流入小计	44	580 000	
偿还债务所支付的现金	45	1 630 000	
分配股利、利润或偿付利息所支付的现金	46	8 500	
支付的其他与筹资活动有关的现金	52	0	
筹资活动现金流出小计	53	1 638 500	
筹资活动产生的现金流量净额	54	−1 058 500	
四、汇率变动对现金的影响	55	0	
五、现金及现金等价物净增加额	56	−797 268	
加:期初现金及现金等价物余额	57	略	
六、期末现金及现金等价物余额	58	−797 268	

第五章 所有者权益变动表和会计报表附注编制

知识体系框架

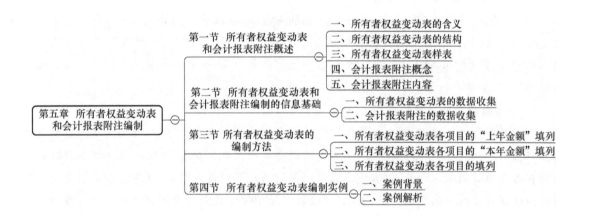

学习目标

本章主要讲授所有者权益变动表和会计报表附注的相关概念、编制的信息基础、编制方法,在此基础上,通过案例阐述所有者权益变动表的编制方法。通过本章的学习需要达到以下教学目标:

1. 所有者权益变动表和会计报表附注的概念(了解);
2. 所有者权益变动表编制的信息收集(运用);
3. 所有者权益变动表的编制方法(掌握);
4. 会计报表附注的内容(了解)。

所有者权益变动表不是企业必须编制的报表,但也是企业财务会计报表的主要内容之一。而会计报表附注是会计报表不可缺少的一部分。报表的信息使用者在通过报表获取企业的财务状况、经营成果或者现金流量等信息时,需要借助会计报表附注了解更加详尽的信息。因此,会计报表附注与会计报表具有同等的重要作用。

本章将讲授所有者权益变动表及会计报表附注的相关理论知识,并通过案例示例如何编制一张完整的所有者权益变动表。

第一节　所有者权益变动表和会计报表附注概述

所有者权益变动表反映企业当期的所有者权益(或股东权益)的变动情况,不仅揭示企业所有者权益的总量及其增减变动,而且揭示企业所有者权益增减变动的原因。会计报表附注是对企业的财务状况、经营成果等做出的必要的解释和说明。因此,了解和掌握所有者权益变动表和会计报表附注同样重要。

一、所有者权益变动表的含义

1. 所有者权益变动表的含义

所有者权益变动表,是以利润表中的净利润为起点,在反映利润分配以及净利润对所有者权益影响的基础上,考虑其他所有者权益变动的因素,如投资者对企业投入资本的增减变化等,最终归结到资产负债表中的所有者权益项目中。所以说,该表起到联结资产负债表和利润表的作用,揭示资产负债表和利润表的相互关系。

2. 所有者权益变动表的作用

所有者权益变动表,反映企业当期期末所有者权益的构成及其总量,反映当期的盈利或者亏损,反映当期发生的利得或损失以及投资者对企业投入的增减变化和利润分配等项目对当期所有者权益的影响。因此,报表使用者可以通过所有者权益变动表,来进一步了解企业一定时期内的所有者权益的变动情况、变动的原因,以及相关变动因素对所有者权益的贡献程度。

二、所有者权益变动表的结构

在所有者权益变动表中,将影响本年所有者权益的增减变动的因素分为四类。
(1) 净利润及其分配,导致的所有者权益变化;
(2) 直接计入所有者权益的利得和损失,导致的所有者权益变化;
(3) 所有者投入和减少资本,导致的所有者权益变化;
(4) 所有者权益内部结转,导致的所有者权益变化。

三、所有者权益变动表样表

所有者权益变动表,由表头和主体两部分构成。表头部分,包括报表的名称、编制单位、编制时间以及计量单位等。主体部分,主要包括净利润、直接计入所有者权益的利得和损失、所有者投入的增加和减少、利润分配以及所有者权益内部各项目间的相互结转,以纵向列示;对应受到影响的项目,包括实收资本、资本公积、盈余公积、未分配利润以及库存股,以横向列示。

一般企业所有者权益变动表如表5.1所示。

表 5.1 所有者权益(股东权益)变动表

编制单位： 年度 单位：

项 目	本年金额						上年金额
	实收资本(或股本)	资本公积	减:库存股	盈余公积	未分配利润	所有者权益合计	略
一、上年期末余额							
加:会计政策变更							
前期差错更正							
二、本年期初余额							
三、本期增减变动金额(减少以"－"号填列)							
(一)净利润							
(二)直接计入所有者权益的利得和损失							
1. 可供出售金融资产公允价值变动净额							
2. 权益法下被投资单位其他所有者权益变动的影响							
3. 与计入所有者权益项目相关的所得税影响							
4. 其他							
上述(一)和(二)小计							
(三)所有者投入和减少资本							
1. 所有者投入资本							
2. 股份支付计入所有者权益的金额							
3. 其他							
(四)利润分配							
1. 提取盈余公积							
2. 对所有者(或股东)的分配							
3. 其他							
(五)所有者权益内部结转							
1. 资本公积转增资本(或股本)							
2. 盈余公积转增资本(或股本)							
3. 盈余公积弥补亏损							
4. 其他							
四、本期期末余额							

四、会计报表附注概念

会计报表附注,是对资产负债表、利润表、现金流量表和所有者权益变动表等报表中所列示项目的进一步详细说明和文字描述,是对没有能够纳入财务会计报表的重要事项的补充说明。由于会计报表是以数字反映的表式报告,是对会计要素内容的高度概括,报表信息使用者要通过财务会计报表真正了解企业的经营状况、财务状况,必须要了解更为细致的解释和说明。

五、会计报表附注内容

会计报表附注的主要内容如下。

1. 企业的基本情况

企业的基本情况包括:

(1) 企业注册地、总部地址和组织形式;

(2) 企业的主要经营活动和业务性质;

(3) 母公司以及集团母公司的名称;

(4) 财务报告的财务报告批准报出日和批准报出者。按照有关法律、行政法规等的规定,企业所有者及其他有关方面有权对所报出的财务报告进行修改的事实说明。

2. 会计报表的编制基础

会计报表编制基础包括:

(1) 会计年度;

(2) 记账本位币;

(3) 会计计量所运用的计量基础;

(4) 现金和现金等价物的构成。

3. 遵循企业会计准则的声明

企业的会计报表附注中,企业应当明确说明财务报表所符合的企业会计准则体系,声明会计报表是真实、公允地反映了企业的财务状况、经营成果和现金流量。

4. 重要会计政策和会计估计其变更的披露

企业应当披露的重要会计政策包括:

(1) 发出存货成本的计量;

(2) 长期股权投资的后续计量;

(3) 投资性房地产的后续计量;

(4) 固定资产的初始计量;

(5) 生物资产的初始计量;

(6) 无形资产的确认;

(7) 非货币性资产交换的计量;

(8) 收入的确认;

(9) 合同收入与费用的确认;

(10) 借款费用的处理;

(11) 合并政策;

(12) 其他重要会计政策。

企业应当披露的重要会计估计包括：

(1) 存货可变现净值的确定；

(2) 公允价值模式下的投资性房地产公允价值的确定；

(3) 固定资产的预计使用寿命与净残值、固定资产的折旧方法；

(4) 生物资产的预计使用寿命与净残值、各类生产性生物资产的折旧方法；

(5) 使用寿命有限的无形资产的预计使用寿命与净残值；

(6) 可收回金额是按照资产组的公允价值减去处置费用后的净额确定的，确定公允价值减去处置费用后的净额的方法；

(7) 合同完工进度的确定；

(8) 权益工具公允价值的确定；

(9) 债务人债务重组中转让的非现金资产的公允价值、由债务转成的股份的公允价值和修改其他债务条件后债务的公允价值的确定；

(10) 预计负债初始计量的最佳估计数的确定；

(11) 金融资产公允价值的确定；

(12) 承租人对未确认融资费用的分摊，出租人对未实现融资收益的分配；

(13) 探明矿区相关设施的折耗方法；

(14) 非同一控制下企业合并成本的公允价值的确定；

(15) 其他重要会计估计。

5. 会计差错更正的说明

会计差错更正中所指的会计差错，特指前期的会计差错。企业应在附注中披露与前期差错的更正有关的信息，这些信息包括：

(1) 前期差错的性质；

(2) 各个列报前期财务报表中受影响的更正金额和项目名称；

(3) 无法进行追溯重述的，说明该事实及原因，以及对前期差错开始进行更正的具体更正情况和更正时点。

6. 重要报表项目的说明和披露格式

重要报表项目应说明以下内容：

(1) 交易性金融资产；

(2) 应收款项；

(3) 存货；

(4) 长期股权投资；

(5) 投资性房地产；

(6) 固定资产；

(7) 无形资产；

(8) 资产减值准备；

(9) 职工薪酬；

(10) 应交税费；

(11) 短期借款和长期借款；

(12) 营业收入、营业成本；

(13) 公允价值变动损益；

(14) 投资收益（或损失）；
(15) 资产减值损失；
(16) 营业外收入；
(17) 营业外支出；
(18) 所得税。

7. 资产负债表日后事项的说明

资产负债表日后事项，是指资产负债表日至财务报告批准报出日之间发生的、对企业的财务状况和经营结果具有一定影响的事项。

在附注中，应对资产负债表日后发生的重要非调整事项，逐项加以说明，说明其内容、性质及其对财务状况、经营成果的影响。如果无法做出估计，也应说明原因。

8. 关联方关系及其交易的说明

企业无论是否发生关联方交易事项，均应当在会计报表附注中披露母公司和子公司之间有关的下列信息：

(1) 母公司和子公司的名称；
(2) 母公司和子公司的业务性质、注册地、注册资本（或实收资本、股本）及其变化；
(3) 母公司对该企业或者该企业对子公司的持股比例和表决权比例；
(4) 关联方交易的金额；
(5) 有关为关联方提供或取得担保的信息。

第二节　所有者权益变动表和会计报表附注编制的信息基础

收集所有者权益变动表的何种数据资料，是由所有者权益变动表的内涵和作用所决定的。我们知道了什么是所有者权益变动表，那么也就知道了要收集哪方面的数据资料了。而会计报表附注信息的收集是由会计报表附注所应说明的内容决定的。

一、所有者权益变动表的数据收集

所有者权益变动表在一定程度上体现了企业综合收益。

综合收益，是指企业在某一会计期间与所有者之外的其他方面进行交易的或发生其他事项所引起的净资产变动。综合收益的构成包括两部分，即净利润和直接计入所有者权益的利得、损失。前者是企业已经实现并且已经确认的收益，后者是企业未实现的但是根据会计准则的规定已经确认的收益。

所有者权益变动表，不仅能够反映企业当期实现的净利润、直接计入所有者权益的利得、损失，而且还详细描述了直接计入所有者权益的利得、损失的内容。报表使用者可以通过所有者权益变动表，了解企业所有者权益的总量及其增减变动情况，还可以了解企业所有者权益的增减变动等重要结构性信息，特别是直接计入所有者权益的利得、损失，因而能使报表使用者更加准确地理解所有者权益增减变动的根源。

大致了解了所有者权益变动表，那么就可以确定数据收集的范围了。一般来说，编制所有者权益变动表，需要收集以下几方面的数据资料。

1. 年度资产负债表、利润表和所有者权益变动表

上年度的资产负债表和利润表是编制所有者权益变动表的基础。上年度的所有者权益变动表会详细列示单位上一年度所有者权益的增减变化以及余额,这是本年度分析填列所有者权益变动表的最基础的数据,尤其要重点关注"本年年末余额"这一部分的数据,以便于分析本年度所有者权益各项目的变化。

2. 本年度影响上年度所有者权益的所有经济业务数据

由于企业是持续经营下去的,而会计上的分期则是为了会计核算的方便进行划分的,并不是说会计年终结算完成了,企业的业务就终止了。企业发生的经济业务并不会因为会计的分期而停顿,所以,势必会存在一些在年终会计结账时仍然进行或存续的业务,那么为了更准确地反映本年度的所有者权益的变动情况,就需要收集这方面的数据资料。

3. 本年度影响所有者权益的所有经济业务数据

除了关注上年度所调整的影响所有者权益变化的业务数据外,还需要关注本年度所有者权益各项目的增加和减少。重点关注实收资本(股本)、盈余公积、资本公积以及利润分配等科目的增减变化,包括查看明细账和总账,计算各项目的发生额和余额。

二、会计报表附注的数据收集

根据会计报表附注所包括的内容,需要收集会计报表附注的如下数据资料。

(1) 企业的基本情况;
(2) 会计报表的编制基础;
(3) 遵循企业会计准则的声明;
(4) 重要会计政策和会计估计其变更的披露;
(5) 会计差错更正的说明;
(6) 重要报表项目的说明和披露格式;
(7) 资产负债表日日后事项的说明;
(8) 关联方关系及其交易的说明。

第三节 所有者权益变动表的编制方法

所有者权益变动表是反映企业所有者权益变动情况的报表,在所有者权益变动表中,不仅要反映本年各项所有者权益变化的情况,还要反映上一年度的变化情况,不仅要反映总体的数额,还要反映具体的分布情况。那么,如何填制所有者权益变动表,是本节需要讨论的内容。

一、所有者权益变动表各项目的"上年金额"填列

所有者权益变动表"上年金额"栏的各个项目,应根据上一年所有者权益变动表的"本期期末余额"栏的金额填列。如果所有者权益变动表中的项目名称、内容有变化,则应该根据规定,对上一年所有者权益变动表相关项目的内容、金额进行调整,然后按照调整后的金额填入本期所有者权益变动表的"上年金额"栏。

二、所有者权益变动表各项目的"本年金额"填列

所有者权益变动表的"本年金额"栏填列方法可分为以下两种。

1. 根据有关账户本期发生额分析填列

所有者权益变动表中的"本年金额"中的各个项目,应根据"资本公积""实收资本""库存股""盈余公积""利润分配"以及"以前年度损益调整"账户的当期发生额分析填列。

2. 根据表内项目计算填列

例如,"直接计入所有者权益的利得和损失"等项目,就需要根据表内项目计算填列。

三、所有者权益变动表各项目的填列

所有者权益变动表的项目较多,各项目的填列方法归纳如表 5.2 所示。

表 5.2 所有者权益变动表各项目的填列

项目名称	填列方法
1. 上年年末余额	根据上年资产负债表中,实收资本(或股本)、资本公积、盈余公积和未分配利润各项目的年末余额填列
2. 会计政策变更	根据"盈余公积""利润分配-未分配利润"账户的发生额分析填列
3. 前期差错更正	根据"盈余公积""利润分配-未分配利润"以及"以前年度损益调整"账户的发生额分析填列
4. 本年年初余额	根据上年年末余额、会计政策变更和前期差错更正计算填列
5. 净利润	根据利润表中的"净利润"填列
6. 可供出售金融资产公允价值变动净额	根据"资本公积"账户的内容分析填列
7. 权益法下被投资单位其他所有者权益变动的影响	根据"资本公积"账户的内容分析填列
8. 与计入所有者权益项目相关的所得税影响	根据"资本公积"账户的内容分析填列
9. 所有者投入资本	根据"实收资本"账户和"资本公积"账户本期发生额分析填列
10. 股份支付计入所有者权益的金额	根据"资本公积"账户本期发生额分析填列
11. 提取盈余公积	根据"利润分配"账户本期发生额分析填列
12. 对所有者(或股东)的分配	根据"利润分配"账户本期发生额分析填列
13. 资本公积转增资本(或股本)	根据"实收资本"或"资本公积"账户本期发生额分析填列
14. 盈余公积转增资本(或股本)	根据"实收资本"或"盈余公积"账户本期发生额分析填列
15. 盈余公积弥补亏损	根据"利润分配"账户本期发生额分析填列
16. 本年年末余额	根据表内项目计算得到

第四节 所有者权益变动表编制实例

一、案例背景

小裘应聘到甲公司后,除了要编制完成现金流量表外,还需编制反映所有者权益变动情况的所有者权益变动表和会计报表附注。那么,小裘应该如何编制所有者权益变动表呢?

二、案例解析

小裘要完成所有者权益变动表的编制,需要按照如下步骤进行。

第1步 收集所有反映所有者权益变动的经济业务的数据

小裘收集到的甲公司编制所有者权益变动表所需要的数据资料如下。

(1) 甲公司 2014 年"所有者权益变动表"中"四、'本年年末余额'"栏所有者权益分别为:实收资本 8 亿元;资本公积 1.5 亿元;盈余公积 1.7 亿元;未分配利润 1.8 亿元;合计为 13 亿元。

(2) 甲公司 2014 年 2 月份发现 2013 年多计提折旧费 1.6 亿元,该企业适用企业所得税税率为 25%。甲公司调整会计分录为:

① 冲减折旧费 1.6 亿元

借:累计折旧　　　　160 000 000

　　贷:以前年度损益调整　　160 000 000

② 补提企业所得税 0.25 亿元

借:以前年度损益调整　　40 000 000

　　贷:应交税费——应交所得税　　40 000 000

③ 将以前年度损益调整转入"利润分配——未分配利润"账户

借:以前年度损益调整　　120 000 000

　　贷:利润分配——未分配利润　　120 000 000

④ 按 10% 补提盈余公积

借:利润分配——未分配利润　　12 000 000

　　贷:盈余公积　　12 000 000

特别提示:经过上述会计处理后,"盈余公积"账户贷方余额为 0.12 亿元,"利润分配——未分配利润"账户贷方余额为 1.08 亿元。

(3) 甲公司 2014 年利润表中"净利润"项目金额为 2 亿元,应付股利 0.5 亿元。另外,根据"资本公积"账户可知,甲公司因"可供出售金融资产"账户中的可供出售金融资产升值 0.7 亿元。

(4) 2014 年年末,甲公司按 10% 计提法定盈余公积。用资本公积转增股本 0.5 亿元。有关会计分录为:

① 计提盈余公积和应付现金股利

借:利润分配——提取法定盈余公积　　20 000 000

　　　　　　——应付股利　　50 000 000

　　贷:盈余公积　　20 000 000

应付股利　　　　　　　　　　　　　　　　50 000 000
② 资本公积转增股本
借:资本公积　　　　　　　　　　　　　　　　50 000 000
　贷:实收资本　　　　　　　　　　　　　　　　50 000 000

特别提示:经过上述会计处理后,甲公司"盈余公积"账户增加0.2亿元,"应付股利"账户增加0.5亿元;而"资本公积"账户减少0.5亿元,"实收资本"账户增加0.5亿元。

第2步　根据所收集的资料编制所有者权益变动表

小裘收集完资料后,就可以根据所学知识编制所有者权益变动表了。

编制甲公司2014年度的所有者权益变动表如表5.3所示。

表5.3　所有者权益(股东权益)变动表

编制单位:　　　　　　　　　年度　　　　　　　　　单位:亿元

项　目	本年金额						上年金额
	实收资本(或股本)	资本公积	减:库存股	盈余公积	未分配利润	所有者权益合计	略
一、上年年末余额	10	2		1	1	14	
加:会计政策变更				0.12	1.08	1.2	
前期差错更正							
二、本年年初余额	10	2		1.12	2.08	15.2	
三、本期增减变动金额(减少以"-"号填列)		0.7			2	2.7	
(一)净利润					2	2	
(二)直接计入所有者权益的利得和损失		0.7				0.7	
1. 可供出售金融资产公允价值变动净额							
2. 权益法下被投资单位其他所有者权益变动的影响							
3. 与计入所有者权益项目相关的所得税影响							
4. 其他							
上述(一)和(二)小计		0.7			2	2.7	
(三)所有者投入和减少资本							
1. 所有者投入资本							
2. 股份支付计入所有者权益的金额							
3. 其他							
(四)利润分配				0.2	-0.7	-0.5	
1. 提取盈余公积				0.2	-0.2	0	

续 表

项　　目	本年金额						上年金额
	实收资本(或股本)	资本公积	减:库存股	盈余公积	未分配利润	所有者权益合计	略
2.对所有者(或股东)的分配					−0.5	−0.5	
3.其他							
(五)所有者权益内部结转	0.5	−0.5				0	
1.资本公积转增资本(或股本)	0.5	−0.5				0	
2.盈余公积转增资本(或股本)							
3.盈余公积弥补亏损							
4.其他							
四、本期期末余额	10.5	2.2		1.32	3.38	17.4	

第六章 财务报表分析理论基础

知识体系框架

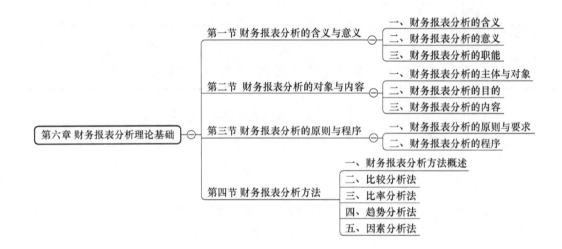

学习目标

本章主要讲授财务报表分析的含义与意义,财务报表分析的职能,财务报表分析的主体、对象;财务报表分析的目的与内容,财务报表分析的原则与要求,以及各种财务报表分析方法。通过本章的学习需要达到以下教学目标:

1. 财务报表分析的含义与意义(理解);
2. 财务报表分析的职能(理解);
3. 财务报表分析的主体、对象(理解);
4. 财务报表分析的目的、内容(掌握);
5. 财务报表分析的原则与要求(理解);
6. 比较分析法、比率分析法、趋势分析法、因素分析法(掌握)。

第一节 财务报表分析的含义与意义

一、财务报表分析的含义

财务报表分析是以财务报表为主要依据,采用科学评价标准和专门分析方法,对财务报表反映的财务状况、经营成果和现金流量等重要指标进行分析评价和预测，为管理和投资决策提供依据的管理活动。

财务报表分析的基础起点是财务报表，2006 年《企业会计准则第 30 号财务报表列报》所定义的财务报表是指对企业财务状况、经营成果和现金流量的结构性表述，财务报表至少应当包括资产负债表、利润表、现金流量表、所有者权益（或股东权益）变动表及附注，即"四表一注"。财务报表分析主要是针对这些报表，利用报表资料，对企业的偿债能力、盈利能力、营运能力做出评价，通过将大量的报表数据转换成对特定决策者有用的信息，为决策提供依据。

财务报表分析是对企业的对外财务报表进行的分析，其主要特征如下。

（1）财务报表分析以财务报表及其所披露信息为基础，是财务报表使用者加工使用财务报表的继续和发展。

（2）财务报表分析是一个判断过程。通过对企业财务报表全面的分析比较，对企业经营活动及业绩进行判断、评价、预测。企业财务报表分析强调对外"四表一注"，以及其在财务报表中披露的相关信息和资料进行分析。

（3）财务报表分析具有科学评价标准。建立科学的评价标准体系，使财务报表分析具有可比性，从而全面、客观、公正地做出判断、评价和预测。

（4）财务报表分析有适用的分析方法。财务报表分析既有进行财务报表分析时应遵循的一般规程，又有利用数据、数学模型进行分析的分析方法。常用的分析方法有比较分析法、比率分析法、因素分析法等。

二、财务报表分析的意义

财务报表能够提供给使用者所需要的财务信息，但这种信息仅能粗略反映企业的财务状况、经营能力和现金流量情况，还不能直接或全面地反映企业的财务状况，特别是不能说明财务状况的好坏和经营能力的高低。为了更好地理解财务报表里面所列出的各项数据背后所代表的意义，就必须利用一些有效的分析方法，对报表里的数据进行进一步深入加工、处理、分析，使得财务报表的使用者能够准确判断企业财务状况的好坏、经营能力的高低以及发展前景如何。如在对财务报表进行分析时所使用的有关企业盈利能力的数据，包括主营业务利润率、总资产报酬率、净资产收益率、资本收益率和营业成本率，这些比率更加明确地反映出企业的盈利能力，而不是在报表中看见的成本、收入、净利润等。

财务报表分析不仅用于对单个企业经营状况的评价，更有利于对同行业的比较分析。在同行业之间，根据各种指标的对比，能清楚地看出企业之间的差距，可为财务报表使用者的判断、决策提供重要的参考。

财务报表分析以企业财务报告以及其他相关资料为主要依据，通过对企业财务状况、经营成果和现金流量进行评价和剖析，反映企业在运营过程中的利弊得失和发展趋势，揭示企业未来的报酬和风险；可以检查企业预算的完成情况，考核经营管理人员的业绩，为建立健全合理的激励机制提供帮助，为改进企业财务管理工作和优化经济决策提供重要的财务信息。财务分析既是已完成的财务活动的总结，又是财务预测的前提，在财务管理的循环中起着承上启下的作用。

做好财务分析工作的重要意义如下。

（1）客观评价企业过去的经营业绩，促进经营者经营管理水平的提高。

通过对企业财务报表进行分析，可以了解企业偿债能力、营运能力、盈利能力和发展能力，便于企业管理当局及其他报表使用人了解企业财务状况、经营成果和现金流量,并通过分析将影响财务状况和经营成果的主观因素与客观因素、微观因素和宏观因素区分开来,以划清经济责任,正确评价经营者的工作业绩,并据此奖优惩劣,以促使经营者不断改进工作,提高管理水平。

(2) 发现问题,挖掘潜力,为实现企业目标服务。

通过财务指标的设置和分析,能了解企业的盈利能力和资产周转状况,有利于企业不断挖掘改善财务状况、扩大财务成果的内部潜力,充分认识未被利用的人力资源和物质资源,寻找利用不当的部分及原因,发现进一步提高利用效率的可能性,以便从各方面揭露矛盾、找出差距、寻求措施,促进企业经营理财活动按照企业价值最大化的目标实现良性运行。

(3) 预测未来的发展趋势,为决策提供依据。

投资者及潜在投资者是企业重要的财务报表使用人,通过对企业财务报表的分析,可以了解企业偿债能力的强弱、营运能力的大小、获利能力的高低以及发展能力的增减,可以了解投资后的收益水平和风险程度,从而为投资决策提供依据。

三、财务报表分析的职能

财务报表分析的职能是指财务报表分析的功能,财务报表分析要体现为国家宏观管理、企业微观管理和企业外部及其他相关者与投资者提供必要的决策信息,其主要职能有评价、预测、发展、协调四项。

1. 基本职能

评价与预测职能是财务报表分析的基本职能,是对财务能力所作的客观表述,也称之为静态职能。评价职能是预测职能的基础和前提,预测职能则是评价职能的补充和外延。

(1) 评价职能。评价职能是指对企业财务报表分析的实现情况、财务能力、财务状况、影响因素和结果所作的公允性、客观性描述及评估。

(2) 预测职能。预测职能是指在进行总结评论的同时,揭示财务能力指标的变化前景和发展趋势。通常是以各种动态数列(或时间数列)为依据,利用一定的预测方法,计算分析相关指标的发展趋势,也可以从财务活动过去和现在的组成要素预测未来要素的角度来研究财务活动的各种现象和过程。

2. 扩展职能

扩展职能是在基本职能基础上发展而来的,有协调职能与发展职能。两者主要是主观地改善企业财务能力的状况,也称为财务报表分析动态职能。

(1) 发展职能。发展职能是通过分析诸因素变动对财务能力指标的影响,挖掘企业财务能力的潜能,并将潜力当作提高工作效率和增强财务能力的机会。所谓潜力,是指增加效益的可能性。现代财务报表分析应克服传统财务报表分析中为分析而分析的形式主义做法,变被动分析为主动分析,强调财务报表分析的能动性和效益性。

(2) 协调职能。协调职能即通过一定的分析方法综合地研究各项财务能力指标之间及其影响因素之间的相互联系,适时地调整它们的比例关系,使之协调配合,以达到最佳财务能力的状态。由于反映财务状况的各指标、各因素是互为条件、不可分割的,协调职能利用这种依存性要求财务报表分析不仅要单独分析,而且要综合分析,要及时发现并克服消极因素,巩固积极因素,使之平衡协调。协调功能的发挥是为了从整体上进行宏观调控,促进财务状况不断改善。

第二节 财务报表分析的对象与内容

一、财务报表分析的主体与对象

1. 财务报表分析的主体

财务报表的使用者即财务报表分析的主体。财务报表分析是特定主体的行为,他们通过对企业财务信息的分析来为自己的决策服务。这个特定主体就是指企业的"利益相关者",所以,企业的财务报表分析主体就是指与企业有利益关系,并希望通过对企业的财务报表分析而获得对其决策有用的财务信息的单位或个人。

财务报表是资本市场上的公开信息,而且财务报表信息的获取成本很低,甚至在某种程度上可以认为获取成本为零,在这种情况下,资本市场的所有参与者都可以成为报表分析的主体,因而报表分析的主体构成复杂、数量众多。根据报表使用目的的不同,可以将报表分析的主体分为债权人、投资者、企业管理者、审计师、分析师、监管机构和其他。

(1) 债权人

债权人是指借款给企业并得到企业还款承诺的人。债权人关心企业是否具有偿还债务的能力。债权人一般是提供商业信用的赊销商,或是为企业提供金融服务的金融机构。

债权人可以分为短期债权人和长期债权人。短期债权人主要关心企业当前的财务状况、流动资产的流动性和周转率。长期债权人主要关心长期收益能力和资本结构。债权人的主要决策是决定是否给企业提供信用,以及是否需要提前收回债权。债权人要在会计报表中寻找借款企业有能力定期支付利息和到期偿还贷款本金的证明。

(2) 投资者

投资者是指公司的权益投资人,即普通股股东。普通股股东投资于公司的目的是扩大自己的财富,他们的财富表现为所有者权益的价格即股价。

普通股东的权益是剩余权益,他们通过向企业提供资金获取非固定收益率报酬,并承担企业风险,因此他们对会计报表分析的重视程度,会超过其他利益关系人,他们对会计报表分析的主要目的,是为了在竞争性的投资机会中做出选择。投资者的关注点一是他们从企业当前及未来收益中能获取的好处,即获得股利的多少;二是从企业价值增加中获得的资本利得,即股票市场价格。由于影响股利和股票价格的因素很多,他们在报表分析时会关注偿债能力、获利能力、资产管理效率、现金流量状况、每股收益等。

(3) 企业管理者

企业管理者(职业经理人)是被投资人聘用,对公司的全部资产和所有经营活动进行管理的企业高层管理者。由于他们的薪酬、声望及个人发展往往与企业的经营绩效、财务安全、成长前景等密切相关,因而他们会格外关注公司的财务状况、盈利能力和持续发展的能力。同时企业管理者能够获取的信息往往是最丰富的,他们在分析时除了使用公开披露的信息外,还可以得到企业内部财务信息以及非财务信息的支持,通过报表分析,他们能够发现有价值的线索,为改善企业经营业绩提供参考。

(4) 审计师

审计师是被企业所聘用,代表全体股东审查财务报表的编制是否符合公认会计准则的人。报表的编制必须遵守同一的规则才能使各种背景的报表使用人看懂,而检查企业报表编制是否符合规则的责任就落到了独立的第三方即审计师的肩上,审计师也会采用报表分析的方法和手段对报表的合规性做出判断。

(5) 分析师

分析师是为了某一特定目的,如证券投资、企业兼并或收购等对企业价值评估的人。现代社会很多经济活动都依赖经济分析师的分析,利用公开信息进行财务报表分析是分析师评估企业价值的重要途径。研究表明,分析师对报表的分析通常是跨越多个期间、长期跟踪进行的,对报表分析可能更客观。

(6) 监管机构

监管机构是财务报表编制规范的制定者,资本市场的监督者,证券管理机构、行业自律组织等使用报表履行监管职责的人。他们通常会利用财务报表分析的方法完成任务,同时通过监管从各个角度规范企业行为,如报表编制是否合理,融资行为是否合法,是否依法纳税和支付职工薪酬,是否遵守市场秩序等。

(7) 其他

除上述之外,财务报表分析还能满足其他使用者的需求,如评级机构的信用等级评级,供应商对企业财务状况的了解,员工对薪酬的评价,政府对纳税情况的调查,证券经纪人寻找潜在的投资对象等。

2. 财务报表分析的对象

财务报表分析的对象是企业的各项基本活动。财务报表是企业活动的高度综合,含有大量的有用信息。财务报表分析就是从报表中获取符合报表使用人分析目的的信息,认识企业活动的特点,评价其业绩,发现其问题。因此,财务报表分析的对象是财务报表所反映的企业基本活动。

企业的目的是扩大股东财富,为了扩大股东财富企业必须在市场上进行经营活动;经营活动需要以资产为物质条件,企业必须为取得资产而进行投资活动;投资活动需要使用资金,企业必须为投资而进行筹资活动。

(1) 筹资活动

筹资活动是指筹集企业投资和经营所需要的资金,包括发行股票和债券、取得借款,以及利用内部积累资金等。筹资活动的结果,一方面是取得运用现金(有时也包括非现金资产)的权利,它们反映在资产负债表的左方(资产);另一方面是产生对债权人和所有者的义务,它们反映在资产负债表的右方(负债及所有者权益)。运用资产进行经营活动可以取得经营收益,它们反映在利润表的上半部分;履行义务需要支付利息和分配股利,它们反映在利润表的下半部分。筹资活动的过程(不是结果)是现金流入企业,以及向资金提供者回流现金(包括本金、利息和股利),它们反映在现金流量表的第三部分(筹资活动产生的现金流量)。通过财务报表分析,人们可以看出企业的理财方针和筹资业绩。

(2) 投资活动

投资活动是指将所筹集到的资金分配于资产项目,包括购置各种长期资产和流动资产。筹资活动是投资活动的"前置"部分,投资决定了经营活动的规模、类型和具体方式,经营活动是投资活动的"延续"部分。因此,投资活动决定了企业持有资产的总量及其构成,影响企业的生产经营能力、组织结构、成长能力和经营风险,并制约筹资和经营活动。投资活动的直接结果是取得非现金资产,它们反映在资产负债表的左方(未投资的部分按现金报告)。投资活动的最终结果是运用资产赚取的收益,它们反映在利润表上。投资活动的过程,是现金流出企业

(同时非现金资产流入企业)以及收回投资时现金流入企业(同时非现金资产流出企业),它们反映在现金流量表的第二部分(投资活动产生的现金流量)。通过财务报表分析,人们可以看出企业投资的方针和业绩。

(3) 经营活动

经营活动是在必要的筹资和投资前提下,运用资产赚取收益的活动,它至少包括研究开发、采购、生产、销售和人力资源管理五项活动,经营活动的关键是使这五项活动适当组合,使之适合企业的类型和市场定位。经营活动的直接后果是取得收入和支出成本,它们反映在利润表的上半部分。经营活动占用的资源是资产,它们反映在资产负债表的左方。经营活动会引起现金流动,它们反映在现金流量表的第一部分(经营活动产生的现金流量)。

二、财务报表分析的目的

财务报表分析的目的受财务报表分析主体和其服务对象制约。财务报表分析主体是指投资者财务报表分析、经营者财务报表分析、债权人财务报表分析,而服务对象相应表现为投资者、经营者、债权人、政府机构等。不同的报表使用者其财务报表分析的目的是不同的。

1. 投资者的分析目的

投资者是指企业的所有者或潜在投资者,其财务报表分析的目的主要包括以下几方面。

(1) 分析评价企业的盈利能力,预测企业未来收益。企业盈利能力是投资者财务报表分析关注的核心内容,如果企业不能带给他们足够盈利,投资者也就不可能有足够资金去投资。

(2) 分析企业经营业绩,评价受托经营者管理水平,合理进行薪酬与人事决策。

(3) 分析企业的资本结构及偿债能力,评价企业的理财环境与财务风险,正确进行筹资决策。企业的资本结构决定了企业财务风险类型,企业偿债能力决定了企业财务环境好坏及资金取得渠道。

2. 债权人的分析目的

债权人是指向企业提供债务资金的经济组织或个人,企业债权人包括企业借款的银行和一些金融机构以及购买企业债券的单位与个人。银行等债权人一方面从各自经营或收益目的出发愿意将资金贷给某企业;另一方面又要求企业按时足额还本付息,从贷款企业得到相应的报酬或收益。因此,债权人进行财务报表分析的主要目的包括以下几方面。

(1) 分析企业偿债能力。一方面从流动资产构成及其变现速度,评价企业短期偿债能力;另一方面从资本资产结构,评价企业的长期偿还能力。

(2) 分析企业的盈利能力,评价企业成本付息的保障程度。他们关注企业是否保持盈利,企业有盈利,利息支付就有来源,就可能以新债还旧债。

3. 经营管理者的分析目的

企业经营者主要指企业的经理以及各分厂、部门、车间等管理人员。他们进行财务分析的目的是综合的、多方面的。从对企业所有者负责的角度及其增加自身薪酬角度考虑,他们都十分关注盈利的原因及形成过程,因此,其分析的主要目的包括以下几个方面。

(1) 考核企业经营计划和财务计划完成情况,评价经营责任的履行效果。主要通过各财务指标的实际数与计划对比分析,进行完成情况分析,总结经验,改善管理,提高经营质量。

(2) 分析评价企业财务状况,提高财务管理水平。管理者对财务报表分析的重点是企业财务状况。良好的财务状况是生产顺利进行的基础,而财务管理是企业经营管理的核心。通过对财务报表分析研究,评价企业财务状况,找出问题,为改善和提高财务管理水平提供依据。

（3）分析评价企业资源利用效率，增强企业市场竞争力。通过对资金周转分析，加强资金利用效率分析，改进或加强企业内部管理与控制，不断提高经营决策水平。

4. 政府机构及其他的分析目的

政府机构是指政府的税务机关、物价、财政、审计、工商行政管理机关和国有资产管理机构等。他们进行财务分析的目的，一是监督、检查党和国家的各项经济政策、法规、制度在企业单位的执行情况；二是保证企业财务会计信息和财务分析报告的真实性、准确性，为宏观决策提供可靠信息。

其他财务报表分析的主体或服务对象主要指与企业经营有关的企业单位，与企业经营有关的企业单位主要指材料供应者、产品购买者等。他们进行财务报表分析的主要目的在于搞清企业的信用状况，包括商业上的信用和财务上的信用。商业信用指按时、按质完成各种交易行为，财务信用则指是否及时清算各种款项。企业信用状况分析，首先可通过对企业支付能力和偿债能力的评价进行；其次，可根据对企业利润表中反映的企业交易完成情况进行分析判断来说明。

三、财务报表分析的内容

结合报表分析的主体与对象，财务报表分析的内容主要包括偿债能力分析、资产运用效率分析、获利能力分析、投资报酬分析、现金流动分析等几个方面。

1. 偿债能力分析

偿债能力是企业偿还债务和支付本金的能力，该能力的强弱直接影响企业资金的安全性和盈利水平。偿债能力分析包括短期偿债能力分析与长期偿债能力分析两个方面。

（1）短期偿债能力是指公司以流动资产支付流动负债的能力，一般又称为支付能力。它主要取决于流动资产和流动负债的比例关系，以及流动资产的变现能力。

（2）长期偿债能力分析是指公司偿还债务本金和支付债务利息的能力，一般又称财务能力。它既与资本结构有关，又与公司的收益能力有关。

通过偿债能力分析，报表分析人员能够判断企业财务风险的高低，了解企业经营的安全性以便做出科学合理决策。

2. 资产运用效率分析

资产运用效率是指公司单位资产创造营业收入的能力，它反映企业经营活动的运行状态和资产管理水平的高低。资产运用的效率既影响偿债能力，又影响收益能力。通过对企业资产运用效率的分析，有助于判断企业是否存在提高获利水平的空间，财务风险是否有改善的可能，以及未来企业成长壮大可能性等。

3. 获利能力分析

获利能力是指企业运用资产赚取利润的能力，即企业能够从其经营活动、投资活动中获得回报的多少。通常同一规模的企业获得的回报越高则获利能力越强。企业存在的基础就是生产经营有所回报，这些回报构成了社会财富的基础，因此所有的报表分析人员都会关注企业的获利能力，判断企业获利能力的发展趋势。

4. 投资报酬分析

投资报酬分析是从股东角度评价公司的收益能力，是企业投资者所特别关注的。股东投资报酬的高低，不仅取决于获利能力，还受资本结构的影响。通过对投资报酬的分析可以评价企业管理者的能力和业绩，了解企业投资回报的高低。

5. 现金流动分析

现金流是公司价值的最终驱动力,股东对未来现金流的预期是确定股东价值的基础。通过现金流动状况的分析,可以了解一项业务(生产经营、投资或筹资)产生或消耗现金的程度,并且对利润的质量做出判断。

由于报表分析是针对特定的报表使用者,是与报表使用者的目的相关联的,那么如果从企业自身的角度来看,报表分析的内容还应包括涉及企业单位财务管理及相关活动的各个过程,概括起来主要有以下几个方面。

(1) 分析单位预算的编制和执行情况

主要是分析单位的预算编制是否符合国家有关方针政策和财务制度规定、企业计划和工作任务的要求,是否贯彻了量力而行、尽力而为的原则,预算编制的计算依据是否充分可靠;在预算执行过程中,则要分析预算执行进度与企业计划进度是否一致,与以前各期相比,有无特殊变化及其变化的原因。

(2) 分析资产、负债的构成及资产使用情况

主要是分析单位的资产构成是否合理,固定资产的保管和使用是否恰当,账实是否相符;各种材料有无超定额储备,有无资产流失等问题;分析单位房屋建筑物和设备等固定资产利用情况;分析流动资产周转情况;分析负债来源是否符合规定,负债水平是否合理以及负债构成情况等。通过分析,及时发现存在的问题,有针对性地采取措施,保证资产的合理有效使用。

(3) 分析收入、支出情况及经费自给水平

一方面要了解掌握单位的各项收入是否符合有关规定,是否执行了国家规定的收费标准,是否完成了核定的收入计划,各项应缴收入收费是否及时足额上缴,超收或短收的主客观因素是什么,是否有能力增加收入;另一方面要了解掌握各项支出是否按进度进行,是否按规定的用途、标准使用,支出结构是否合理等,找出支出管理中存在的问题,提出加强管理的措施,以节约支出,提高资金使用效益。在分析了收入、支出有关情况的同时,还要分析单位经费自给水平,以及单位组织收入的能力和满足经常性支出的程度,分析经费自给率和变化情况及原因。

第三节 财务报表分析的原则与程序

一、财务报表分析的原则与要求

1. 财务报表分析的原则

财务报表分析的原则是财务报表分析工作实践经验的总结与提炼,是财务报表分析工作的指导规范。财务报表分析根据长期实践工作经验的总结概括出实事求是原则、系统分析原则、成本效益原则、可理解性原则。

(1) 实事求是原则

所谓实事求是原则,就是要从企业实际财务状况出发进行财务报表分析。这是财务报表分析最基本的要求之一。实事求是原则要求在进行财务报表分析时做到以下几点。

① 对财务报表的信息进行认真审查与选择。这是保证财务报表信息真实性的重要环节,决定分析结论的可用性与决策的有效性。审查中存在的问题有的需要运用技术手段进行必要修整与调节,如有时要运用资产评估、净现值分析等技术手段对财务报表中的有关数据进行适

当的修正与调整。

② 由于财务报表不可能十分全面地反映企业财务状况和经营成果,因此财务报表分析工作者应深入实际,尽量多地掌握第一手资料。实事求是原则还要求财务报表分析工作者具备客观、公正的优秀品质,要敢于面对现实,充分揭露问题,注重让事实说话。

③ 具体问题具体分析,具体情况具体对待。实事求是原则要求在尊重事实的基础上,充分考虑分析对象的特殊性,善于把分析对象与其所处的特殊环境结合起来,全面、深入分析影响分析对象的各种不同因素,找出使其发生增减变动的具体原因,最后得出比较客观、公正、合理的分析结论。

(2) 系统分析原则

系统分析原则是指把企业财务活动看成一个内部相互牵制、外部广泛联系的有机整体,以此为出发点,尽量全面地研究财务系统内部各个层次的构成要素及其相互联系,仔细考查它们在系统总体中的地位与作用,以展现财务活动的全貌。该原则要求做到以下几方面。

① 全面综合分析问题。全面综合分析是指对企业财务活动的一切方面、一切环节展开分析,全面研究财务系统中各种因素之间的因果依存关系,针对企业财务报表体系的各项内容进行相互联系的整体性分析,全面考查财务报表系统内部的各个层次及联系。

② 加强重点分析问题。在全面分析时,有针对性地抓住财务报表分析系统中的主要矛盾,针对企业内部管理者和外部利害关系者最关心的问题,突出重点,进行深入的解剖。系统分析原则要求在全面分析的基础上抓住重点,在作重点分析的同时力求全面。

(3) 成本效益原则

成本效益原则是指在财务报表分析工作中,讲求成本较低、效益最佳的分析原则,该原则要求做到以下几方面。

① 当某一具体分析对象在系统中无足轻重,而分析起来却费时太多时,可舍弃对这一具体对象的分析。

② 当有些资料难以收集或某个数据难以认定时,可视情况从简处理。

③ 由于事物的普遍联系性,任何一个分析对象都可能受若干不同因素的影响。因此,在作因素分析时应抓住重要因素进行分析。

④ 注意定性分析与定量分析相结合,对某些难以定量的问题,可采取定性的分析方法。

⑤ 注重时效性。对于财务活动中出现的新情况、新问题,要及时分析,以便尽快解决;在企业进行财务决策时,要配合可行性分析的需要,筛选出优化方案;当经营期临近结束时,要及时对该期间财务状况进行总结分析。

(4) 可理解性原则

可理解性原则是指在财务报表分析中的分析结论应尽量简明、通俗易懂、直观醒目,不仅能为有关专业人员所理解,也能为广大非专业人士所接受,有利于债权人、投资者、企业管理者、综合管理部门等共享分析结果,提高财务报表分析信息的利用效率。

2. 财务报表分析的要求

分析财务报表时,应满足以下基本要求。

(1) 明确报表使用者的要求

财务报表的使用者,无论是企业管理者还是企业外部有关方面,都有自己特定的目的,他们都希望从报表中获取对决策有用的信息。财务报表的分析资料,有的是可以通用的,有的则只适用于特定的使用者。因此,为了充分发挥报表信息的作用,报表分析人员应当深入了解报表使用者的具体要求,尽可能有重点、有针对性地进行分析。

(2) 搜集必要的分析材料

财务报表分析的基本依据是企业编制的财务报表。但是,为了正确评价企业的经营成果与财务状况,报表分析人员应该尽可能搜集其他相关资料,以满足报表使用者的决策需要。

对报表使用者来说,资料的来源渠道有企业内部与外部两个方面。企业的投资者、债权人等财务报表使用者,可以从证券交易管理机构等取得上市公司的报表及有关资料,经济新闻媒介的相关信息也可以作为报表分析的参考依据。在银行向企业提供贷款前,银行也可以要求企业提供比公开财务报表更为详细的资料。

(3) 选择正确的分析方法

财务报表分析的方法有很多种,各种方法都有其特定的用途。这就要求在明确报表使用者的目的和需要的前提下,选择适当、有效的分析方法。

(4) 确定适当的评价标准

不论采用什么方法进行报表分析,都必须有明确的评价标准,以便对分析的结果做出判断。常用的标准有以下两种。

(1) 企业过去的绩效。将当期的报表数据同前期的报表数据进行比较,可以评价和揭示企业某方面的变化情况及变化趋势,也可以据此预测未来。

(2) 同行业先进(或平均)水平。将企业的某方面数据与同行业平均水平或某种预定的标准进行比较,可客观评价企业在同行业中所处的水平。

二、财务报表分析的程序

财务报表分析的基本程序与步骤包括以下几步。

1. 明确分析目的、分析内容

分析目的是财务分析的起点,报表分析人必须首先明确分析目的。分析目的因人而异,它决定了后续的分析内容和分析结论。财务报表分析主体不同,分析目的也不相同,投资分析目的、信用分析目的、经营决策分析目的是最为常见的。

不同分析目的对应的主要分析内容会有所不同。以投资分析为目的的分析者,进行财务分析是为了寻找未来具有优良业绩和成长性的投资对象,回避投资风险;以信用分析为目的的分析者,主要关注企业的偿债能力,以保证在未来能安全收回本金和利息;以经营决策分析为目的的分析者,关注企业的能力分析、生产结构分析、内部投资项目分析、成本费用构成分析等,它们是财务分析的主要内容。

2. 设计分析程序,确定评价标准

明确了分析目的、分析内容后,要根据分析目的确定主要的财务评价指标;确定应采用的分析方法;确定分析的层次及范围;确定比较、评价时采用的标准(同行业、本企业历史或计划预算等)。

确定的财务评价指标、分析的方法、层次及评价标准,都应以需要达到的分析目的为依据,避免为分析而分析,避免盲目扩大分析范围和层次。分析方法应尽量选择能够充分利用报表数据进行分析的数学方法和数学模型,以强化分析结果的客观性、可靠性,并尽量减少分析人员的主观影响。由于每种分析方法都有自身的优点和局限性,因此需要财务分析人员根据分析目的和可能得到的分析资料进行分析方法的比较,选择最优的方法,以得出客观全面的结论。

3. 收集分析所需要的相关资料并进行分析

围绕已明确的分析目的、内容及选定的分析方法，要有效收集相关资料。相关资料既包括财务报表资料又包括非财务报表资料；既有财务信息又包括其他与分析目的相关联的经济信息。财务信息主要包括企业定期的财务报告、企业财务预算、企业内部的成本费用计算资料等，非财务信息主要包括审计报告、企业产品市场状况和行业信息以及宏观经济情况等方面的信息。

在取得相关资料后还应当对资料进行检查和核实，尤其需要核对财务报告数据的真实性，仔细查看审计报告，确定注册会计师是否出具了非标准审计报告。此外，还需要对数据的时间序列进行检查，观察企业是否存在某一年变化特殊事项，核实事项的可靠性，从而保证分析结论的有效性。在对数据的真实性核查之后，要按照选定的分析方法开始分析。

4. 撰写财务分析报告，提出相关建议

对得出的计算分析结果进行归纳整理，对照评价标准给予客观公正的判断与评价，形成分析结论。分析结论应当体现分析对象定性与定量的内容，既有对财务报表项目内容分析的文字描述，又有对数据分析的配合说明，以便于明确存在的问题，提出解决问题的措施与建议。

第四节 财务报表分析方法

一、财务报表分析方法概述

财务报表分析方法是财务报表分析过程中运用数据收集、整理、归类、计算、比较、评价与预测等手段来揭示企业财务能力的一种方式与手段。财务报表的分析应当客观公正地反映和评价企业的财务状况、经营业绩和现金流量。

财务报表分析的基本方法主要包括比较分析法、趋势分析法、比率分析法和因素分析法等，其中比较分析法、比率分析法是最基本、应用最广泛的分析法。

在实际应用中具体采用什么样的分析方法，要根据分析目标、分析内容来确定。总之为了科学合理地评价企业财务状况和经营成果，必须运用科学、有效的分析方法。运用财务报表分析方法应遵循的基本原则包括以下几个。

1. 传统分析方法与现代分析方法相结合

传统分析方法是指以指标计算及因素分析为代表的方法，它们在分析评价计划完成情况中起到了很好的作用，因此继承、总结与改进传统分析方法是财务报表分析方法的主要内容之一。现代分析方法是指以数学学科、计算机学科为特征的分析方法，在财务报表大量的数据分析中，运用数理统计、数学逻辑函数分析、Excel等学科原理与财务报表分析内容相结合，进一步完善了财务报表分析方法。

2. 单项分析与综合分析相结合

单项分析是指对财务报表内容的某个方面进行分析，如对流动资产营运方面分析、短期偿债能力某个方面进行分析等。综合分析是将财务活动各项指标综合起来，总体评价企业财务某个方面乃至整体财务状况的分析方法。将两者结合起来分析，有利于客观、公正、全面地评价企业财务报表反映的经营状况及财力状况，为决策提供依据。

3. 全面分析方法与重点分析方法相结合

全面分析是对企业全面财务状况与经营活动内容进行的分析，是对企业财务报表体系内容完整、系统的分析。重点分析是对财务报表的某个部分或指标的分析,有针对性地去解决问题。在具体分析过程中,要注意全面分析方法与重点分析方法相结合。

4. 定量分析与定性分析相结合

定量分析是将财务报表内容的数据进行技术分析处理,从数据的变化中分析财务报表的质量趋势;而定性分析要求结合定量分析结论,对其反映的经济现象进行逻辑推理和科学判断。在逻辑分析中,要运用演绎与归纳,即由一般前提推出一般性结论的分析方法,由一般性较小前提推出一般性较大结论的推理方法。定性分析法通常以部分分析对象研究结论为依据,来概括财务指标及其财务活动状况、特点及发展趋势。

二、比较分析法

比较分析法是指将实际达到的数据同特定的各种标准相比较,从数量上确定其差异,并进行差异分析或趋势分析的一种分析方法。比较分析法是财务报表分析中最常用、最基础的一种分析方法。通过比较分析,发现差距,寻找产生差异的原因,进一步判定企业的经营成绩和财务状况;通过比较分析,确定企业生产经营活动的收益性和企业资金投向的安全性,说明企业是否在健康地向前发展;通过比较分析,既能够发现企业的不足,又能够看到企业发展的潜力。

比较分析法按照其比较基数的不同,有实际与计划比较、不同时期比较、同类企业间比较等形式。将财务指标实际数据与计划数值比较,能够检查财务指标的计划完成情况;将同类企业之间的相同财务指标数据比较,能够洞悉企业的发展前景。

1. 目标分析

目标分析是把分析期的实际数与目标值作比较分析。目标值就是比较的标准,目标值可以是计划数、预算数或历史最好数等,通过分析找出差距。

2. 同业分析

同业分析是把分析期的实际数与行业平均指标或现金指标作比较分析。通过同业分析可以分析判断该企业在同行业中所处的位置;和行业先进指标对比,实际上是与先进的管理经验和方法、先进的科学工艺水平相比较,帮助企业找出其与先进水平的差距,有利于吸收先进经验,克服自身的缺点;和直接的竞争对手比较,帮助报表使用人发现企业的竞争优势和竞争劣势。

采用比较分析法,可以根据比较对象的形式,选择绝对数比较或百分比变动比较。

(1)绝对数比较是将取得的财务报表数据与比较基准直接比较。绝对数比较最常见的形式就是比较财务报表,将两期或多期的财务报表予以并行列示,进行对比,进而观察各个报表项目数据的变动情况和变动趋势。

(2)百分比变动比较是指将财务报表项目数据计算出百分比形式进行比较。用百分比变动比较,可以反映不同规模分析对象之间的差异。

比较分析方法有三个基本指标计算参数,即差异额(或绝对额)、差异率和变动率。

1. 差异额

差异额是将分析期该项指标实际数与该项指标基准数相减后的差额。比较时可以进行两期或多期财务报表指标并列对比,观察其增减变动,分析其变动的经济含义。

$$差异额 = 该项指标实际数 - 该项指标基准数$$

其中,该项指标基准数根据分析的需要可以是目标基准、计划基准、上年基准、预算基准、行业基准、历史基准、历史先进水平等。

2. 差异率

差异率也叫变动百分比、增长速度,用差异额与指标基准数的比值表示,是用来判断财务指标变动水平或增减幅度的指标。

$$差异率 = \frac{差异额}{该项指标基准数} \times 100\%$$

3. 变动率

变动率也叫发展速度,是分析期该项指标实际数与该项指标基准数的比值,是用以判断财务指标变动速度的指标。

$$变动率 = \frac{该项指标实际数}{该项指标基准数} \times 100\%$$

比较分析法的主要作用在于揭示被分析对象客观存在的某一方面的差距或优势以及形成这种差距或优势的原因,帮助报表分析人员发现问题或者揭示企业投资价值,有利于报表分析人员做出正确的判断。

比较分析法是各种分析方法的基础,不仅报表中的绝对数要通过比较才能说明问题,即使是相对值指标也要与有关资料进行对比才有意义,因为只有通过比较,与计划预算比较,与上期比较,与行业平均水平比较,与主要竞争对手的数据比较,等等,才能助报表分析人员做出正确、合理的判断。

三、比率分析法

比率分析法是利用两个指标间的相互关系,通过计算比率来分析、评价企业财务状况的一种方法。比率分析法是会计报表分析的最基本和最重要的方法。

比率是两数相比所得的值,任何两个数字都可以计算出比率,要使计算的比率具有意义,计算比率的两个数字必须具有相互联系。在财务报表中这种具有重要联系、有一定意义的相关数字很多,这种比率通常叫作财务比率。

比率分析法与比较分析法都是财务分析中最为常用的方法,是相互区别又相互联系的两种方法,其共同之处都是要将两个数据进行对比分析,但是二者仍存在明显的不同,其主要区别如下。

(1)比率分析法主要是将不同质但相关的不同指标进行比较,揭示二者的相互关系;比较分析法主要是对同质的指标进行比较,考察期变动的情况。

(2)比率分析法的分析结果则纯粹以相对数值表示,以说明指标数值之间的相互关系;比较分析法的分析结果只要强调绝对差异的大小,相对差异只是绝对差异的辅助说明。

(3)比率分析法往往需要结合比较分析方法使用,通过将不同时期的比率与评价基准比较进行分析评价。

比率指标可以有不同的类型,主要有以下三类。

1. 构成比率

构成比率又称结构比率,它是某项财务指标的各组成部分数值占总体数值的百分比,反映部分与总体之间的关系,其计算公式为

$$构成比率 = \frac{某项指标数值}{总体数值} \times 100\%$$

在实际工作中比较常见的构成比率分析是编制共同比财务报表,即计算报表的各个项目占某个相同项目的比率,如资产负债表各个项目占总资产的比率,利润表各项目占主营业务收入的比率等,以此观察企业整体财务指标的结构是否合理,以及盈利能力的来源是否发生变动等。这种构成比率分析可以有效剔除规模的影响,便于大型和小型企业之间的相互比较。

2. 效率比率

效率比率是某项财务活动中所费与所得的比例,反映投入与产出的关系。利用效率比率,可以进行得失比较,考查经营成果,评价经济效益。例如,将利润项目与营业成本、营业收入、资本金等项目加以对比,可以计算出成本利润率、营业净利率以及资本金利润率等利润率指标,可以从不同角度观察比较企业盈利能力的高低及其增减变化情况。

3. 相关比率

相关比率分析是根据经济活动客观存在的相互依存、相互联系的关系,将某个项目和与其相关但又不同的项目进行对比得出的比率,反映有关经济活动的相互关系。

企业财务报告中的项目数据不仅独自具有一定的经济意义,项目之间往往也是相互关联的,将两个相互关联的项目数据构建一个比率,可以揭示两个单独数据不能揭示的信息,有助于使用者做出决策。

在财务报表中依据相关比率的内容和途径不同,相关比率有以下几类。

(1) 成果比率

成果比率是指资金运用的成本与效益成果的比率,基本公式为

$$成果比率 = \frac{成果指标}{成本投入指标} \times 100\%$$

该类指标还包括毛利率、利润率、成本费用利润率等。

(2) 对应关系比率

对应关系比率是反映对应关系的比率,指比较指标与被比较指标分属两类不同的指标体系,但两者之间存在互相适应和相对平衡的关系。它们主要体现资产方与权益方两大指标体系对应指标之间的依存关系与适应程度。主要公式为

$$对应关系比率 = \frac{一类项目指标}{另一类项目指标} \times 100\%$$

该类指标主要有流动比率、速动比率、资产负债率、权益比率等。

(3) 周转关系比率

周转关系比率就是反映周转关系的比率,是指一定时期内某项资产指标与它完成业务量指标的比值。其比值越大,说明工作效率越高或周转速度越快,是企业经营能力强的表现。分析反映周转关系的比率,有利于加速企业资金周转,提高企业资金的利用效果。基本公式为

$$周转比率 = \frac{销售收入(或营业成本)}{某平均资金占用额} \times 100\%$$

该类指标主要有存货周转率、应收账款周转率、流动资产周转率等。

比率分析法的优点是计算简便,计算结果也比较容易判断,而且可以是某些指标在不同规模的企业之间进行比较,甚至也能在一定程度上与相同行业间的企业进行差异分析。但在应用比率分析法时还应当注意以下几个问题。

第一,比率的构建应根据分析需要而定,构建比率时注意分子、分母两个指标应当具有经济关系,不能随意将两个指标拼凑为一个比率。分析时还要注意比率之间说明问题的一致性。分析人员最重要的是要通过财务比率分析了解企业的全貌,不应仅仅根据某一个比率来做出

判断。

第二,不同企业的会计政策和经营方针会影响不同企业间财务比率的可比性。因为在会计准则中有许多会计处理方法可供选择,不同的会计处理方法会产生不同的资产、负债、所有者权益以及当期损益,进而影响财务比率的数值及可比性。而且,同行业不同企业采用的经营方式不同,也会造成财务比率数值的不同,从而影响可比性。

第三,由于财务报表的期间不同,采用比率指标来对比资产负债表和利润表数据存在一些不可比因素。资产负债表是时点报表,表示某一时刻的财务状况,而利润表和现金流量表是期间报表,表示一定期间内的经营成果和现金流量,两者有一定区别。因此当构建比率的两个指标之一来自于资产负债表数据,另一个指标来自于利润表或现金流量表时,应当将资产负债表数据采用期间内的平均数。

第四,应用比率分析法进行行业比较时,多元化大公司很难找到一个行业作为标准,最好的比较对象是主要竞争对手。因为在判断许多财务比率合理性方面,行业平均水平往往并不是理想的标准。

四、趋势分析法

趋势分析法是根据企业连续几年或几个时期的分析资料,通过计算趋势比率及指数,形成一系列具有可比性的百分数或指数,以确定分析期各有关项目的变动情况和趋势的一种财务报表分析方法。

趋势分析是一种动态的比较分析方法,通过分析连续数期的财务报表项目的情况,能够反映出企业财务状况和经营成果的变动方向,发现这种变动趋势的性质是有利的还是不利的,趋势分析法既可用于对财务报表的整体分析,即研究一定时期报表各项目的变动趋势,也可对某些主要指标的发展趋势进行分析。趋势分析法又叫水平分析法,该方法运用时要将比较分析法、比率分析法结合运用,故将其单独列出。

趋势分析法运用的方式有以下几种。

1. 重要财务指标的比较

是将不同时期财务报表总的相同指标或比率进行比较,直接观察其增减变动情况及变动幅度,考察其发展趋势,预测其发展前景。对不同时期财务指标的比较,可以有以下两种方法。

(1) 定基动态比率

定基动态比率是以某一时期数额为固定基期数额而计算的动态比率。其计算公式为

$$定基动态比率 = \frac{分析期数额}{固定基期数额} \times 100\%$$

通过将所有分析期间的项目数额与一个固定基期项目数额进行比较,计算比率,观察每期之间比率的差异。以此计算出的一列数据就是定基动态比率,用它可以观察企业财务指标的总体变化趋势。

(2) 环比动态比率

环比动态比率是以每一分析期的前期数额为基期数额而计算的动态比率。其计算公式为

$$环比动态比率 = \frac{分析期数额}{前期数额} \times 100\%$$

通过将每期项目数据与上期项目数据进行比较,计算比率,观察每期比率之间的差异。因为其分母是以上期为基数,即移动基数,因此也叫"环比"。

2. 财务报表的比较

是将连续数期的财务报表金额并列起来,比较其相同指标的增减变动金额和幅度,据以判断企业财务状况、经营成果和现金流量发展变化的一种方法。财务报表的比较,具体包括资产负债表比较、利润表比较和现金流量表比较等。比较时,既要计算表中有关项目增减变动的绝对值,又要计算该增减变动的百分比。

运用趋势分析法时应注意以下两方面。

(1) 应结合比较分析法对计算出的一列趋势数据进行分析说明。实际应用时可以目测指标变动说明其变化规律,或者绘成统计图表(Excel作图)表达趋势变化。

(2) 可以进一步利用分析结果进行相关分析的趋势预测。根据趋势数列对企业未来财务状况和财务成果做出数量分析预测,如运用量本利、回归直线等方法建立数学模型公式进行预测。

五、因素分析法

因素分析法又称因素替换法,或连环替代法,它是用来确定几个相互关联的因素对分析对象影响程度的一种分析方法。采用这种分析方法的前提是当有若干个因素对分析对象发生影响时,若分析其中某一个因素则假定其他各因素都不变化,从而确定需分析的这个因素单独发生变化所产生的影响。

在企业经济活动中,一些综合性经济指标往往是由于受多种因素影响而发生变动的。比如,在生产性企业中,利润的变动受到产品生产成本、销售数量和价格、销售费用和税金等多种因素的影响。在分析这些综合性经济指标时,就可以从影响因素入手,分析各种影响因素对经济指标变动的影响,并在此基础上查明指标变动的原因,这对企业做出正确的经营决策和改进管理是极为有益的。

因素分析法弥补了比较分析法不能查明某项综合指标变化差异原因的局限,有利于深入分析综合指标的差异受何种因素的影响,及其各个因素对其影响的程度如何。因素分析法既可以全面分析若干因素对某一经济指标的共同影响,又可以单独分析其中某个因素对某一经济指标的影响,在财务报表分析中应用十分广泛。但在应用这一方法时,必须注意以下几方面的问题。

(1) 因素分解的关联性。即确定构成经济指标的因素,必须是客观上存在着的因果关系,要能够反映形成该项指标差异的内在构成原因,否则就失去了其存在价值。

(2) 因素替代的顺序性。替代因素时必须按照各因素的依存关系,排列成一定的顺序并依次替代,不可随意加以颠倒,否则就会得出不同的计算结果。一般而言,确定正确排列因素替代程序的原则是,按分析对象的性质,从诸因素相互依存关系出发,并使分析结果有助于分清责任。

(3) 顺序替代的连环性。连环替代法在计算每一个因素变动的影响时,都是在前一次计算的基础上进行,并采用连环比较的方法确定因素变化影响结果。因为只有保持计算程序上的连环性,才能使各个因素影响之和等于分析指标变动的差异,从而全面说明分析指标变动的原因。

(4) 计算结果的假定性。连环替代法计算的各因素变动的影响数,会因替代计算顺序的不同而有差别,因而计算结果不免带有假定性,即它不可能使每个因素计算的结果都达到绝对准确。它只是在某种假定前提下的影响结果,离开了这种假定前提条件,也就不会是这种影响结果。为此,财务人员应力求使这种假定合乎逻辑,并且具有实际经济意义。这样,计算结果的假定性,才不至于妨碍分析的有效性。

因素分析法一般包括比率因素分析法和差异因素分析法。

1. 比率因素分析法

比率因素分析法是把一个比较核心的财务比率分解成若干个影响因素的方法。著名的杜邦分析体系就是采用比率因素分析法的典型代表,在该体系中,就将资产报酬率分解为资产周转率和销售利润率的乘积,表明资产报酬率受资产周转率和销售利润率的影响。

2. 差异因素分析法

为了比较实际数额与目标标杆值之间差额产生的原因,可以采用差异因素分析法。根据计算差异方式的区别,差异因素分析法又可以区分为定基替代法和连环替代法。

(1) 定基替代法

定基替代法是以目标标杆值为基础,然后分别用实际数额代替标杆值,来确定在实际工作中各因素对指标的影响。

例如:

$$预算销售收入 = 预计销售量 \times 预计价格$$

$$销售差异 = 实际销售量 \times 实际价格 - 预计销售量 \times 预计价格$$

知道了销售差异,但要想知道差异产生的因素,则:

$$数量因素的影响 = 实际销售量 \times 预计价格 - 预计销售量 \times 预计价格$$

$$价格因素的影响 = 预计销售量 \times 实际价格 - 预计销售量 \times 预计价格$$

需要注意的是,这种分析方法只能得到财务因素的影响,但企业经济指标除了受这些因素影响之外还受其他因素如内外部环境的影响。

(2) 连环替代法

连环替代法是以目标标杆值为基础,然后依照特定顺序分别用实际数额代替标杆值,来逐一确定在实际工作中各因素对指标的影响。

连环替代法计算与分析有以下几个步骤。

① 建立数学模型(或建立综合指标的计算公式),确定各个因素值与总指标之间的数量关系。

② 确定分析对象,运用比较方法,将分析对象的指标与选择的基准进行比较,求出差异。

③ 根据不同类型进行连环顺序替代。连环顺序替代就是以基期指标公式为计算基础,用实际指标公式中的每一因素的实际数顺序地替代其相应的基期数,每次替代一个因素,替代后的因素被保留下来。有几个因素就替代几次,直到基期因素全部被替换为实际数为止。

④ 比较各因素的替代结果,确定各因素对分析指标的影响程度。该过程与前面连环替代顺序结合,分别用后一替代结果与前一替代结果相减,其差即为后一替代因素对分析对象的影响程度。而差额计算则是连环替代的一种简化形式,该方法将步骤③与步骤④合二为一,即把逐个替换公式与替换相邻两个公式相减步骤合为一个公式计算出结果。

⑤ 验证分析结果。验证分析结果是将各因素分析指标的影响额相加,即步骤④ 各结果之和,其代数和应等于分析对象。如果二者相等,说明分析结果基本正确,否则分析结果一定错误。

⑥ 最后根据分析的影响因素进行说明由于某个因素变化对总指标影响的程度,并提出建议。

假设某综合财务指标为 P，其分别由 a、b、c 三个因素乘积构成，其基本关系式为 $P=a\times b\times c$，且基期因素为 a_0、b_0、c_0，实际因素为 a_1、b_1、c_1，则连环替代法各步骤的计算公式如下。

① 建立数学模型

$$基准指标：P_0=a_0\times b_0\times c_0$$
$$实际指标：P_1=a_1\times b_1\times c_1$$

② 确定分析对象

$$N_0=p_1-p_0$$

③ 连环替代各因素

在基期公式基础上替代：$P_0=a_0\times b_0\times c_0$

第一次替代：$P_2=a_1\times b_0\times c_0$

第二次替代：$P_3=a_1\times b_1\times c_0$

第三次替代：$P_1=a_1\times b_1\times c_1$

④ 比较替代结果，用各替代换算公式的后式减前一算式，确定各因素的影响程度。

②－① ＝$N_1=P_2-P_0$　　　N_1 即为 a_1 因素变动的影响程度

③－② ＝$N_2=P_3-P_2$　　　N_2 即为 b_1 因素变动的影响程度

④－③ ＝$N_3=P_1-P_3$　　　N_3 即为 c_1 因素变动的影响程度

⑤ 验证

$$N_1+N_2+N_3=N_0$$

即：$(P_2-P_0)+(P_3-P_2)+(P_1-P_3)=P_1-P_0$

在连环替代法的使用过程中需要关注：第一，构成因素具有相关性，对指标具有解释作用，否则单纯的定量分析就失去了经济意义；第二，因素替代的顺序要恰当，并依次进行；第三，计算分析程序的连环性，在计算分析每一个因素的影响时，都要在前一个因素变动的基础上进行连环替代，逐一确定各个因素的影响力。

在实际经济生活中，比较分析法和因素分析法往往结合使用，在比较中分析寻找差异产生的原因，在因素分析的过程中比较结果的不同，财务分析工作是由很多个比较和因素分析过程构成的。

第七章 资产负债表分析

知识体系框架

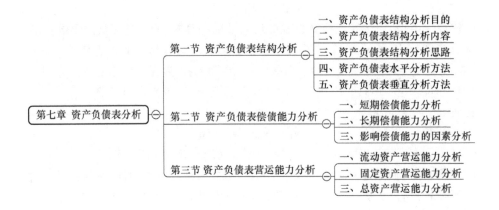

学习目标

本章主要讲授资产负债表分析,包括资产负债表的结构分析、偿债能力分析和营运能力分析。在此基础上,通过案例阐述如何进行资产负债表分析。通过本章的学习需要达到以下教学目标:

1. 资产负债表的结构分析(理解和运用);
2. 资产负债表偿债能力分析指标的计算(掌握);
3. 资产负债表营运能力分析指标的计算(掌握)。

资产负债表分析,是财务报表分析中最基本和最重要的一部分。面对一张填满密密麻麻数字的资产负债表,如何从中读出有用的信息,如何透过数字发现企业的财务状况,如何读懂数字所反映的企业的偿债能力和营运能力?

本章就从回答上述问题入手,逐步讲授编制资产负债表分析的相关理论知识,并运用实例阐述如何分析资产负债表。

第一节 资产负债表结构分析

资产负债表结构,反映了资产负债表各项目间的相互关系以及各项目所占的比重。资产负债表的结构分析,就是指运用对比分析法,对资产负债表中的各项目占总资产或权益总额的比重进行分析,或者比较各项目间的年度变动额,从而分析与揭示企业生产经营活动、会计政策及会计变更对企业的影响,揭示企业资产结构和资本结构的合理程度,探索如何确定企业最优的资本结构。

一、资产负债表结构分析目的

资产负债表结构分析的目的,包括如下几个方面:

第一,从总体上了解企业资产、权益的变动情况,揭示资产、负债和股东权益变动的差异,分析差异产生的原因;

第二,分析评价企业资产结构的变动情况及变动的合理性;

第三,分析评价企业资本结构的变动情况及变动的合理性;

第四,分析评价企业资产结构与资本结构的适应程度。

二、资产负债表结构分析内容

1. 总量变动及发展趋势分析

对企业资产负债表进行综合分析,首先要通过资产和权益总量的变动情况,分析其规模增长的速度是否合理,财务状况的发展趋势是否有利,即:总量变动看规模,结构变动看质量。

资产、权益分别列示在资产负债表左右两方,反映企业的基本财务状况,对资产负债表变动情况的分析评价也应当从这两大方面进行。

(1) 从投资或资产角度进行分析评价

投资或资产角度的分析评价主要从以下几方面进行。

第一,分析总资产规模的变动状况以及各类、各项资产的变动状况,揭示资产变动的主要方面,从总体上了解企业经过一定时期经营后资产的变动情况。

第二,发现变动幅度较大或对总资产变动影响较大的重点类别和重点项目。

分析时,首先,要注意变动幅度较大的资产类别或资产项目,特别是发生异常变动的项目。其次,要把对总资产影响较大的资产项目作为分析重点。某资产项目变动自然会引起总资产发生同方向变动,但不能完全根据该项目本身的变动来说明对总资产的影响。该项目变动对总资产的影响,不仅取决于该项目本身的变动程度,还取决于该项目在总资产中所占的比重。

第三,要注意分析资产变动的合理性与效率性。

第四,注意考察资产规模变动与股东权益总额变动的适应程度,进而评价企业财务结构的稳定性和安全性。

第五,注意分析会计政策变动的影响。

(2) 从筹资或权益角度进行分析评价

第一,分析权益总额的变动状况以及各类、各项筹资的变动状况,揭示权益总额变动的主要方面,从总体上了解企业经过一定时期经营后权益总额的变动情况。

第二,发现变动幅度较大或对权益总额变动影响较大的重点类别和重点项目,为进一步分析指明方向。

第三,注意分析评价表外业务的影响。

2. 资本结构及其合理性分析

(1) 资本结构的含义

资本结构有广义和狭义之分。广义的资本结构是企业全部资本的构成及其比例关系;狭义的资本结构是指长期资本的构成及其比例关系。

(2) 资本结构的形成方式

企业的资本结构是由企业采用各种筹资方式筹资而形成的。各种筹资方式的不同组合类型决定着企业的资本结构及其变化。通常情况下，企业都采用债务筹资和权益筹资的组合。因此，资本结构问题，实质上就是债务资本比率问题，也就是债务资本在整个资本中占多大比例。

(3) 资本结构分析的目的

资本结构决定企业的财务风险类型。资本结构分析的目标是资本结构的合理性，分析的实质是评价企业的筹资能力及其所面临的风险。

对企业经营者而言，资本结构分析的主要目的是优化资本结构和降低资本成本。优化资本结构表现为吸收更多的权益资本，保持企业良好的财务形象，降低财务风险，以便更好地筹资和投资。企业在提高承担财务风险的能力的同时，还应尽量降低筹资成本。由于债务利息率通常低于股票股利率，而且债务利息从税前支付，企业可以少交所得税，使得债务筹资可以降低企业资本成本，发挥财务杠杆的作用。但必须同时看到，它也会加大企业的财务风险。因此，只有在一定限度内合理提高债务资本的比例，才能在最大限度内规避财务风险，同时降低综合资本成本。

(4) 资本结构的类型

不同企业或同一企业的不同时期，其资本结构是不同的，具体来说有以下三种类型。

① 谨慎型资本结构

谨慎型资本结构是指企业的资金来源主要由权益资本和长期负债构成，即企业的长期资产和部分流动资产全部由主权资本和长期负债提供，流动负债只是满足于部分临时性流动资产占用所需资金。在这种资本结构下，企业融资风险相对较小，而融资成本较高，因此股东的收益水平也就不高。

② 风险型资本结构

风险型资本结构，是指企业的资金来源主要是由负债融资特别是流动负债融资组成，即流动负债融资除满足全部临时性流动资产占用需要，还用于大部分非流动资产，甚至被用于长期资产，而主权资本和长期负债只是满足于长期资本或部分非速动流动资产。在这种资本结构下，企业融资风险增大，但融资成本相对较低，因此收益水平也会增高。

③ 适中型资本结构

适中型资本结构是介于上述两种资本结构之间的一种形式，是指企业的资金来源主要根据资金使用的用途来确定，用于长期资产和非速动资产的资金由主权资本和长期负债来提供，而临时性流动资产所需资金由流动负债来满足。这种资本结构下，企业的融资风险、融资成本和收益水平都是处于中等水平。

三、资产负债表结构分析思路

资产负债表结构，指的是资产负债表中各内容各要素间的相互关系，资产负债表的结构分析就是分析资产负债表中的各要素间的关系，从而对企业整体财务状况做出判断。

资产负债表的结构分析按照以下思路进行分析与评价。

第一，编制资产负债表水平分析表，进行资产负债表各要素的横向比较分析；编制资产负债表垂直分析表，进行资产负债表各要素的纵向比较分析。

第二，根据编制的水平分析表，比较所选择的标准（基期）与上年实际数之间的差异，分析资产负债表实际变动情况、分析产生实际差异的原因；或者选择资产负债表的预算数或计划数，分析影响资产负债表预算或计划执行情况的原因。

第三，根据编制的垂直分析表，分析计算资产负债表中各项目占总资产或权益总额的比重，分析评价企业资产结构和权益结构的变动情况及合理程度。

第四，在进行分析时，要先从总体结构进行分析，然后再分析具体的各个报表项目。即按照如下线索进行分析：

(1) 进行资产、负债和所有者权益的总额分析；

(2) 进一步分析组成资产总额的流动资产、非流动资产的变动，分析组成负债和所有者权益的流动负债和非流动负债的变动情况；

(3) 分析构成流动资产、非流动资产的各个报表项目的变化；分析构成流动负债、非流动负债的各个报表项目的变化；

(4) 关注异常变动和重点需要关注的项目。

第五，重点关注以下分析项目。

(1) 关注流动资产和非流动资产的比重以及其中重要项目的比重。分析时，可通过与行业的平均水平或与企业历年度的资产结构相比较，对企业资产的流动性和资产风险做出判断，进而对企业资产结构的合理性做出评价。

(2) 关注经营资产与非经营资产的比例关系。如果非经营资产所占比重过大，企业的经营能力就会远远小于企业总资产所表现出来的经营能力。当企业资产规模增长时，从表面上看，似乎是企业经营能力增加了，但如果仅仅是非经营资产比重增加、经营资产比重反而下降，就不能真正提高企业的经营能力。

(3) 关注固定资产与流动资产的比例关系。企业固定资产和流动资产之间，只有保持合理的比例结构，才能够形成现实的生产能力。一般情况下，如果保持在平均水平，企业的盈利水平一般，风险程度一般；如果流动资产的比例较高，企业资产的流动性提高，资产风险会因此降低，但可能导致盈利水平下降；如果固定资产的比例较高，虽然会相应提高企业的盈利水平，但同时可能导致企业资产的流动性降低，而资产风险会因此提高。

(4) 关注流动资产的内部结构。流动资产内部结构，是指组成流动资产的各个项目占流动资产总额的比重。企业选择一个标准，将流动资产结构的变动情况与选定的标准予以比较，以分析流动资产变动的合理性。一般来说，应选择同行业平均水平或者财务计划中确定的目标为标准。同行业的平均水平具有代表性，应当认为是合理的。另外，分析流动资产结构还可以了解流动资产的配置情况、分布情况、资产的流动性及支付能力。

四、资产负债表水平分析方法

资产负债表的结构分析方法，用得比较多的是水平分析法和垂直分析法。

1. 资产负债表水平分析的含义

资产负债表水平分析，是指通过对企业各项资产、负债和股东权益的对比分析，揭示企业筹资与投资过程的差异，从而分析与揭示企业生产经营活动、经营管理水平、会计政策及会计变更对筹资与投资的影响。

2. 资产负债表水平分析的目的

资产负债表水平分析的目的之一就是从总体上了解资产、权益的变动情况，揭示资产、负债和股东权益变动的差异,分析差异产生的原因。资产负债表水平分析的依据是资产负债表。通过采用水平分析法,将资产负债表的实际数与选定的标准进行比较,编制资产负债表水平分析表,并在此基础上进行分析评价。

3. 资产负债表水平分析表的编制方法

资产负债表水平分析要根据分析的目的来选择比较的标准(基期),当分析的目的在于揭示资产负债表实际变动情况、分析产生实际差异的原因时,其比较的标准应选择资产负债表的上年实际参数。当分析的目的在于揭示资产负债表预算或计划执行情况、分析影响资产负债表预算或计划执行情况的原因时,其比较的标准应选择资产负债表的预算数或计划数。

资产负债表水平分析除了要计算某项目的变动额和变动率外,还应计算该项目变动对总资产或权益总额的影响程度,以便确定影响总资产或权益总额的重点项目,为进一步分析指明方向。某项目变动对总资产或权益总额的影响程度可按下式计算:

$$某项目变动对总资产(权益总额)的影响 = \frac{某项目的变动额}{基期总资产(权益总额)} \times 100\%$$

【例7.1】 以中国联通为例,说明资产负债表水平分析法的编制与分析。中国联通2010—2014年的资产负债表的数据,如表7.1所示。

表7.1 中国联通合并资产负债表

单位:百万元

项目	2014年12月31日	2013年12月31日	2012年12月31日	2011年12月31日	2010年12月31日
流动资产					
货币资金	25 400	21 589	18 320	15 439	22 791
以公允价值计量且其变动计入当期损益的金融资产	13	0	0	0	0
应收票据	38	86	74	31	61
应收账款	16 632	15 312	14 300	12 439	10 408
预付款项	4 094	4 006	4 170	3 689	3 067
应收利息	1	0	0	2	2
应收股利					
其他应收款	4 801	5 643	5 419	1 925	1 617
存货	4 378	5 536	5 803	4 651	3 728
其他流动资产	1 262	161	154	696	620
流动资产合计	56 621	52 333	48 240	38 872	42 293
非流动资产	0	0	0	0	0
可供出售金融资产	5 902	6 497	5 567	6 951	6 214
长期股权投资	3 057	53	50	47	48
固定资产	377 765	370 674	367 281	325 436	304 423
在建工程	57 191	57 176	59 935	52 329	55 862

续表

项目	2014年12月31日	2013年12月31日	2012年12月31日	2011年12月31日	2010年12月31日
工程物资	1 375	1 797	1 965	2 337	3 367
无形资产	25 717	23 823	21 362	20 740	19 870
长期待摊费用	13 624	11 335	8 899	8 100	7 724
递延所得税资产	4 679	5 180	5 058	3 711	3 667
其他非流动资产	1 195	2 496	0	0	0
非流动资产合计	490 504	479 032	470 117	419 651	401 173
资产总计	547 125	531 364	518 357	458 124	443 466
流动负债	0	0	0	0	0
短期借款	93 321	95 766	69 175	32 322	36 727
应付短期债券		35 000	38 000	38 000	23 000
应付票据	112 373	406	285	1 046	585
应付账款	47 470	95 746	103 512	91 139	93 695
预收款项	6 873	50 352	43 083	36 621	29 971
应付职工薪酬	1 467	4 927	3 917	3 550	3 402
应交税费	766	2 634	1 832	1 233	1 484
应付利息	2	568	846	835	744
应付股利	7 426	2	9	9	24
其他应付款	11 380	9 081	8 960	8 607	8 077
一年内到期的非流动负债	9 979	210	32 193	128	184
其他流动负债					
流动负债合计	291 164	294 693	301 812	213 490	197 894
非流动负债	0	0	0	0	0
长期借款	420	481	536	1 384	1 462
应付债券	23 460	13 002	2 000	33 118	33 558
长期应付款	120	255	331	88	162
长期应付职工薪酬	97	0	0	0	0
其他非流动负债（递延收益）	1 497	1 269	1 412	1 801	2 171
递延所得税负债	39	39	32	32	40
非流动负债合计	25 633	15 045	4 311	36 423	37 392
负债合计	316 797	309 738	306 123	249 913	235 286
股东权益	0	0	0	0	0
股本	21 197	21 197	21 197	21 197	21 197
资本公积	27 812	28 024	26 776	27 159	27 819
其他综合收益					
盈余公积	−1 468	919	824	746	685

续 表

项目	2014年 12月31日	2013年 12月31日	2012年 12月31日	2011年 12月31日	2010年 12月31日
未分配利润	1 045	26 027	23 525	21 945	21 153
外币报表折算差额	28 752		−24	−24	−18
归属母公司股东权益合计	77 337	74 859	72 297	71 024	70 836
少数股东权益	152 991	146 767	139 937	137 587	137 344
股东权益合计	230 328	221 626	212 234	208 611	208 180
负债和股东权益总计	547 125	531 364	518 357	458 524	443 466

资料来源:根据中国联通(股票代码 600050)的年度财务报告数据整理。

根据表 7.1,选取中国联通 2013 年度和 2014 年度的数据,编制资产负债表水平分析表 7.2。

首先,增减金额为本年度(2014 年度)减去上年度(2013 年度)的差额;

其次,增减比重为增加金额除以上年度(2013 年度)的比值;

第三,对总资产的影响等于增减额除以总资产。

按照上述方法计算出来后,编制完成的资产部分的结果如表 7.2 所示。

表 7.2 中国联通合并资产负债表水平分析表

单位:百万元

项目	2014年 12月31日	2013年 12月31日	规模变动情况		对总资产的影响
			增减额	增减率(%)	
流动资产	①	②	③=①−②	④=③÷②	⑤=③÷总资产
货币资金	25 400	21 589	3 811	17.65%	0.72%
以公允价值计量且其变动计入当期损益的金融资产	13	0	13		0.00%
应收票据	38	86	−47	−55.20%	−0.01%
应收账款	16 632	15 312	1 320	8.62%	0.25%
预付款项	4 094	4 006	89	2.22%	0.02%
应收利息	1	0	1	185.65%	0.00%
应收股利					
其他应收款	4 801	5 643	−842	−14.92%	−0.16%
存货	4 378	5 536	−1 157	−20.91%	−0.22%
其他流动资产	1 262	161	1 102	686.24%	0.21%
流动资产合计	56 621	52 333	4 288	8.19%	0.81%
非流动资产	0	0	0		
可供出售金融资产	5 902	6 497	−595	−9.16%	−0.11%
长期股权投资	3 057	53	3 003	5 651.74%	0.57%
固定资产	377 765	370 674	7 091	1.91%	1.33%
在建工程	57 191	57 176	14	0.02%	0.00%

续表

项目	2014年12月31日	2013年12月31日	规模变动情况		对总资产的影响
			增减额	增减率（%）	
工程物资	1 375	1 797	−422	−23.46%	−0.08%
无形资产	25 717	23 823	1 894	7.95%	0.36%
长期待摊费用	13 624	11 335	2 289	20.20%	0.43%
递延所得税资产	4 679	5 180	−501	−9.67%	−0.09%
其他非流动资产	1 195	2 496	−1 301	−52.13%	−0.24%
非流动资产合计	490 504	479 032	11 472	2.39%	2.16%
资产总计	547 125	531 364	15 760	2.97%	2.97%
流动负债	0	0	0		
短期借款	93 321	95 766	−2 445	−2.55%	−0.46%
应付短期债券	0	0	0		0.00%
应付票据	108	406	−299	−73.48%	−0.06%
应付账款	112 373	95 746	16 627	17.37%	3.13%
预收款项	47 470	50 352	−2 882	−5.72%	−0.54%
应付职工薪酬	6 873	4 927	1 946	39.49%	0.37%
应交税费	1 467	2 634	−1 168	−44.33%	−0.22%
应付利息	766	568	197	34.75%	0.04%
应付股利	2	2	0	0.00%	0.00%
其他应付款	7 426	9 081	−1 655	−18.23%	−0.31%
一年内到期的非流动负债	11 380	210	11 171	5 326.08%	2.10%
其他流动负债					
流动负债合计	291 164	294 693	−3 529	−1.20%	−0.66%
非流动负债	0	0	0		
长期借款	420	481	−61	−12.77%	−0.01%
应付债券	23 460	13 002	10 458	80.44%	1.97%
长期应付款	120	255	−135	−52.83%	−0.03%
长期应付职工薪酬	97	0	97		0.02%
其他非流动负债（递延收益）	1 497	1 269	228	17.95%	0.04%
递延所得税负债	39	39	0	1.25%	0.00%
非流动负债合计	25 633	15 045	10 587	70.37%	1.99%
负债合计	316 797	309 738	7 058	2.28%	1.33%
股东权益	0	0	0		
股本	21 197	21 197	0	0.00%	0.00%
资本公积	27 812	28 024	−213	−0.76%	−0.04%
其他综合收益					
盈余公积	1 045	919	126	13.68%	0.02%
未分配利润	28 752	26 027	2 724	10.47%	0.51%

续 表

项目	2014年 12月31日	2013年 12月31日	规模变动情况		对总资产的影响
			增减额	增减率(%)	
外币报表折算差额	0	0	0		0.00%
归属母公司股东权益合计	77 337	74 859	2 478	3.31%	0.47%
少数股东权益	152 991	146 767	6 224	4.24%	1.17%
股东权益合计	230 328	221 626	8 702	3.93%	1.64%
负债和股东权益总计	547 125	531 364	15 760	2.97%	2.97%

从表7.2可以看出以下几方面。

(1) 从总量上看

中国联通2014年年末资产和权益总量较2013年年末增加了15 760万元,增幅2.97%,说明2014年总资产和权益总额变化不大,略有增长。

(2) 从资产项目看

流动资产和非流动资产都有所增加,流动资产增加了4 288百万元,增幅8.19%;非流动资产增加了11 472百万元,增幅2.39%。流动资产与非流动资产相比,增幅大,表明企业资产的流动性增强,资金运营将会顺畅;非流动资产虽然总量及增幅不大,但增长集中在"长期股权投资"和"长期待摊费用"两个项目上,其中,"长期股权投资"增加了3 003百万元,增幅达到了5 651.74%,表明中国联通2014年大幅进行了对外长期投资,应进一步评估长期投资的合理性和安全性;"长期待摊费用"增加了2 289百万元,增幅20.20%,应进一步查明长期待摊费用的具体项目及其对今后的影响。

(3) 从负债和权益项目看

负债总量增加7 058百万元,增幅2.28%。其中,流动负债减少3 529百万元,减幅1.2%;非流动负债增加10 587万元,增幅达70.37%,其中重点关注"长期应付款"的减少,以及"应付债券"的增加。"长期应付款"减少135百万元,减幅52.83%;"应付债券"增加10 458百万元,增幅达84.44%,说明中国联通在筹资方面,主要通过发行债券取得,但应该注意应付债券利息的支付时间和支付能力,避免财务风险。企业要随时关注借贷总额和偿还的利息,避免财务风险。

所有者权益总量增加8 702百万元,增幅3.93%。表明资产增长的资金来源除了通过借债渠道取得资金外,中国联通自身的留存积累也在显著增加。

(4) 总体的初步评价

中国联通2014年度财务状况良好,但由于"应付债券"等借债资金的增大,需要对企业的财务风险作进一步的评估。另外,由于流动资产增幅较大,说明企业的生产经营处于上升时期;同时,由于非流动资产中的"长期股权投资"增幅很大,说明中国联通2014年增加了对外长期投资,需要关注长期投资的稳定性和收益性,避免投资损失。

五、资产负债表垂直分析方法

资产负债表垂直分析,是指通过将资产负债表中各项目与总资产或权益总额的对比,分析企业的资产构成、负债构成和股东权益构成,揭示企业资产结构和资本结构的合理程度,探索企业资产结构优化、资本结构优化及资产结构与资本结构适应程度优化的思路。

资产负债表垂直分析可以从静态角度和动态角度两方面进行。从静态角度分析就是以本期资产负债表为分析对象,分析评价其实际构成情况。从动态角度分析就是将资产负债表的本期实际构成与选定的标准进行对比分析,对比的标准可以是上期实际数、预算数和同行业的平均数或可比企业的实际数,对比标准的选择视分析目的而定。

【例 7.2】 根据表 7.1,选取中国联通 2013 年度和 2014 年度的数据,编制资产负债表垂直分析表 7.3。

根据中国联通的资产负债表,按照如下方法编制资产负债垂直分析表:

首先,将年初和年末的资产部分的所有项目除以总资产,得出各资产项目占总资产的比重;

其次,将年初和年末的负债和所有者权益部分的所有项目除以负债和所有者权益合计,得出各负债和所有者权益项目占负债和所有者权益总和的比重;

按照上述方法计算出来后,将结果填列在资产负债表的垂直分析表 7.3 中,请同学们填列资产部分的比重数额。

表 7.3 中国联通合并资产负债表垂直分析表

单位:百万元

项目	2014 年 12 月 31 日	2013 年 12 月 31 日	结构(占总资产的比重%)		
			2014 年	2013 年	变动情况
	①	②	③	④	⑤=③-④
流动资产					
货币资金	25 400	21 589	4.64%	4.06%	0.58%
以公允价值计量且其变动计入当期损益的金融资产	13	0	0.00%	0.00%	0.00%
应收票据	38	86	0.01%	0.02%	-0.01%
应收账款	16 632	15 312	3.04%	2.88%	0.16%
预付款项	4 094	4 006	0.75%	0.75%	-0.01%
应收利息	1	0	0.00%	0.00%	0.00%
应收股利					0.00%
其他应收款	4 801	5 643	0.88%	1.06%	-0.18%
存货	4 378	5 536	0.80%	1.04%	-0.24%
其他流动资产	1 262	161	0.23%	0.03%	0.20%
流动资产合计	56 621	52 333	10.35%	9.85%	0.50%
非流动资产	0	0			0.00%
可供出售金融资产	5 902	6 497	1.08%	1.22%	-0.14%
长期股权投资	3 057	53	0.56%	0.01%	0.55%
固定资产	377 765	370 674	69.05%	69.76%	-0.71%
在建工程	57 191	57 176	10.45%	10.76%	-0.31%
工程物资	1 375	1 797	0.25%	0.34%	-0.09%
无形资产	25 717	23 823	4.70%	4.48%	0.22%
长期待摊费用	13 624	11 335	2.49%	2.13%	0.36%
递延所得税资产	4 679	5 180	0.86%	0.97%	-0.12%

续表

项目	2014年12月31日	2013年12月31日	结构(占总资产的比重%)		
			2014年	2013年	变动情况
其他非流动资产	1 195	2 496	0.22%	0.47%	−0.25%
非流动资产合计	490 504	479 032	89.65%	90.15%	−0.50%
资产总计	547 125	531 364	100.00%	100.00%	0.00%
流动负债	0	0			0.00%
短期借款	93 321	95 766	17.06%	18.02%	−0.97%
应付短期债券	0	0	0.00%	0.00%	0.00%
应付票据	108	406	0.02%	0.08%	−0.06%
应付账款	112 373	95 746	20.54%	18.02%	2.52%
预收款项	47 470	50 352	8.68%	9.48%	−0.80%
应付职工薪酬	6 873	4 927	1.26%	0.93%	0.33%
应交税费	1 467	2 634	0.27%	0.50%	−0.23%
应付利息	766	568	0.14%	0.11%	0.03%
应付股利	2	2	0.00%	0.00%	0.00%
其他应付款	7 426	9 081	1.36%	1.71%	−0.35%
一年内到期的非流动负债	11 380	210	2.08%	0.04%	2.04%
其他流动负债					
流动负债合计	291 164	294 693	53.22%	55.46%	−2.24%
非流动负债	0	0			0.00%
长期借款	420	481	0.08%	0.09%	−0.01%
应付债券	23 460	13 002	4.29%	2.45%	1.84%
长期应付款	120	255	0.02%	0.05%	−0.03%
长期应付职工薪酬	97	0	0.02%	0.00%	0.02%
其他非流动负债(递延收益)	1 497	1 269	0.27%	0.24%	0.03%
递延所得税负债	39	39	0.01%	0.01%	0.00%
非流动负债合计	25 633	15 045	4.68%	2.83%	1.85%
负债合计	316 797	309 738	57.90%	58.29%	−0.39%
股东权益					
股本	21 197	21 197	3.87%	3.99%	−0.11%
资本公积	27 812	28 024	5.08%	5.27%	−0.19%
其他综合收益					
盈余公积	1 045	919	0.19%	0.17%	0.02%
未分配利润	28 752	26 027	5.26%	4.90%	0.36%
外币报表折算差额	0	0	0.00%	0.00%	0.00%
归属母公司股东权益合计	77 337	74 859	14.14%	14.09%	0.05%
少数股东权益	152 991	146 767	27.96%	27.62%	0.34%
股东权益合计	230 328	221 626	42.10%	41.71%	0.39%
负债和股东权益总计	547 125	531 364	100.00%	100.00%	0.00%

从表 7.3 中可以看出以下几点。

(1) 资产方面

中国联通 2014 年年末的流动资产所占比重(10.35%)较年初(9.85%)有所增长,表明企业资产的流动性增强,偿还能力、支付能力和应变能力有所提高;虽然非流动资产的比重 2014 年年末(89.65%)比年初(90.15%)有所降低,但占总资产的比重依然非常大。尤其应关注"固定资产"和"在建工程"两个项目,其中"固定资产"2014 年年末占总资产的比重(69.05%)比 2013 年所占比重(69.76%)有所降低,但占总资产的比重依然非常大;"在建工程"2014 年年末占总资产的比重(10.45%)比 2013 年年末所占比重(10.76%)有所降低,但与固定资产相加,占总资产的比重依然非常大;可见,中国联通是一个技术密集型的工业企业,在固定资产的投入上比较大;其在扩建基站等固定资产设施方面,依然是投资的重点,但同时也表明企业未来的生产能力和产品质量均会得到显著提高。

(2) 负债方面

从总量上看,中国联通 2014 年的年末和年初的债务资本所占比重分别为 57.90% 和 58.29%,明显高于年末和年初的权益资本 42.10% 和 41.71%,并且年末比年初还有所增加,说明中国联通在生产经营方面的资金主要通过借债取得,从另一个侧面也反映了中国联通 2014 年正处在一个迅速扩张的阶段,需要大量的资金投入。但同时也看到中国联通 2014 年的股东权益比 2013 年有所增长,说明中国联通的权益资本积累在增加。

在债务资本内部,短期债务资本,2014 年年末为 53.22%,比 2013 年的 55.46% 下降了 2.24%;而长期债务资本,2014 年年末比重 4.68% 比 2013 年的 2.83% 下降了 1.85%。说明中国联通 2014 年的债务筹资在短期借款的基础上,增加了长期债务筹资,进一步分析发现,长期债务筹资的增加主要是"应付债券"的增加,说明中国联通 2014 年的筹资增加了债券筹资。

(3) 所有者权益方面

在权益资本方面,盈余公积 2014 年比重为 0.19%,比 2013 年比重 0.17% 增加了 0.02%,变化不大,而未分配利润 2014 年占比 5.26%,比 2013 年的 4.9% 增幅 0.36%,说明中国联通的自有资金积累呈现出增长态势,企业的资本结构更加趋于合理,规避财务风险的能力增强,这样才能更有利于吸收投资和开展筹资活动。同时应该注意,长期债务筹资中的应收债券筹资,数额增大,偿还时势必会引起当期财务费用的增加。所以,中国联通也应关注企业的财务风险问题。

第二节　资产负债表偿债能力分析

偿债能力是指企业按时偿还到期债务的能力。它是反映企业财务状况和企业资信力的重要标志。

在大多数情况下,短期债务需要用货币资金来偿还,因而各种资产的变现速度也直接影响着企业的短期偿债能力。常用的分析短期偿债能力的指标有:营运资金、流动比率和速动比率。

一、短期偿债能力分析

1. 营运资金

营运资金,是指流动资产超过流动负债的部分,该指标反映企业用流动资产偿还了流动负债后,还有多少可用于生产经营。

(1) 营运资金的计算公式

$$营运资金 = 流动资产 - 流动负债$$

(2) 营运资金的评价标准

一般来说,营运资本越多则债权人的债务越有保障。当流动资产大于流动负债时,营运资金为正数,说明营运资金出现了剩余;当流动资产小于流动负债时,营运资金为负数,说明营运资本金出现了短缺。对营运资金指标的评价,应该结合企业当期的偿债能力状况、企业规模等因素,并不是营运资金越多越好,因为当营运资金为正数时,与营运资金相对应的流动资产的来源是长期负债或所有者权益,这样会造成资金成本的提高和资金的浪费;而营运资金为负数时,公司部分非流动资产以流动负债作为资金来源,公司不能偿债的风险很大。

【例 7.3】 根据中国联通资产负债表(表 7.1)的资料,计算该公司营运资金的指标,计算结果如表 7.4 所示。

表 7.4 中国联通营运资本计算表

单位:百万元

项目	2014 年 12 月 31 日	2013 年 12 月 31 日	2012 年 12 月 31 日	2011 年 12 月 31 日	2010 年 12 月 31 日
流动资产合计	56 621	52 333	48 240	38 872	42 293
流动负债合计	291 164	294 693	301 812	197 894	197 894
营运资本	−234 543	−242 360	−253 572	−159 021	−155 601

由表 7.4 可以看出,中国联通 2010—2014 年的流动资产均不能抵补流动负债,即营运资金出现短缺,而且短缺的资金数额很大。2010—2014 年的营运资金分别为 −155 601 百万元、−159 021 百万元、−253 572 百万元、−242 360 百万元、−234 543 百万元,说明公司不能偿债的风险很大,公司短期偿债能力较弱。

公司应保持多少营运资本为宜? 短期债权人当然希望营运资金越多越好,但过多地持有营运资金也不是什么好事。高额的营运资金持有意味着流动资产比流动负债多,而流动资产流动性强、风险小,但获利性差,因此流动资产过多不利于公司提高盈利能力。所以说,没有一个统一的标准来衡量营运资金保持多少是合理的,而且不同行业间差别很大。由于营运资金与经营规模之间有着一定的联系,所以即使同一行业不同公司之间,其营运资本也缺乏可比性,因此在实务中很少直接使用营运资本作为偿债能力的指标。

2. 流动比率

流动比率是流动资产与流动负债的比值,表示每1元流动负债有多少流动资产作为偿还的保障,是用来衡量企业的流动资产在短期债务到期以前,能够变现用于偿还负债的能力。

(1) 计算公式

$$流动比率 = \frac{流动资产}{流动负债}$$

(2) 评价标准

该指标表示企业流动资产对流动负债的保证倍数,即平均每元流动负债相应地有多少流动资产作保证。国际公认的标准为2,我国较好标准为1.5。

虽然从债权人的角度来说,流动比率越大越好,因为企业的短期偿债能力越强,企业所面临的短期流动性风险越小,债权人安全程度越高。但从企业自身来讲,过高的流动比率将意味着企业资本成本的加大和获利能力的降低,影响企业的盈利能力。流动比率是相对数,排除了企业规模不同的影响,因此,更适合同业比较以及本企业不同历史时期的比较。

【例 7.4】 根据中国联通资产负债表(表 7.1)的资料,计算该公司流动比率的指标,计算结果如表 7.5 所示。

表 7.5 中国联通流动比率计算表

单位:百万元

项目	2014 年 12 月 31 日	2013 年 12 月 31 日	2012 年 12 月 31 日	2011 年 12 月 31 日	2010 年 12 月 31 日
流动资产合计	56 621	52 333	48 240	38 872	42 293
流动负债合计	291 164	294 693	301 812	213 490	197 894
流动比率	0.19	0.18	0.16	0.18	0.21

由表 7.5 可知,中国联通 2010—2014 年的流动比率分别为 0.21、0.18、0.16、0.18 和 0.19,均没有达到国际公认的标准 2,也没有达到我国较好标准 1.5,表明流动资产保证偿还流动负债的能力较低,中国联通短期偿债压力较大。其中,2012 年为 0.16,较 2010 年下降 0.05,较 2011 年下降 0.02,是 5 年中的最低点,虽然在 2013 年和 2014 年均有所提高,表明短期偿债能力有所改善,但仍然没有回到 2010 年的保障水平。

通过分析可知,2013 年和 2014 年的流动资产增加使得流动比率增加,通过进一步分析中国联通的资产负债表(表 7.1),2014 年流动比率增加的主要原因为应收账款的增加,达到了近 5 年来的最高水平。因此应重点关注应收账款这一项目,预防和检测出现坏账的可能性,评估其风险性,做好应收账款的管理。

可见,由于应收账款或者存货等流动性较差的流动资产的存在,流动比率并不能完全反映企业的短期偿债能力,具有一定的局限性。

3. 速动比率

速动比率,是速动资产与流动负债之比,用来衡量公司流动资产可以立即变现偿付流动负债的能力,也称酸性试验比率。

该指标从流动比率演化而来,表明企业每 1 元的流动负债有多少速动资产来保障,是衡量流动资产可以立即变现用于偿还流动负债的能力,常常和流动比率一起使用,用来判断和评价公司短期偿债能力。

(1) 计算公式

$$\text{速动比率} = \frac{\text{速动资产}}{\text{流动负债}}$$

其中,速动资产 = 流动资产 − 存货 − 预付账款 − 1 年内到期的非流动资产 − 其他流动资产。

(2) 评价标准

速动比率表示企业速动资产对流动负债的保证倍数,即平均每元流动负债相应地有多少变现速度较快的速动资产作保证。

国际公认的标准为 1,我国较好标准为 0.8。

一般认为,该指标越高,企业偿还流动负债的能力就越强,对债权人的保证程度越强。但是,由于速动比率表明的是能够及时变现的流动资产对流动负债的保障程度,该指标过高则说明企业拥有较多的速动资产,而速动资产的流动性强,收益性差,因此会影响企业的收益能力。在实际应用中,应结合不同行业和企业的具体实际情况分析。

在计算速动比率时,剔除存货的主要原因是:①存货是流动资产中变现速度最慢的资产,而且存货在销售时受市场价格的影响,其变现价值带有很大的不确定性,在市场萧条或产品不对路的情况下,可能成为滞销货而无法转换为现金;②由于某种原因,存货中可能含有已损失报废但还没作处理的不能变现的存货;③部分存货可能已抵押给某债权人;④存货估价还存在着成本与合理市价相差悬殊的问题。

因此,剔除存货计算出来的速动比率,所反映的短期偿债能力比流动比率更为准确、更加可信。但是,该指标是一个静态指标,不能反映企业未来的现金流量,不能从根本上表明企业偿还债务的资金来源是否是企业经营所取得现金流入量,应该结合企业在其所处行业中的竞争地位及获利能力来分析其偿债能力。

【例 7.5】 根据中国联通资产负债表(表 7.1)的资料,计算该公司速动比率的指标,计算结果如表 7.6 所示。

表 7.6 中国联通速动比率计算表

单位:百万元

项目	2014 年 12 月 31 日	2013 年 12 月 31 日	2012 年 12 月 31 日	2011 年 12 月 31 日	2010 年 12 月 31 日
流动资产合计	56 621	52 333	48 240	38 872	42 293
流动负债合计	291 164	294 693	301 812	213 490	197 894
存货	4 378	5 536	5 803	4 651	3 728
速动比率	0.18	0.16	0.14	0.16	0.19

由表 7.6 可知,中国联通 2010—2014 年的速动比率分别为 0.19、0.16、0.14、0.16 和 0.18,均没有达到国际公认的标准 1,也没有达到我国较好标准 0.8,而且远远低于我国和国际标准,说明中国联通变现速度较快的资产不能保证能够及时偿还负债,更进一步说明了其存在的财务风险,表明中国联通的流动资产结构不合理,速动资产占有较小比重,导致偿债能力下降,要想偿还所有的流动负债,必须变现大部分存货资产。

二、长期偿债能力分析

长期偿债能力分析是指企业偿付到期长期债务的能力。包含具体偿还本金的责任和支付利息的责任。进行长期偿债能力分析应与企业的盈利能力分析结合起来。因为从长远观点来看,利润是企业货币资金的来源,货币资金的变动最终取决于企业利润的形成,还要和企业的资本结构结合起来。

常用的分析长期偿债能力的指标有:资产负债率、产权比率、有形净值债务率、权益乘数、已获利息倍数等。

1. 资产负债率

资产负债率是企业某时点的负债总额与资产总额的比率。它表明企业总资产中有多少是通过举债得到的,表明总资产对偿还全部债务的保障程度。

(1) 资产负债率的计算公式

$$资产负债率 = \frac{负债总额}{资产总额}$$

公式中,负债总额指企业的全部负债,不仅包括长期负债,也包括流动负债。特别需要说明的是,在计算资产负债率时,有时视具体情况,需要用平均总负债除以平均总资产。

(2) 评价标准

一般情况下,资产负债率越小,表明企业长期偿债能力越强,反之,表明企业的长期偿债能力越弱。该指标的保守比率是不超过50%,国际公认的标准是不超过60%。

但是,从企业和股东的角度出发,资产负债率并不是越低越好,因为资产负债率过低往往表明企业没有充分利用财务杠杆的作用。由于负债经营可以获得杠杆收益以及避税,一定程度上的负债经营有利于增加公司的价值。当然如果公司的负债规模超过了一定的限度,公司的财务风险就会加大,公司的长期偿债能力和短期偿债能力均会大幅降低,公司陷入财务危机或破产的可能性也会增大。因此,在评价资产负债率时,需要在收益与风险之间权衡利弊,充分考虑所在行业、企业内外部各种因素,以及外部市场环境,做出正确合理的判断。

【例 7.6】 根据中国联通资产负债表(表 7.1)的资料,计算该公司资产负债率的指标,计算结果如表 7.7 所示。

表 7.7 中国联通资产负债率计算表

单位:百万元

项目	2014年 12月31日	2013年 12月31日	2012年 12月31日	2011年 12月31日	2010年 12月31日
负债合计	316 797	309 738	306 123	249 913	235 286
资产总计	547 125	531 364	518 357	458 524	443 466
资产负债率	57.90%	58.29%	59.06%	54.50%	53.06%

由表 7.7 可知,中国联通 2010—2012 年的资产负债率分别为 53.06%、54.50% 和 59.06%,呈逐年上升趋势,表明该公司债务负担有所增加,债权人承担的风险有所提高。2012—2014 年分别为 59.06%、58.29% 和 57.90%,呈逐年下降趋势,表明中国联通意识到了长期偿债能力的减弱,从 2013 年起,开始调整资本结构。

总体来说,该指标的保守比率是不超过 50%,国际公认的标准是不超过 60%。中国联通近 5 年来的资产负债率虽然超过了保守的 50%,但低于国际公认的 60%,而且从 2013 年起,呈下降趋势,说明资本结构逐渐在趋于合理。但上述结果表明,中国联通在短期偿债能力出现问题的前提下,长期偿债能力也出现了危机的苗头,应该予以关注。当然,要使此数据更具说服力,应将它与行业水平和公司经营背景结合起来分析。

2. 产权比率

产权比率,也称债务权益比率或净资产负债率,是企业某一时点的负债总额与所有者权益的比率,反映了债权人所提供资金与所有者提供资金的对比关系,反映了所有者权益对债务的保障程度,揭示了企业资本结构的合理程度以及资金成本的高低。

(1) 计算公式

$$产权比率 = \frac{负债总额}{股东权益} \times 100\%$$

(2) 评价标准

一般来说,产权比率越高,说明企业偿还长期债务的能力越弱;反之,产权比率越低,表明公司的长期偿债能力越强,债权人承担的风险越小。但过低的产权比率不能充分发挥负债的财务杠杆效应;反之,当产权比率过高时,表明公司过度运用财务杠杆,从而增加了财务风险。因此,对产权比率的评价,要结合资产负债率等指标进行综合分析。

【例7.7】 根据中国联通资产负债表(表7.1)的资料,计算该公司产权比率的指标,计算结果如表7.8所示。

表7.8 中国联通产权比率计算表

单位:百万元

项目	2014年12月31日	2013年12月31日	2012年12月31日	2011年12月31日	2010年12月31日
负债合计	316 797	309 738	306 123	249 913	235 286
股东权益合计	230 328	221 626	212 234	208 611	208 180
产权比率	137.54%	139.76%	144.24%	119.80%	113.02%

由表7.8可知,中国联通2010—2012年的产权比率呈逐年增加趋势,分别为113.02%、119.80%、144.24%,表明该公司财务结构风险进一步提高,股东权益对偿债风险的承受能力减弱,对债务的保障程度降低,公司的长期偿债能力降低。2012—2014年略有下降,分别为144.24%、139.76%和137.54%,但比率仍然很高。结合中国联通的资产负债率指标进行分析,中国联通的产权比率过高,所有者权益对债务的保障程度很弱,表明中国联通需要进一步调整资本结构,关注资金成本的高低,降低长期偿债能力的风险。

当然,对于产权比率过高的问题,需要考虑无形资产等因素,进行进一步分析。

3. 有形净值债务率

有形净值债务率,是公司负债总额与有形资产净值的百分比。其中,有形净值是股东权益减去无形资产后的净值。

(1)计算公式

$$有形净值债务率 = \frac{负债总额}{股东权益 - 无形资产} \times 100\%$$

(2)评价标准

一般来说,该比率越低,保障程度越高,公司有效偿债能力越强;反之,公司有效偿债能力越弱。运用该指标更能反映债权人利益的保障程度,尤其是在公司面临清算或陷入财务危机等特殊情况下,进一步考察有形资产与负债的比例关系,更能准确地反映公司的有效偿债能力。因为无形资产的价值有很大的不确定性,一般不能用于偿债。

有形净值债务率的指标评价标准,即负债总额与有形资产净值应维持1∶1。

【例7.8】 根据中国联通资产负债表(表7.1)的资料,计算该公司有形净值债务率的指标,计算结果如表7.9所示。

表7.9 中国联通有形净值债务率计算表

单位:百万元

项目	2014年12月31日	2013年12月31日	2012年12月31日	2011年12月31日	2010年12月31日
负债合计	316 797	309 738	306 123	249 913	235 286

续 表

项目	2014年12月31日	2013年12月31日	2012年12月31日	2011年12月31日	2010年12月31日
股东权益合计	230 328	221 626	212 234	208 611	208 180
无形资产	25 717	23 823	21 362	20 740	19 870
有形净值债务率	154.83%	156.59%	160.38%	133.02%	124.95%

由表7.9可知，中国联通2010—2012年的有形净值债务率呈逐年上升趋势，分别为124.95%、133.02%、160.38%，说明中国联通的长期偿债能力逐年减弱，公司财务风险增加，债权人利益的受保护程度逐年下降；2012—2014年则呈逐年下降趋势，分别为160.38%、156.59%和154.83%，说明中国联通意识到了财务风险，在逐步调整资本结构，但仍然超过100%，表明中国联通还需要时间进一步调整资本结构，降低财务风险，保障债权人的利益。

4. 权益乘数

权益乘数也称权益总资产率，是指企业某一时点的资产总额相当于所有者权益的倍数，是股东权益比率的倒数，即公司的资产总额是股东权益的多少倍。

(1) 计算公式

$$权益乘数 = \frac{资产总额}{股东权益} = \frac{1}{1-资产负债率}$$

(2) 评价标准

权益乘数越小，表明所有者的投入资本占全部资产的比重越大，企业负债程度越低，债权人的权益受到保障的程度就越高。通常情况下，权益乘数应当大于1。

该指标表明公司的股东权益支撑着多大规模的投资，是常用的财务杠杆计量的方法。由于权益乘数与所有者权益比率互为倒数，因此二者是此消彼长的关系。该乘数越大，说明公司对负债经营利用得越充分，财务风险越大，债权人受保护的程度越低。

【例7.9】 根据中国联通资产负债表(表7.1)的资料，计算该公司权益乘数的指标，计算结果如表7.10所示。

表7.10 中国联通权益乘数计算表

单位：百万元

项目	2014年12月31日	2013年12月31日	2012年12月31日	2011年12月31日	2010年12月31日
资产总计	547 125	531 364	518 357	458 524	443 466
股东权益合计	230 328	221 626	212 234	208 611	208 180
权益乘数	2.38	2.40	2.44	2.20	2.13

由表7.10可知，中国联通2010—2012年的权益乘数呈逐年上升趋势，分别为2.13、2.20和2.44；2012—2014年则呈逐年下降趋势，分别为2.44、2.40和2.38，但总体来说，中国联通近5年的权益乘数均大于1，表明所有者的投入资本占全部资产的比重较小，企业负债程度越高，债权人的权益受到保障的程度越低。

5. 已获利息倍数

已获利息倍数也称利息保障倍数，是企业当期的息税前利润总额相当于利息支出的倍数。

它反映了企业以当期经营所得利润偿还债务利息的能力。它是利用利润表有关资料来分析企业长期偿债能力的指标。

(1) 计算公式

$$已获利息倍数 = \frac{利润总额 + 利息支出}{利息支出}$$

公式中的分子"利润总额＋利息支出",是指包括债务利息与所得税的正常业务经营利润,不包括非正常项目利润。分母"利息支出"不仅包括财务费用中的利息,还包括资本化的利息。

(2) 评价标准

该指标是用以衡量偿付债务利息的能力,比值越高,长期偿债能力越强。该指标的值应当大于1。

当该指标大于1时,说明企业在经营活动中所获得的收益偿还利息的能力较强,但是对于企业和所有者来说,很高的利息保障倍数不是由高利润带来的,说明企业的财务杠杆程度很低,未能充分利用举债经营的优势。如果低于1,说明企业实现的经营成果不足以支付当期利息费用,这意味着企业付息能力非常低、财务风险非常高,需要引起高度重视。

三、影响偿债能力的因素分析

在考察企业的偿债能力时需要关注以下一些因素。

(1) 银行的限制性条款,包括授信额度和补偿性余额。授信额度能够增强企业的流动性和短期偿债能力,因为这种条款赋予了企业在需要资金时随时可以从银行获取借款的权利;而补偿性余额则是对企业动用资金能力的限制,实际上减弱了企业资金的流动性,因而在考察企业偿债能力时应将补偿性余额部分排除在流动资产之外。

(2) 资产的变现能力,包括准备很快变现的长期资产。由于不同的企业所处行业的不同以及其自身的特点,会拥有不同的资产结构。资产结构不同,企业的偿债能力也会不同。短期可变现资产在总资产中所占的比重越高,企业的偿债能力越强;长期资产在总资产中所占的比重越高,企业的偿债能力相对越弱。因此,在进行企业长期偿债能力的分析时,一定要考虑资产变现能力的影响。另外,由于企业转变经营范围等特殊原因,企业有可能在近期内出售一些长期资产,这无疑将增强企业的流动性和短期偿债能力。

(3) 企业的或有负债,包括担保责任和未决诉讼。或有负债是指过去的交易或事项形成的潜在义务,需通过未来不确定事项的发生或不发生予以证实。

担保责任是指企业可能会以本企业的资产为其他企业提供法律担保,但是这种担保责任在会计报表中并未得到反映,但这种担保存在着潜在的长期负债,企业在考虑是否会有巨额的法律担保责任,在考虑偿债能力时要考虑这一因素。未决诉讼同样是或有负债,在资产负债表编制日不能确定未来的结果如何,一旦成为企业现实的负债,则会对企业的财务状况产生重大影响,尤其是金额巨大的未决诉讼项目,在进行企业偿债能力分析时也要考虑这一因素。

(4) 企业的重大投资项目。由于投资金额巨大,且影响深远,因此重大投资项目的成败会对企业的长期偿债能力产生影响,当然,项目的成功也会给企业带来长远而潜在的利益和竞争优势。

第三节 资产负债表营运能力分析

营运能力是指企业基于外部市场环境的约束,通过内部资源的配置组合而对财务目标所产生的作用的大小。

资产运营状况直接关系到资本增值的程度。资产运营效率越高,获利能力就越强;资本增值就越快。反之,资产运营效率越低,获利能力就弱,资本增值就越慢。在全部资产中,流动资产特别是其中的应收账款和存货两项,不仅流动性较强,而且最能体现企业的经营能力与管理效率。

营运能力分析包括流动资产营运能力分析、固定资产营运能力分析和总资产营运能力分析。其中流动资产营运能力分析包括:应收账款周转率、存货周转率和流动资产周转率。

一、流动资产营运能力分析

1. 应收账款周转率

应收账款周转率是指企业一定时期赊销收入净额与应收账款平均余额的比率,用以反映应收账款的收款速度。

(1) 计算公式

$$应收账款周转率 = \frac{营业收入}{应收账款平均余额}$$

式中,

$$应收账款平均余额 = \frac{期初应收账款 + 期末应收账款}{2}$$

另一个反映应收账款周转速度的指标是应收账款周转天数,也称应收账款账龄或应收账款平均收账期,是指自产品销售出去开始至应收账款收回为止所用的天数。其计算公式如下

$$应收账款周转天数 = \frac{360}{应收账款周转次数}$$

(2) 评价标准

该指标越大越好,说明应收账款周转速度很快,资金的使用效益较高;如果应收账款的周转速度减慢,表明企业应收账款风险程度提高,资金的使用效益降低。

【例 7.10】 根据中国联通资产负债表(表 7.1)的资料以及利润表的资料,计算该公司应收账款周转率的指标,计算结果如表 7.11 所示。

表 7.11 中国联通应收账款周转率计算表

单位:百万元

项目	2014 年 12 月 31 日	2013 年 12 月 31 日	2012 年 12 月 31 日	2011 年 12 月 31 日	2010 年 12 月 31 日
一、营业收入①	288 571	303 727	256 265	215 519	176 168
应收账款期初余额②	15 312	14 300	12 439	10 408	9 871
应收账款期末余额③	16 632	15 312	14 300	12 439	10 408
应收账款平均余额 ④=(②+③)÷2	15 972	14 806	13 370	11 424	10 139
应收账款周转率 ⑤=①÷④	18.07	20.51	19.17	18.87	17.37
应收账款周转天数 ⑥=360÷⑤	20	18	19	19	21

注:①"营业收入"为中国联通合并利润表中的数据,见表 8.1,本章不予列出。

②2010 年"应收账款期初余额"为 2009 年度应收账款期末余额,见附录一,第 197 页表中数据。

根据表7.11可知,中国联通2010—2014年的应收账款周转率分别为17.37、18.87、19.17、20.51和18.07,周转一次分别为21天、19天、19天、18天和20天,说明中国联通5年来的应收账款变现的速度变化不大,没有大幅波动的异常现象。但是,也应该看到2014年,应收账款周转率在下降,应收账款周转天数在增加,说明公司资金被外单位占用的时间增加,管理工作的效率下降,导致公司营运能力下降,应收账款风险程度提高,资金的使用效益降低。而2013年度的应收账款周转率相对于前3年,出现了加速,说明公司的变现速度开始加快,应收账款的管理效率提高,公司的营运能力增强。

当然,要使此数据更具说服力,应将它与行业水平和公司经营背景结合起来分析。

2. 存货周转率

存货周转率是指一定时期内企业营业成本与存货平均余额的比率。它是衡量企业销售能力和存货管理水平的指标。

(1) 计算公式

$$存货周转率 = \frac{营业成本}{存货平均余额}$$

式中,

$$存货平均余额 = \frac{期初存货 + 期末存货}{2}$$

另一个反映存货周转速度的指标是存货周转天数,其计算公式如下

$$存货周转天数 = \frac{360}{存货周转次数}$$

(2) 评价标准

该指标越大越好,说明存货周转速度很快,没有存货积压,存货的库存量及其他管理效率高;如果存货的周转率速度减慢,还应结合其他相关资料对存货的占用规模是否适度、结构是否合理等作进一步分析。

【例7.11】 根据中国联通资产负债表(表7.1)的资料以及利润表的资料,计算该公司存货周转率的指标,计算结果如表7.12所示。

表7.12 中国联通存货周转率计算表

单位:百万元

项目	2014年 12月31日	2013年 12月31日	2012年 12月31日	2011年 12月31日	2010年 12月31日
营业成本①	199 937	211 657	179 108	154 414	123 735
存货期初余额②	5 536	5 803	4 651	3 728	2 412
存货期末余额③	4 378	5 536	5 803	4 651	3 728
存货平均余额 ④=(②+③)÷2	4 957	5 670	5 227	4 190	3 070
存货周转率⑤=①÷④	40.33	37.33	34.26	36.85	40.30
存货周转天数⑥=360/⑤	9	10	11	10	9

注:①"营业成本"为中国联通合并利润表中的数据,见表8.1,本章不予列出。

②2010年"存货期初余额"为2009年度的存货期末余额,见附录一,第197页表中数据。

根据表7.12可知,中国联通2010—2014年的存货周转率分别为40.30、36.85、34.26、

37.33 和 40.33，周转一次分别为 9 天、10 天、11 天、10 天和 9 天。从历年数据看，2012 年的存货变现速度最低，运营效率最低，存货的管理业绩下降，公司营运能力最低；2014 年存货变现速度最快，运营效率最高，存货的管理业绩上升，公司营运能力增强。另外，从对比角度看，中国联通的存货周转率远远大于应收账款的周转率，说明存货的周转速度很快，资金的使用效益较高。当然，如果需要更准确地分析存货周转率，需要跟同行业的数据进一步作比较分析。

3. 流动资产周转率

流动资产周转率，又称流动资产周转次数，是指企业一定时期的营业收入与流动资产平均余额的比率，它是反映全部流动资产周转速度和利用效率的指标，即公司流动资产在一定时期内（通常为一年）周转的次数。

（1）计算公式

$$流动资产周转率 = \frac{营业收入}{流动资产平均余额}$$

式中，

$$流动资产平均余额 = \frac{期初流动资产 + 期末流动资产}{2}$$

另一个反映流动资产周转速度的指标是流动资产周转天数，其计算公式如下

$$流动资产周转天数 = \frac{360}{流动资产周转次数}$$

（2）评价标准

在正常经营的情况下，流动资产周转速度越快，流动资产周转期越短，表明流动资产利用效果越好，公司的经营效率越高；反之，则表明公司利用流动资产进行经营活动的能力差，效率低。

因为流动资产周转速度越快，以相同的流动资产完成的周转额越多，从而相对节约了流动资金，等于相对扩大了资产投入，增强了企业的盈利能力和偿债能力。对流动资产周转率和流动资产周转期进行分析时，可以进行横向和纵向的比较。横向可通过与同行业平均水平或竞争对手的比较，洞悉企业的流动资产周转速度在整个行业中的水平，与竞争对手相比是快还是慢。纵向可以通过与企业以往各期流动资产周转率和流动资产周转期的比较，从中发现企业流动资产周转速度的变动态势，内部分析则应进一步查找原因，及时找出对策。

【例 7.12】 根据中国联通资产负债表（表 7.1）的资料以及利润表的资料，计算该公司流动资产周转率的指标，计算结果如表 7.13 所示。

表 7.13 中国联通流动资产周转率计算表

单位：百万元

项目	2014 年 12 月 31 日	2013 年 12 月 31 日	2012 年 12 月 31 日	2011 年 12 月 31 日	2010 年 12 月 31 日
一、营业收入①	288 571	303 727	256 265	215 519	176 168
流动资产期初余额②	52 333	48 240	38 872	42 293	30 723
流动资产期末余额③	56 621	52 333	48 240	38 872	42 293
流动资产平均余额 ④=(②+③)÷2	54 477	50 286	43 556	40 583	36 508
流动资产周转率 ⑤=①÷④	5.30	6.04	5.88	5.31	4.83

续 表

项目	2014年 12月31日	2013年 12月31日	2012年 12月31日	2011年 12月31日	2010年 12月31日
流动资产周转天数 ⑥=360/⑤	68	60	61	68	75

注：①"营业收入"为中国联通合并利润表中的数据，见表8.1，本章不予列出。
②2010年"流动资产期初余额"为2009年度的流动资产期末余额，见附录一，第197页表中数据。

根据表7.13可知，中国联通2010—2014年的流动资产周转率分别为4.83、5.31、5.88、6.04和5.30，周转一次分别为75天、68天、61天、60天和68天。从历年数据看，2010年的流动资产的变现速度最低，运营效率最低，公司流动资产的经营利用效果最弱，进而使公司的偿债能力和盈利能力有所降低。2012年流动资产变现速度最快，运营效率最高，流动资产的管理业绩上升，公司营运能力增强。2014年相比前两年，流动资产的变现速度降低，中国联通应查找原因，抑制变慢势头。当然，如果需要更准确地分析流动资产周转率，还需要跟同行业的数据进一步作比较分析。

二、固定资产营运能力分析

固定资产周转率是指公司一定时期的营业收入与固定资产平均净值的比率，它是反映公司固定资产运用状况、衡量固定资产利用效果的指标。

（1）计算公式

$$固定资产周转率=\frac{营业收入}{固定资产平均余额}$$

式中，

$$固定资产平均余额=\frac{期初固定资产+期末固定资产}{2}$$

另一个反映固定资产周转速度的指标是固定资产周转天数，其计算公式如下

$$固定资产周转天数=\frac{360}{固定资产周转次数}$$

（2）评价标准

一般而言，固定资产周转率越高，说明公司的固定资产利用越充分，固定资产投资越得当，固定资产结构分布越合理，也就是说固定资产的运用效率越高，公司的经营活动越有效；反之，则表明固定资产的运用效率不高，提供的生产经营成果不多，公司的营运能力较差。固定资产周转率指标没有绝对的判断标准，一般通过与企业原来的水平相比较加以考察。

【例7.13】 根据中国联通资产负债表（表7.1）的资料以及利润表的资料，计算该公司固定资产周转率的指标，计算结果如表7.14所示。

表7.14 中国联通固定资产周转率计算表

单位：百万元

项目	2014年 12月31日	2013年 12月31日	2012年 12月31日	2011年 12月31日	2010年 12月31日
一、营业收入①	288 571	303 727	256 265	215 519	176 168
固定资产期初余额②	370 674	367 281	325 436	304 423	285 035

续表

项目	2014年12月31日	2013年12月31日	2012年12月31日	2011年12月31日	2010年12月31日
固定资产期末余额③	377 765	370 674	367 281	325 436	304 423
固定资产平均余额 ④=(②+③)÷2	374 220	368 978	346 359	314 929	294 729
固定资产周转率 ⑤=①÷④	0.77	0.82	0.74	0.68	0.60
固定资产周转天数 ⑥=360/⑤	467	437	487	526	602

注：①"营业收入"为中国联通合并利润表中的数据，见表8.1，本章不予列出。
②2010年"固定资产期初余额"为2009年度的固定资产期末余额，见附录一，第197页表中数据。

根据表7.14可知，中国联通2010—2014年的固定资产周转率分别为0.60、0.68、0.74、0.82和0.77，周转一次分别为602天、526天、487天、437天和467天。总体看来，中国联通固定资产的使用效率变化不大，从2010年至2013年，一直呈上升趋势，说明公司固定资产投资得当，固定资产利用相对充分，提供的生产经营成果越来越多，基本能够发挥固定资产的效用，对增强公司的营运能力起到一定的作用。而2014年相对于2013年有所降低，表明公司以相同的固定资产完成的周转额降低，公司固定资产的运用效率下降，提供的生产经营成果减少，公司的营运能力降低，中国联通应关注发展的趋势。当然，如果需要更准确地分析固定资产周转率，还需要跟同行业的数据进一步作比较分析。

三、总资产营运能力分析

总资产周转率也称总资产利用率，是企业一定时期的营业收入与总资产平均余额的比率，反映企业的总资产在一定时期内创造了多少营业收入，反映总资产的利用效率。

（1）计算公式

$$总资产周转率 = \frac{营业收入}{总资产平均余额}$$

式中，

$$总资产平均余额 = \frac{期初总资产 + 期末总资产}{2}$$

另一个反映流动资产周转速度的指标是流动资产周转天数，其计算公式如下

$$总资产周转天数 = \frac{360}{总资产周转次数}$$

（2）评价标准

一般来说，总资产周转率越高，总资产周转期越短，表明企业总资产周转速度越快，说明公司全部资产经营利用的效果越好，公司的经营效率越高，进而使公司的偿债能力和盈利能力得到增强。反之，则表明企业利用全部资产进行经营活动的能力差，效率低，最终还将影响公司的盈利能力。

如果总资产周转率长期处于较低的水平，公司应采取适当措施提高各项资产的利用程度，对那些多余的使用受限的资产及时进行处理，加快资产周转速度。另外，对该指标可以进行趋势分析，不但能够反映出企业本年度以及以前年度总资产的运营效率及其变化，而且能够发现

企业与同类企业在资金利用上的差距,促进企业提高资金利用率。

【例 7.14】 根据中国联通资产负债表(表 7.1)的资料以及利润表的资料,计算该公司总资产周转率的指标,计算结果如表 7.15 所示。

表 7.15 中国联通总资产周转率计算表

单位:百万元

项目	2014 年 12 月 31 日	2013 年 12 月 31 日	2012 年 12 月 31 日	2011 年 12 月 31 日	2010 年 12 月 31 日
一、营业收入①	288 571	303 727	256 265	215 519	176 168
总资产期初余额②	531 364	518 357	458 524	443 466	419 232
总资产期末余额③	547 125	531 364	518 357	458 524	443 466
总资产平均余额 ④=(②+③)÷2	539 245	524 861	488 441	450 995	431 349
总资产周转率 ⑤=①÷④	0.54	0.58	0.52	0.48	0.41
总资产周转天数 ⑥=360/⑤	673	622	686	753	881

注:①"营业收入"为中国联通合并利润表中的数据,见表 8.1,本章不予列出。
②2010 年"总资产期初余额"为 2009 年度的资产期末余额,见附录一,第 197 页表中数据。

根据表 7.15 可知,中国联通 2010—2014 年的总资产周转率分别为 0.41、0.48、0.52、0.58 和 0.54,周转一次分别为 881 天、753 天、686 天、622 天和 673 天。总体看来,中国联通总资产的使用效率变化不大,从 2010 年至 2013 年,一直呈上升趋势,说明公司总资产周转速度逐渐加快,公司的全部资产经营利用效果增强,从而增强了公司的营运能力。2014 年相对于 2013 年虽然有所降低,但变化不大。当然,为了客观评价公司资产的运用效率状况,还需要与同行业进行比较分析,以掌握公司在同行业中的发展状况。

第八章 利润表分析

知识体系框架

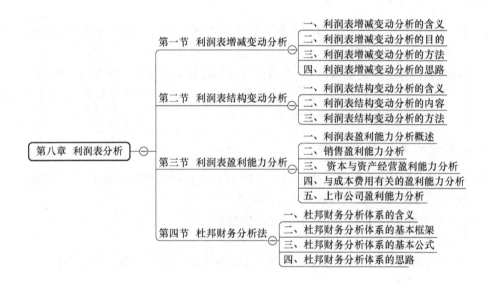

学习目标

本章主要讲授如何进行利润表分析,从哪些方面进行利润表分析,运用哪些分析方法,需要计算哪些比率和指标。通过本章的学习需要达到以下教学目标:

1. 利润表增减变动分析方法(理解和掌握);
2. 利润表结构变动分析方法(理解和掌握);
3. 利润表盈利能力分析(掌握和运用);
4. 杜邦财务分析法(熟练掌握)。

利润表分析,和资产负债表分析一样,是财务报表分析中最基本和最重要的一部分。面对一张反映企业财务成果的利润表,如何从中分析企业盈利的现状,如何分析盈利的原因,如何发现企业存在的财务风险,如何发掘企业的盈利空间?

本章就从回答上述问题入手,逐步讲授利润表分析的相关理论知识,并运用实例阐述如何分析利润表。

第一节 利润表增减变动分析

分析利润表,要了解利润表各年度各项目的增减变动情况,从变动的情况中分析异常变动,或者分析盈利或者亏损的原因和差距,以便进一步巩固现有的成果,避免已经存在或者可能发生的过大的开支和费用。

一、利润增减变动分析的含义

利润增减变动情况分析亦称利润表水平分析,就是将利润表的实际数与对比标准或基数进行比较,以揭示利润变动差异的分析方法。

二、利润增减变动分析的目的

利润表水平分析的目的在于揭示利润额的差异及产生原因。由于利润对比标准或基数不同,其分析目的或作用也不同。

当以利润表预算为对比基数时,分析的目的在于评价利润预算完成情况,揭示影响利润预算完成情况的原因;当以上年利润表为对比基数时,分析的目的在于评价利润增减变动情况,揭示本年利润与上年对比产生差异的原因。

三、利润表增减变动分析的方法

利润表增减变动分析,主要是通过编制利润表水平分析表的方法进行的。利润表水平分析表的编制一般采用增减变动额和增减变动率两种方式。

首先,收集利润表的年初和年末的报表各项数据;

其次,计算增减额;

$$增减额＝本期利润表各报表项目金额－上期利润表各报表项目金额$$

第三,计算增减率。

$$增减率＝增减额÷上期利润表各报表项目金额$$

四、利润表增减变动分析的思路

利润表水平变动情况的分析评价主要按照以下思路进行。

1. 净利润分析

净利润是企业所有者最终取得的财务成果,或可供所有者分配或使用的财务成果。

2. 利润总额分析

利润总额是反映企业全部财务成果的指标。它不仅反映企业的营业利润,而且反映企业的营业外收支情况。

3. 营业利润分析

营业利润是指企业的营业收入与营业成本、营业税费、期间费用、资产减值损失、资产变动净收益的差额。它既包括企业的主营业务利润和其他业务利润,又包括企业公允价值变动净收益和对外投资净收益,它反映了企业自身生产经营业务的财务成果。

【例 8.1】 以中国联通为例,说明利润表水平分析法的编制与分析。中国联通 2010—2014 年的利润表的数据,如表 8.1 所示。

表 8.1　中国联通合并利润表

单位:百万元

项目	2014 年度 合并	2013 年度 合并	2012 年度 合并	2011 年度 合并	2010 年度 合并
一、营业收入	288 571	303 727	256 265	215 519	176 168
减:营业成本	−199 937	−211 657	−179 108	−154 414	−123 735
营业税金及附加	−4 721	−8 689	−7 339	−6 352	−4 871
销售费用	−40 193	−42 991	−35 037	−28 751	−23 733
管理费用	−19 825	−20 373	−20 491	−18 200	−16 113
财务费用(加:收入)	−4 333	−2 949	−3 417	−1 243	−1 625
资产减值损失	−4 024	−4 348	−3 294	−2 771	−2 664
加:公允价值变动收益	−7	0	0	0	
投资收益	363	198	417	866	485
二、营业利润	15 893	12 917	7 996	4 654	3 914
加:营业外收入	1 529	1 439	2 053	1 874	1 060
减:营业外支出	−1 586	−680	−505	−865	−327
三、利润总额	15 836	13 677	9 544	5 664	4 647
减:所得税费用	−3 869	−3 384	−2 519	−1 476	−975
四、净利润	11 968	10 292	7 025	4 188	3 671
归属于母公司普通股股东净利润	3 982	3 443	2 368	1 412	1 228
少数股东损益	7 986	6 850	4 657	2 776	2 444
五、同一控制下企业合并中被合并方在合并前实现的净利润	0	0	0	9	0
六、每股收益(归属于母公司普通股股东)	0	0	0	0	0
基本每股收益	0	0	0	0	0
稀释每股收益	0	0	0	0	0
七、其他综合收益	−479	670	−1 149	−1 990	−1 335
八、综合收益总额	11 489	10 963	5 877	2 197	2 336
归属于母公司普通股股东综合收益总额	3 822	3 668	1 979	738	775
归属于少数股东的综合收益总额	7 667	7 295	3 898	1 460	1 561

根据表 8.1,选取中国联通 2013 年度和 2014 年度的数据,编制利润表水平分析表 8.2。

编制方法:

首先,计算 2014 年度与 2013 年度相比的增减额;

增减额＝2014 年度利润表各报表项目金额－2013 年度利润表各报表项目金额

第二,计算 2014 年度与 2013 年度相比的增减率。

增减率＝增减额÷2013年度利润表各报表项目金额

按照上述方法计算出来后,将结果填列在利润表的水平分析表中,编制完成的结果如表8.2所示。

表8.2 中国联通合并利润表水平分析表

单位:百万元

项目	2014年度	2013年度	增减额	增减率
	①	②	③＝①－②	④＝③÷②
一、营业收入	288 571	303 727	－15 156	(0.05)
减:营业成本	－199 937	－211 657	11 720	(0.06)
营业税金及附加	－4 721	－8 689	3 968	(0.46)
销售费用	－40 193	－42 991	2 798	(0.07)
管理费用	－19 825	－20 373	548	(0.03)
财务费用(加:收入)	－4 333	－2 949	－1 384	0.47
资产减值损失	－4 024	－4 348	324	(0.07)
加:公允价值变动收益	－7	0	－7	
投资收益	363	198	165	0.84
二、营业利润	15 893	12 917	2 976	0.23
加:营业外收入	1 529	1 439	90	0.06
减:营业外支出	－1 586	－680	－906	1.33
三、利润总额	15 836	13 677	2 159	0.16
减:所得税费用	－3 869	－3 384	－485	0.14
四、净利润	11 968	10 292	1 676	0.16
归属于母公司普通股股东净利润	3 982	3 443	539	0.16
少数股东损益	7 986	6 850	1 136	0.17
五、同一控制下企业合并中被合并方在合并前实现的净利润	0	0	0	
六、每股收益(归属于母公司普通股股东)	0	0	0	
基本每股收益	0	0	0	0.16
稀释每股收益	0	0	0	0.16
七、其他综合收益	－479	670	－1 149	(1.71)
八、综合收益总额	11 489	10 963	526	0.05
归属于母公司普通股股东综合收益总额	3 822	3 668	154	0.04
归属于少数股东的综合收益总额	7 667	7 295	372	0.05

根据表8.2,可作如下分析。

1. 净利润分析

净利润是企业经营的最终成果,是衡量一个企业经营效益的主要指标。净利润多,企业的经营效益就好;净利润少,企业的经营效益就差。

中国联通在 2014 年实现净利润 11 968 百万元,比 2013 年增长了 1 676 百万元,增长率为 16%。净利润增长的主要原因是 2014 年利润总额比 2013 年增长了 2 159 百万元,增长率为 16%,同时 2014 年所得税也比 2013 年增长了 485 百万元,增长率为 14%。显然,对利润总额的增长还应作进一步的分析。

2. 利润总额分析

利润总额是企业在一定时期内经营活动的税前成果。

中国联通 2014 年实现利润总额 15 836 百万元,比 2013 年增长了 2 159 百万元,增幅为 16%。经分析,主要原因是企业的营业利润增长 2 976 百万元,增幅达 23%。另外,2014 年营业外收入较 2013 年增加了 90 百万元,增幅 6%,2014 年营业外支出较 2013 年增加了 906 百万元,增幅 133%,两者的共同作用使利润总额增加 2 159 百万元。显然,营业利润增长是利润总额增长的主要原因,但是还要关注到营业外支出的异常增长,分析其原因,避免经营风险。

3. 营业利润分析

营业利润是企业在生产经营活动中实现的经营性利润。

中国联通在 2014 年实现营业利润 15 893 百万元,比 2013 年增加了 2 976 百万元,增幅达 23%。进一步进行分析可以看到,2014 年营业收入较 2013 年有较大幅度的减少,减少了 15 156 百万元,减幅为 5%,但同时营业成本、营业税金及附加、销售费用、管理费用、资产减值损失等项均有一定程度的减少,尤其是营业税金及附加减少了 3 968 万元,减幅为 46%,也就是说,上述成本费用的减少大于营业收入的减少,使得 2014 年的营业利润比 2013 年增长了 23%。中国联通还应关注到财务费用的变动情况,2014 年比 2013 年财务费用增加了 1 384 百万元,增幅达 47%,可能是中国联通的债务筹资到了应该偿付利息的时候,使得财务费用增加,因此需要进一步关注各项债务筹资的时间和利息情况,提前做好现金流的准备,避免出现财务风险。

第二节　利润表结构变动分析

企业的盈利结构是指构成企业利润的各种不同性质的盈利搭配比例。利润表是反映企业一定期间内的财务成果的报表,分析利润表,就要进行利润表的结构分析,分析企业的利润有哪些盈利项目组成,不同的盈利项目对企业盈利的不同影响。

一、利润表结构变动分析的含义

利润表的结构变动情况分析亦称利润表垂直分析,是通过计算利润表中各项目占营业收入的比重或结构,反映利润表中的项目与营业收入关系情况及其变动情况,分析说明财务成果的结构及其增减变动的合理程度。

利润表垂直分析,既可从静态角度分析评价实际(报告期)利润构成状况,也可从动态角度将实际利润构成与标准或基期利润构成进行对比分析评价;对于标准与基期利润构成,既可用预算数,也可用上期数,还可用同行业可比企业数。不同的比较标准将实现不同的分析评价目的。

二、利润表结构变动分析的内容

利润表的结构变动分析,主要是对企业盈利结构的分析。

盈利结构分析包括收支结构分析和盈利结构分析。

1. 盈利结构的含义

企业的盈利结构是指构成企业利润的各种不同性质的盈利有机搭配比例。通过对企业盈利结构的分析,不仅要认识不同的盈利项目对企业盈利能力影响的性质,而且要掌握它们各自的影响程度。从质的方面来理解,表现为企业的利润是由什么样的盈利项目组成的,不同的盈利项目对企业盈利能力的评价有不同的作用和影响。从量的方面来理解,表现为不同的盈利占总利润的比重,不同的盈利比重对企业盈利能力的作用和影响程度也不相同。

2. 收支结构的含义

企业的收支结构有两个层次的含义:第一是企业的总利润是怎样通过收支来形成的;第二是企业的收入和支出是由哪些不同的收入和支出项目构成的。

收支结构分析的起点就是了解企业在一定时期内的总收入是多少,总支出是多少,总收入减去总支出后总利润是多少。通过收支结构分析可以判明企业盈利形成的收支成因,能够揭示出企业的支出占收入的比重,从整体上说明企业的收支水平。

收支结构的第二层分析就是要揭示各个具体的收入项目或支出项目占总收入或总支出的比重。企业的收入是按取得收入的业务不同来划分的,分为主营业务收入、其他业务收入、投资收益、营业外收入和补贴收入。由于不同的业务在企业经营中的作用不同,对企业生存和发展的影响程度也不一样,所以不同的业务取得的收入对企业盈利的影响不同。

将不同性质的收入和支出按业务加以配比,可计算出各相应业务的利润。企业利润主要由主营业务利润、其他业务利润、投资收益和营业外收支差额构成。

主营业务利润是企业利润的主要来源,主营业务利润分析是分析盈利能力的关键。企业的盈利能力不仅包含企业现在及未来能达到的盈利水平,而且包含企业盈利的稳定性和持续性。企业投入大量的资金都是为企业的主营业务做准备,主营业务是否经营得好是企业能否生存和发展的关键。

其他业务利润是企业经营非主营业务的净收益(或亏损),投资收益是企业对外投资的净收益(或亏损),营业外收支差额是与企业经营无直接关系的营业外收入与营业外支出的差额。

三、利润表结构变动分析的方法

利润表结构变动分析,主要是通过编制利润表垂直分析表进行的。利润表垂直分析表的编制一般采用编制共同比利润表,计算各因素或各种财务成果在营业收入中所占的比重,即采用收支结构中的第二层分析,就是要计算各个具体的收入项目或支出项目占总收入或总支出的比重。

首先,收集利润表的年初和年末的报表各项数据;

其次,计算年初和年末所有项目占营业收入的百分比;

$$各项目所占百分比 = 本期利润表各报表项目金额 \div 本期营业收入$$

第三,计算变动幅度。

$$变动幅度 = 本年各项目占营业收入百分比 - 上年各项目占营业收入百分比$$

【例 8.2】 以中国联通为例,说明利润表垂直分析法的编制与分析。中国联通 2010—

2014 年的利润表的数据,如表 8.1 所示。

根据表 8.1,选取中国联通 2013 年度和 2014 年度的数据,编制利润表垂直分析表 8.3。

表 8.3 中国联通合并利润表垂直分析表

单位:百万元

项目	2014 年度 ①	2013 年度 ②	2014 年度占比 ③＝各项目/营业收入	2013 年度占比 ④＝各项目/营业收入	变动幅度 ⑤＝③－④
一、营业收入	288 571	303 727	1.00	1.00	
减:营业成本	－199 937	－211 657	(0.69)	(0.70)	0.01
营业税金及附加	－4 721	－8 689	(0.02)	(0.03)	0.01
销售费用	－40 193	－42 991	(0.14)	(0.14)	0.00
管理费用	－19 825	－20 373	(0.07)	(0.07)	(0.00)
财务费用(加:收入)	－4 333	－2 949	(0.02)	(0.01)	(0.01)
资产减值损失	－4 024	－4 348	(0.01)	(0.01)	0.00
加:公允价值变动收益	－7	0	(0.00)	0.00	(0.00)
投资收益	363	198	0.00	0.00	0.00
二、营业利润	15 893	12 917	0.06	0.04	0.01
加:营业外收入	1 529	1 439	0.01	0.00	0.00
减:营业外支出	－1 586	－680	(0.01)	(0.00)	(0.00)
三、利润总额	15 836	13 677	0.055	0.045	0.01
减:所得税费用	－3 869	－3 384	(0.01)	(0.01)	(0.00)
四、净利润	11 968	10 292	0.04	0.03	0.01
归属于母公司普通股股东净利润	3 982	3 443	0.01	0.01	0.00
少数股东损益	7 986	6 850	0.03	0.02	0.01
五、同一控制下企业合并中被合并方在合并前实现的净利润	0	0			0.00
六、每股收益(归属于母公司普通股股东)	0	0			0.00
基本每股收益	0	0			0.00
稀释每股收益	0	0			0.00
七、其他综合收益	－479	670	(0.00)	0.00	(0.00)
八、综合收益总额	11 489	10 963	0.04	0.04	0.00
归属于母公司普通股股东综合收益总额	3 822	3 668	0.01	0.01	0.00
归属于少数股东的综合收益总额	7 667	7 295	0.03	0.02	0.00

从表 8.3 中可以看出中国联通 2014 年度和 2013 年度财务成果的构成情况：2014 年度营业利润占营业收入的比重为 6%，比 2013 年度的 4% 增长了 2%；利润总额占营业收入的比重为 5.5%，比 2013 年度的 4.5% 增长了 1%；净利润占营业收入的比重为 4%，比 2013 年度的 3% 增长了 1%。由此可见，从企业利润的构成上看，盈利能力 2014 年度比 2013 年度有所提高。

从营业利润的内部结构变化看，2014 年度营业成本和营业税金及附加分别比 2013 年降低了 1%，说明企业在营业成本的控制方面取得了不错的成绩。虽然财务费用有所增加，增加了 1%，可能由于负债筹资使得利息费用增加，但充足的现金流为企业带来了更大的收益，因为公司的营业利润增加了 1%。另外需要说明的是，管理费用、销售费用和资产减值损失占营业收入的比重，2014 年与 2013 年相同，说明公司在这几个方面的预算控制执行得不错，需要继续保持。

综上所述，中国联通净利润的增加源于利润总额的增加，利润总额的增加主要源于营业利润的增加，营业利润的增加主要源于营业成本和营业税金及附加的降低，说明公司在成本控制方面取得了成效。

第三节　利润表盈利能力分析

盈利是企业生存和发展的物质基础，是企业的重要经营目标，企业的各利益相关者，包括所有者、债权人、政府部门以及企业的经营管理者都非常关心企业的盈利能力。因此，进行利润表分析，分析其盈利能力是一项重要的内容。

一、利润表盈利能力分析概述

1. 盈利能力分析的含义

盈利能力分析就是通过一定的分析方法，判断企业获取利润的能力，包括企业在一定会计期间内从事生产经营活动的盈利能力分析和企业在较长时期内稳定地获取较高利润的能力分析。

2. 盈利能力分析的内容

盈利能力分析是企业财务分析的核心，通过分析，可以发现企业在经营管理中存在的问题，有利于企业及时改善财务结构，提高企业营运及偿债能力，促进企业持续稳定地发展。盈利能力分析主要通过利润率分析来满足各方面对财务信息的需求。

盈利能力分析主要包括以下几方面。

(1) 销售盈利能力分析指标：营业毛利率、营业利润率、营业净利润等。

(2) 资本与资产经营盈利能力分析指标：每股收益、股利支付率、市盈率指标。

(3) 与成本费用有关的盈利能力分析指标：成本费用利润率、利息保障倍数等。

3. 盈利能力分析的目的

盈利是企业的重要经营目标，是企业生存和发展的物质基础，企业的所有者、债权人以及经营管理者都非常关心企业的盈利能力。盈利能力是指企业在一定时期内获取利润的能力，它是评价企业经营管理水平的重要依据。

盈利能力的大小是一个相对的概念，即利润相对于一定的资源投入、一定的收入而言：利润率越高，盈利能力越强；利润率越低，盈利能力越差。盈利能力分析是企业财务分析的重点，企业经营的好坏最终可以通过盈利能力表现出来,它也是企业利益相关单位了解企业、认识企业及企业内部改进经营管理的重要手段之一。

二、销售盈利能力分析

企业经营的目标是使利润最大化,只有盈利才能使企业更好地生存和发展。因此,销售盈利能力指标是财务报表使用者较为关注的能力指标,也是考核同一行业管理水平的重要依据。反映销售盈利能力的指标主要包括营业毛利率、营业利润率、营业净利率等。

1. 营业毛利率

(1) 含义

营业毛利率是指营业毛利与营业收入的比率;营业毛利是企业营业收入扣除营业成本与营业税金及附加后的差额,反映了企业在销售环节获利的效率。

(2) 计算公式

营业毛利率的计算公式为

$$营业毛利率 = 营业毛利 \div 营业收入净额$$

(3) 评价标准

通常,营业毛利率指标越高,企业的销售盈利能力就越强,其产品在市场上的竞争能力也越强。

【例 8.3】 根据中国联通利润表(表 8.1)的资料,计算该公司营业毛利率的指标,计算结果如表 8.4 所示。

表 8.4 中国联通营业毛利率计算表

单位:百万元

项目	2014 年度	2013 年度	2012 年度	2011 年度	2010 年度
营业收入①	288 571	303 727	256 265	215 519	176 168
营业成本②	199 937	211 657	179 108	154 414	123 735
营业税金及附加③	4 721	8 689	7 339	6 352	4 871
营业毛利④=①-②-③	83 913	83 381	69 818	54 753	47 563
营业毛利率⑤=④÷①	29.08%	27.45%	27.24%	25.41%	27.00%

从表 8.4 的营业毛利率可以看出,中国联通 2010—2014 年的营业毛利率分别为 27.00%、25.41%、27.24%、27.45% 和 29.08%。从这 5 年来看,2011 年度的营业毛利率最低,为25.41%,而 2014 年度为最高,为 29.08%,比最低的 2011 年度增长 3.67%,比上一年度即2013 年度增长 1.63%,说明中国联通 2014 年度的销售盈利能力增强,其产品在市场上的竞争能力增强。

2. 营业利润率

(1) 含义

营业利润率是企业营业利润与营业收入的比率,反映了企业成熟产品的销售盈利能力。

(2) 计算公式

营业利润率的计算公式为

$$营业利润率 = 营业利润 \div 营业收入净额$$

（3）评价标准

营业利润率是衡量企业创利能力高低的一个重要财务指标：该指标越高，表明企业营业能力越强，未来收益的发展前景越可观。

【例 8.4】 根据中国联通利润表（表 8.1）的资料，计算该公司营业利润率的指标，计算结果如表 8.5 所示。

表 8.5 中国联通营业利润率计算表

单位：百万元

项目	2014 年度	2013 年度	2012 年度	2011 年度	2010 年度
营业利润①	15 893	12 917	7 996	4 654	3 914
营业收入②	288 571	303 727	256 265	215 519	176 168
营业利润率 ③＝①÷②	5.51％	4.25％	3.12％	2.16％	2.22％

从表 8.5 的营业利润率可以看出，中国联通 2010—2014 年的营业利润率分别为 2.22％、2.16％、3.12％、4.25％和 5.51％。从这 5 年来看，2011 年度的营业利润率最低，为 2.16％，而 2014 年度为最高，为 5.51％，比最低的 2011 年度增长 3.35％，比上一年度即 2013 年度增长 1.26％，说明中国联通 2014 年度在营业毛利率增长的同时，营业利润率也随之增长，进一步说明中国联通的销售盈利能力和企业产品的市场竞争能力增强，未来收益的发展前景越来越可观。

3. 营业净利率

（1）含义

营业净利率是指企业净利润与营业收入的比率。

（2）计算公式

营业净利率的计算公式为

$$营业净利率＝净利润÷营业收入净额$$

（3）评价标准

通常，营业净利率指标越高，说明企业销售的盈利能力越强。但也并不是说营业净利率越高越好，因为除此之外还必须看企业的销售增长情况和净利润的变动情况。

【例 8.5】 根据中国联通利润表（表 8.1）的资料，计算该公司营业净利率的指标，计算结果如表 8.6 所示。

表 8.6 中国联通营业净利率计算表

单位：百万元

项目	2014 年度	2013 年度	2012 年度	2011 年度	2010 年度
净利润①	11 968	10 292	7 025	4 188	3 671
营业收入②	288 571	303 727	256 265	215 519	176 168
营业净利率 ③＝①÷②	4.15％	3.39％	2.74％	1.94％	2.08％

从表 8.6 的营业净利率可以看出,中国联通 2010—2014 年的营业净利率分别为 2.08%、1.94%、2.74%、3.39% 和 4.15%。从这 5 年来看,2011 年度的营业利润率最低,为 1.94%,而 2014 年度为最高,为 4.15%,比最低的 2011 年度增长 2.21%,比上一年度即 2013 年度增长 0.76%,说明中国联通 2014 年度在营业毛利率和营业利润率增长的同时,营业净利率也随之增长,进一步说明中国联通的销售盈利能力增强。

三、资本与资产经营盈利能力分析

对资本经营与资产经营盈利能力的分析,主要通过分析净资产收益率和总资产报酬率来进行。

1. 净资产收益率

(1) 含义

净资产收益率是企业净利润与平均净资产(平均股东权益)的比率,是反映投资者的资本获利能力的指标。

(2) 计算公式

净资产收益率的计算公式为

$$净资产收益率 = 净利润 \div 平均净资产$$

(3) 评价标准

这一比率越高,说明企业运用资本创造利润的效果越好;反之,则说明资本的利用效果较差。

【例 8.6】 根据中国联通利润表(表 8.1)和资产负债表(表 7.1)中的资料,计算该公司净资产收益率的指标,计算结果如表 8.7 所示。

表 8.7 中国联通净资产收益率计算表

单位:百万元

项目	2014 年度	2013 年度	2012 年度	2011 年度	2010 年度
净利润①	11 968	10 292	7 025	4 188	3 671
年初净资产②	221 626	212 234	208 611	208 180	208 845
年末净资产③	230 328	221 626	212 234	208 611	208 180
平均净资产④=(②+③)÷2	225 977	216 930	210 423	208 396	104 090
净资产收益率⑤=①÷④	5.30%	4.74%	3.34%	2.01%	3.53%

注:①"净利润"为中国联通合并利润表中的数据,见表 8.1,本章不予列出。
②2010 年"年初净资产(股东权益)"为 2009 年度净资产(股东权益)期末余额,见附录一,第 198 页表中数据。

从表 8.7 的净资产收益率可以看出,中国联通 2010—2014 年的净资产收益率分别为 3.53%、2.01%、3.34%、4.74% 和 5.30%。从这 5 年来看,2011 年度的净资产收益率最低,为 2.01%,而 2014 年度为最高,为 5.30%,比最低的 2011 年度增长 3.29%,比上一年度即 2013 年度增长 0.56%,说明中国联通运用资本创造利润的效果 2014 年最强,未来发展前景看好。

2. 总资产报酬率

(1) 含义

总资产报酬率主要用来衡量企业利用总资产获得利润的能力,它反映了企业总资产的利用效率。总资产报酬率反映了企业资金的利用效果,以较少的资金占用获得较高的利润回报,是企业管理者最期望出现的结果,即"所费"和"所得"的关系。

(2) 计算公式

总资产报酬率的计算公式为

$$总资产报酬率 = \frac{利润总额 + 利息支出}{平均总资产}$$

(3) 评价标准

在分析这一指标时,通常要结合同行业平均水平或先进水平,以及企业前期的水平进行对比分析,才能判断企业总资产报酬率的变动对企业的影响,从而了解企业总资产的利用效率,发现企业在经营管理中存在的问题。

总资产报酬率的高低验证了企业经营管理水平的高低,通过对总资产报酬率的分析,能够了解企业供、产、销各环节的工作效率和质量,有利于明确各有关部门的责任,发现问题,改正错误,从而调动各部门改善经营管理的积极性,提高经济效益。

【例 8.7】 根据中国联通利润表(表 8.1)和资产负债表(表 7.1)中的资料,计算该公司总资产报酬率的指标,计算结果如表 8.8 所示。

表 8.8 中国联通总资产报酬率计算表

单位:百万元

项目	2014 年度	2013 年度	2012 年度	2011 年度	2010 年度
净利润①	11 968	10 292	7 025	4 188	3 671
总资产期初余额②	531 364	518 357	458 524	443 466	419 232
总资产期末余额③	547 125	531 364	518 357	458 524	443 466
总资产平均余额④=(②+③)÷2	539 245	524 861	488 441	450 995	431 349
总资产报酬率⑤=①÷④	2.22%	1.96%	1.44%	0.93%	0.85%

注:①"净利润"为中国联通合并利润表中的数据,见表 8.1,本章不予列出。
②2010 年"总资产期初余额"为 2009 年度"总资产期末余额",见附录一,第 197 页表中数据。

从表 8.8 的总资产报酬率可以看出,中国联通 2010—2014 年的总资产报酬率分别为 0.85%、0.93%、1.44%、1.96% 和 2.22%。从这 5 年来看,2010 年度的总资产报酬率最低,为 0.85%,而 2014 年度为最高,为 2.22%,比最低的 2010 年度增长 1.37%,比上一年度即 2013 年度增长 0.26%,说明中国联通 2014 年的资产管理质量大幅提高,总资产的利用效率也大幅提高,说明中国联通在供、产、销各环节的工作效率和质量都得到了很好的保证。

四、与成本费用有关的盈利能力分析

一个企业获得利润的多少,是与企业耗费相联系的,考核企业的盈利能力,分析企业各项支出的效益,有必要计算与费用有关的盈利能力。体现与费用有关的盈利能力的指标主要有成本费用利润率和利息保障倍数等。

1. 成本费用利润率

(1) 含义

成本费用利润率是指企业的净利润与成本费用总额的比率。成本费用利润率反映企业所费与所得之间的关系,是从总耗费的角度考核获利情况的指标。

(2) 计算公式

成本费用利润率的计算公式为

$$成本费用利润率 = 净利润 \div 成本费用$$

公式中,成本费用包括主营业务成本、主营业务税金及附加、销售费用、管理费用、财务费用、投资损失、资产减值损失、营业外支出及所得税费用。

(3) 评价标准

对于一个企业,当获取的利润不变而成本费用越小时,或当成本费用不变,而利润越大时,其成本费用利润率越高。成本费用利润率越高,说明每百元耗费赚取的盈利越多,企业的盈利能力越强,企业效益越好。反之,利润不变而成本费用额增加,或成本费用额不变而利润额减少时,则成本费用利润率会下降,说明每百元总耗费的盈利能力降低,企业经济效益下滑。

【例8.8】 根据中国联通利润表(表8.1)中的资料,计算该公司成本费用利润率的指标,计算结果如表8.9所示。

表8.9 中国联通成本费用利润率计算表

单位:百万元

项目	2014年度	2013年度	2012年度	2011年度	2010年度
一、净利润①	11 968	10 292	7 025	4 188	3 671
二、成本费用					
营业成本	199 937	211 657	179 108	154 414	123 735
营业税金及附加	4 721	8 689	7 339	6 352	4 871
销售费用	40 193	42 991	35 037	28 751	23 733
管理费用	19 825	20 373	20 491	18 200	16 113
财务费用(加:收入)	4 333	2 949	3 417	1 243	1 625
资产减值损失	4 024	4 348	3 294	2 771	2 664
营业外支出	1 586	680	505	865	327
所得税费用	3 869	3 384	2 519	1 476	975
成本费用小计②	278 488	295 072	251 710	214 071	174 042
三、成本费用利润率③=①÷②	4.30%	3.49%	2.79%	1.96%	2.11%

从表8.9的成本费用利润率可以看出,中国联通2010—2014年的成本费用利润率分别为2.11%、1.96%、2.79%、3.49%和4.30%。从这5年来看,2011年度的成本费用利润率最低,为1.96%,而2014年度为最高,为4.30%,比最低的2011年度增长2.34%,比上一年度即2013年度增长0.81%,说明中国联通2014年每百元耗费赚取的盈利比2013年多0.81个百分点,企业的盈利能力在增强,企业的效益趋势越来越好。

2. 利息保障倍数

(1) 含义

利息保障倍数又称已获利息倍数,是指一个企业每期获得的收益与所支付的利息费用之间的倍数关系。

(2) 计算公式

已获利息倍数的计算公式为

$$已获利息倍数=\frac{(利润总额+利息支出)}{利息支出}$$

其中利息支出应包含债务费用和资本化利息。

(3) 评价标准

利息保障倍数指标可以用来衡量企业所获得的收益承担应支付利息费用的能力,既可以用来评价企业的盈利能力,也可借此分析企业的长期偿债能力,且比值越高,长期偿债能力越强。

该指标的值至少应当大于1。

【例8.9】 根据中国联通利润表(表8.1)中的资料,计算该公司已获利息倍数的指标,计算结果如表8.10所示。

表8.10 中国联通已获利息倍数计算表

单位:百万元

项目	2014年度	2013年度	2012年度	2011年度	2010年度
利润总额①	15 836	13 677	9 544	5 664	4 647
利息费用②	4 333	2 949	3 417	1 243	1 625
息税前利润③=①+②	11 503	10 727	6 128	4 421	3 022
已获利息倍数④=③÷②	2.65	3.64	1.79	3.56	1.86

注:"利息费用"为中国联通合并利润表表中"财务费用"的数据。

从表8.10的成本费用利润率可以看出,中国联通2010—2014年的已获利息倍数分别为1.86、3.56、1.79、3.64和2.65。从这5年来看,2012年度的已获利息倍数最低,为1.79,而2013年度为最高,为3.64,2014年度为2.65,比2013年度降低0.99,说明中国联通2014年可能由于举债规模扩大,导致长期偿债能力有所下降。

五、上市公司盈利能力分析

对上市公司的盈利能力的分析,主要是通过分析普通股每股收益、普通股每股股利、股利支付率以及市盈率等指标来进行的。

1. 普通股每股收益

(1) 含义

普通股每股收益是指普通股每股利润或每股盈余,即净利润与发行在外的普通股的股数的比值。

(2) 计算公式

普通股每股收益的计算公式为

$$普通股每股收益=\frac{净利润}{发行在外普通股股数}$$

(3) 评价标准

该指标值越高,表明每股股票所获得的利润就越多,股东的投资效益就越好,反之则越差。

2. 普通股每股股利

(1) 含义

普通股每股股利是指普通股股利总额与发行在外的普通股股数的比值。

(2) 计算公式

普通股每股股利的计算公式为

$$普通股每股股利 = \frac{普通股股利总额}{发行在外的普通股股数}$$

(3) 评价标准

每股股利的高低取决于上市公司盈利能力的强弱。同时,公司的股利分配政策和现金是否充沛也决定了每股股利的高低。

3. 股利支付率

(1) 含义

股利支付率也称股利发放率,是指普通股每股股利与普通股每股收益的比率,用于衡量普通股的每股收益中有多少用于支付股利。

(2) 计算公式

股利支付率的计算公式为

$$股利支付率 = \frac{普通股每股股利}{普通股每股收益}$$

(3) 评价标准

该比率越大,说明公司当期对股东发放的股利越多。股利支付率主要取决于公司的股利分配政策,其大小并不能表明企业的经济效益。企业的经营政策在很大程度上也影响着股利的分配政策。

4. 市盈率

(1) 含义

市盈率是指普通股每股市价与每股收益的比值。

(2) 计算公式

市盈率的计算公式为

$$市盈率 = \frac{普通股每股市价}{普通股每股收益}$$

(3) 评价标准

市盈率指标反映了投资者对每1元净利润所愿支付的价格,可以用来估计股票的投资报酬与风险。较高的市盈率说明上市公司具有潜在的成长能力。一般来说,市盈率越高,公众对该公司的股票评价越高,但投资风险也会加大。分析市盈率时应结合其他相关指标,因为某些异常的原因也会引起股票市价的变动,造成市盈率的不正常变动,另外,该指标不应用于不同行业公司间的比较。

第四节 杜邦财务分析法

企业的财务状况是一个完整的系统,这个系统内部的各个因素是相互依存、相互作用的,财务分析需要深入了解企业财务状况内部的各项因素的变动,这样才能较全面地揭示企业财务状况的全貌。而杜邦分析法,就是利用各主要财务比率之间的内在联系来综合分析企业财务状况的方法。

一、杜邦财务分析体系的含义

杜邦财务分析体系,亦称杜邦财务分析法,简称杜邦分析法(DuPont-analysis),由美国杜邦公司首创,是从财务角度评价公司盈利能力和股东权益回报水平,评价企业绩效的经典方法。

杜邦分析法,从评价企业的净资产收益率出发,利用各主要财务比率指标间的内在有机联系,将指标层层分解,形成一个完整的指标体系,揭示指标变动的原因和趋势,使分析者对企业财务情况的分析有一个全局的视野,满足分析者全面分析和评价企业财务能力和经营绩效的需要。

杜邦分析法的核心是根据各主要财务比率指标之间的内在联系,建立财务分析指标体系,综合分析企业财务状况。采用这一方法,将反映企业盈利状况的总资产净利率、反映资产营运状况的总资产周转率和反映偿债能力状况的资产负债率按内在联系有机结合起来,并将这些比率进一步分解为多项财务指标,使财务比率分析层次清晰、因果关系明确,为报表分析者全面仔细地了解企业的经营和盈利状况提供方便。在指标层层分解的基础上,再结合财务分析的其他方法,可以对影响净资产收益率的原因做出深入的揭示。

杜邦分析法有助于企业管理层更加清晰地看到影响净资产收益率的各种因素,为管理层提供了一张明晰的考察公司资产管理效率,争取实现股东投资回报最大化的路线图。

二、杜邦财务分析体系的基本框架

企业的财务状况是一个完整的系统,内部各因素是相互依存、相互作用的,任何一个因素的变动都会引起企业整体财务状况的改变。财务分析者必须深入了解企业财务状况内部的各项因素及其相互关系,才能较全面地揭示企业财务状况的全貌。

杜邦财务分析体系的框架,可以用图8.1来表示。

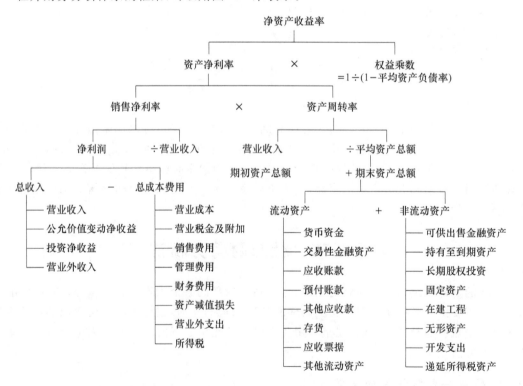

图8.1 杜邦财务体系主要指标分解图

三、杜邦财务分析体系的基本公式

杜邦财务分析体系主要反映了以下几种主要的财务比率关系。

1. 净资产收益率与资产净利率及权益乘数之间的关系

$$净资产收益率 = 资产净利率 \times 权益乘数$$

$$权益乘数 = \frac{平均总资产}{平均净资产} = \frac{1}{1-平均资产负债率}$$

2. 总资产净利率与销售净利率及资产周转率之间的关系

$$资产净利率 = 销售净利率 \times 资产周转率$$

$$销售净利率 = \frac{净利润}{营业收入}$$

$$资产周转率 = \frac{营业收入}{平均资产总额}$$

四、杜邦财务分析体系的思路

杜邦财务分析是一个层层分解的系统,需要按照以下思路进行分析。

(1) 净资产收益率是综合性最强的财务指标,是企业综合财务分析的核心。这一指标反映了投资者的投入资本获利能力的高低,能体现出企业经营的目标。从企业财务活动和经营活动的相互关系上看,净资产收益率的变动取决于企业商品经营、资产经营和资本经营的效率。所以净资产收益率是企业财务活动效率和经营活动效率的综合体现。

(2) 销售净利率是反映企业商品经营盈利能力最重要的指标,是企业商品经营的结果,也是实现净资产收益率最大化的业务保证。企业从事商品经营,目的在于获利。企业获利的途径从经营层面上看只有两条:一是扩大营业收入;二是降低成本费用。

(3) 总资产周转率是反映企业资产营运能力最重要的指标,是企业资产经营的结果,也是实现净资产收益率最大化的物质基础。企业总资产由流动资产和非流动资产组成。资产构成是否合理、营运效率的高低是企业资产经营的核心,并最终影响到企业的经营业绩。

(4) 权益乘数既是反映企业资本结构的指标,也是反映企业筹资活动的结果。它对提高净资产收益率起到杠杆作用。因此,权益乘数也叫财务杠杆,它会放大其他指标的影响作用。适度开展负债经营,合理安排资本结构,可以提高净资产收益率。

【例 8.10】 根据第七章和第八章的相关计算资料,归纳总结涉及净资产收益率的相关指标,如表 8.11 所示。

表 8.11 中国联通杜邦分析比率表

单位:百万元

项目	2014 年度	2013 年度	2012 年度	2011 年度	2010 年度
净资产收益率①=②×③ 或①=③×④×⑤	5.30%	4.74%	3.34%	2.01%	3.53%
总资产报酬率②=④×⑤	2.22%	1.96%	1.44%	0.93%	0.85%
权益乘数③=$\frac{1}{1-⑥}$	2.38	2.40	2.44	2.20	2.13
销售净利率④	4.15%	3.39%	2.74%	1.94%	2.08%
总资产周转率⑤	0.54	0.58	0.52	0.48	0.41
资产负债率⑥	57.90%	58.29%	59.06%	54.50%	53.06%

注:①"净资产收益率"的计算过程如表 8.7 所示;
　　②"总资产报酬率"的计算过程如表 8.8 所示;
　　③"权益乘数"的计算过程如表 7.10 所示;
　　④"营业净利率"的计算过程如表 8.6 所示;
　　⑤"总资产周转率"的计算过程如表 7.15 所示;
　　⑥"资产负债率"的计算过程如表 7.7 所示。

根据表 8.11 可以作如下分析。

(1) 分解出来的销售净利率和总资产周转率,可以反映企业的经营战略。一些企业销售净利率较高,而总资产周转率较低;两者经常呈反方向变化,这种现象不是偶然的。为了提高销售净利率,就要增加产品的附加值,往往需要增加资产的投入,这会引起总资产周转率的下降。与此相反,为了加快资产的周转,尤其是流动资产的周转,就要降低销售价格,引起销售净利率下降。通常,销售净利率较高的制造业,其周转率都较低;周转率很高的零售商业,销售净利率可能较低。采取"高盈利、低周转"还是"低盈利、高周转"的方针,是企业根据外部环境和自身资源做出的战略选择。正因为如此,仅仅根据销售净利率的高低并不能看出业绩好坏,把它与总资产周转率联系起来,就可以考察企业经营战略。真正重要的是,两者共同作用而得到的资产净利率,可以反映管理者运用受托资产获得利润的业绩,是一项很重要的盈利能力。

中国联通 2010—2014 年的净资产收益率分别为 3.53%、2.01%、3.34%、4.74% 和 5.30%,销售净利率分别为 2.08%、1.94%、2.74%、3.39% 和 4.15%,总资产周转率分别为 0.41、0.48、0.52、0.58 和 0.54,权益乘数分别为 2.13、2.20、2.44、2.40 和 2.38,由此可以看出,近 5 年来中国联通的总资产周转率并不高,而各年度的净资产收益率大于销售净利率,这说明较高的净资产收益率主要是由财务杠杆即权益乘数带来的。

(2) 分解出来的财务杠杆可以反映企业的财务政策。在总资产报酬率不变的情况下,提高财务杠杆可以提高净资产收益率,但同时也会增加财务风险。一般来说,资产净利率较高的企业,财务杠杆较低,反之亦然。这种现象也不是偶然的,可以设想,为了提高净资产收益率,企业倾向于尽可能提高财务杠杆,但是,贷款提供者不一定会同意这种做法。贷款提供者不分享超过利息的收益,更倾向于为预期未来经营现金流量比较稳定的企业提供贷款。

中国联通的权益乘数分别为 2.13、2.20、2.44、2.40 和 2.38,资产净利率分别为 0.85%、0.93%、1.44%、1.96% 和 2.22%,说明中国联通的资产净利率并不高,而净资产收益率大于资产净利率,说明较高的净资产收益率同样是由财务杠杆即权益乘数带来的。

由此可见,中国联通可以将企业收益能力的提高与现金流量管理结合起来。为了稳定现金流量,企业的一种选择是降低价格以减少竞争,另一种选择是增加营运资本以防止现金流中断,这都会导致资产净利率下降。这就是说,为了提高流动性,只能降低盈利性。因此,实务中经常看到的是,经营风险低的企业可以得到较多的贷款,其财务杠杆较高;经营风险高的企业,只能得到较少的贷款,其财务杠杆较低。资产净利率与财务杠杆呈现负相关关系,共同决定了企业的净资产收益率。企业必须使其经营战略和财务政策相匹配。

第九章 现金流量表分析

知识体系框架

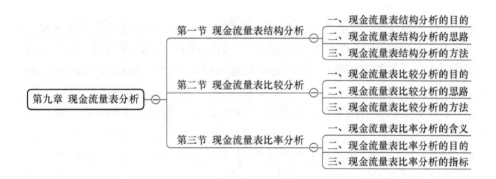

学习目标

本章主要讲授现金流量表的分析,包括现金流量表结构分析、现金流量表比较分析和现金流量表比率分析。通过本章的学习需要达到以下教学目标:

1. 现金流量表结构分析(理解和运用);
2. 现金流量表比较分析(理解和运用);
3. 现金流量表比率分析(理解和运用)。

现金流量表是反映公司在一定会计期间的现金和现金等价物的流入和流出的会计报表。现金流量表分析,同样是财务报表分析中最基本和最重要的一部分。面对一张反映现金流量的现金流量表,如何从中分析现金流量的流入和流出的合理性,如何发现现金流量的短缺和不足,如何从中分析现金流量产生的来源和去向?如何进一步确定企业筹集资金渠道的安全性?

本章就从回答上述问题入手,逐步讲授现金流量表分析的相关理论知识,并运用实例阐述如何分析现金流量表。

第一节 现金流量表结构分析

现金流量表的结构分析,一般指纵向结构分析,是指同一时期现金流量表中不同项目间的比较与分析,以揭示各项数据在企业现金流量中的相对意义。

一、现金流量表结构分析的目的

现金流量表结构分析的目的在于揭示现金流入量和现金流出量的结构情况,了解不同活动产生的现金流在企业全部现金流中所占的比重,分析不同现金流对企业产生的影响,从而抓住公司现金流量管理的重点。

二、现金流量表结构分析的思路

1. 现金流入结构分析

现金流入结构是反映企业经营活动的现金流入量、投资活动的现金流入量和筹资活动的现金流入量分别在全部现金流入量中所占比重。通过分析这一比重,可以从总体上了解企业当期现金流入的基本内容及所占份额,还可以初步判断企业经营、投资及筹资活动中资金流量关系。

如果经营活动现金流入占现金流入的总量比较大,是企业现金流量的主要来源,而且在经营活动现金流入中,主营业务收入所占比重比较大,这样的现金流量比较正常。如果投资活动现金流入占现金流入的总量比较小,说明企业投资活动获取的现金较少。其中,如果收回投资的比重比较大,即取得投资收益所占比重比较大,说明企业投资现金流入大部分为回收资金,而非获利。如果筹资活动占现金流入总量的金额也比较大,而且其中的主要来源为借款融资,则需要警惕财务风险。

总之,维持企业运行、支撑企业发展所需要的大部分现金应该是在经营过程中产生的,这无疑是企业财务状况良好的一个标志。而收回投资、分得股利取得的现金以及银行借款、发行债券、接受外部投资取得的现金对公司的运行起到的是辅助性或补充性的融资作用。如果后两项在总的现金流量中所占比重比较大,那么企业的财务状况则比较令人担忧。

2. 现金流出结构分析

现金流出结构是反映企业经营活动的现金流出量、投资活动的现金流出量和筹资活动的现金流出量分别在全部现金流出量中所占的比重,包括经营活动、投资活动和筹资活动等各项业务活动现金流出中具体项目的构成情况。现金流出结构可以表明企业的现金究竟流向何方,这些流出是否合理,要节约开支应从哪些方面入手等。

一般情况下,经营活动中的"购买商品、接受劳务支付的现金"往往占较大的比重,投资活动和筹资活动的现金流出比重则因企业的投资政策和筹资政策的状况不同而存在很大的差异。尤其是筹资活动的现金流出或流入在很大程度上具有调节企业现金余缺的作用。通常情况下,在公司正常的经营活动中,其经营活动的现金流出具有一定的稳定性,各期变化幅度不会太大,但投资和筹资活动的现金流出稳定性较差,甚至具有偶发性,随着交付投资款、偿还到期债务、支付股利等活动的发生,当期该类活动的现金流出便会呈现剧增。

3. 现金净流量结构分析

现金净流量分析,是反映公司经营活动、投资活动及筹资活动的现金净流量占公司全部净现金流量的百分比,以及公司本年度创造的现金及现金等价物净增加额中,以上三类活动的贡献程度。通过分析,可以明确体现出本期的现金净流量主要由哪类活动产生,以此可说明现金净流量形成的原因是否合理。

如果企业的现金净增加额为正数,而且主要是由经营活动产生的现金流净额引起的,可以反映出企业收现能力强,坏账风险小,其营销能力一般不错;如果净现金流是由投资活动或处置非流动资产引起的,可以反映出企业生产能力正在衰退,从而处置资产以缓解资金压力,但也可能是企业在调整资产结构,应结合上市公告的其他资料进行判断;如果净现金流主要是由筹资活动引起的,则意味着企业在未来将负担更多的股息或利息。除非该企业在未来产生更大的现金流量,否则将承受更大的财务风险。

如果企业现金净增加额为负数,可以分为以下几种情况进行分析。

首先,如果企业现金净增加额为负数,而企业经营活动产生的现金流量净额为正数,且数额较大,则这一般是由企业扩大投资或购置生产设备等所致,反映企业并非经营状况不佳,而是未来可能有更大的现金流入。

其次,如果企业现金流量净额是负数,主要是由筹资活动引起的,说明企业为了偿还债务及利息大量地支出现金,未来用于满足偿债需求的现金将可能较少,有利于减轻企业未来的偿债压力,财务风险变小,只要企业经营活动正常,就不一定会走向衰退。

第三,如果企业现金流量净额为负数是由经营活动引起的,通过投资活动、筹资活动的现金流入还可以弥补经营活动的现金需求,短期内企业还可以进行正常的经营活动。如果企业投资活动、筹资活动的现金流入无法弥补经营活动的现金需求,则对企业来说将是不好的信号,不仅企业短期偿债能力会受到影响,严重时还会威胁到企业的生存。企业必须采取有效措施,扭转不利局面,从而走向正常的轨道。

三、现金流量表结构分析的方法

现金流量表结构分析的方法为:

(1) 计算现金流入总额、现金流出总额和现金余额;

(2) 计算各现金流入项目和各现金流出项目占总现金流入额和流出额的比例;

(3) 分析各类现金流入和各类现金流出小计占现金流入总额和现金流出总额的比例;

(4) 计算企业各项业务,包括经营活动、投资活动、筹资活动现金收支净流量占全部现金余额的比例;

(5) 按比例大小或比例变动大小,找出重要项目进行重点分析,了解现金流量的形成、变动过程及其变动原因。

【例 9.1】 以中国联通为例,说明现金流量表结构分析法的编制与分析。中国联通2010—2014 年的现金流量表的数据,如表 9.1 所示。

表 9.1 中国联通现金流量表

单位:百万元

项目	2014 年度 合并	2013 年度 合并	2012 年度 合并	2011 年度 合并	2010 年度 合并
一、经营活动产生的现金流量—持续经营业务					
销售商品、提供劳务收到的现金	282 938	294 068	243 096	205 739	170 174
收到的税款返还	15	91	16	28	98
收到其他与经营活动有关的现金	948	359	742	548	1 882
经营活动现金流入小计	283 901	294 518	243 854	206 314	172 154

续 表

项目	2014 年度 合并	2013 年度 合并	2012 年度 合并	2011 年度 合并	2010 年度 合并
购买商品、接受劳务支付的现金	−139 003	−166 121	−129 291	−100 919	−73 708
支付给职工以及为职工支付的现金	−32 688	−30 643	−28 479	−26 443	−23 479
支付的各项税费	−15 518	−14 385	−11 346	−9 499	−6 757
支付的其他与经营活动有关的现金	−4 263	0	0	0	0
经营活动现金流出小计	−191 472	−211 149	−169 115	−136 861	−103 944
经营活动产生的现金流量净额(减:支付)	92 429	83 369	74 738	69 453	68 210
二、投资活动产生的现金流量	0	0	0	0	0
处置固定资产、无形资产和其他长期资产所收回的现金净额	797	1 543	1 086	1 431	375
收回投资所收到的现金	0	0	0	1 048	
取得投资收益所收到的现金	637	350	489	181	562
收到其他与投资活动有关的现金	1	8	288	0	1 201
持续经营业务投资活动现金流入小计	1 435	1 901	1 864	2 660	2 137
购建固定资产、无形资产和其他长期资产所支付的现金	−73 391	−78 808	−90 766	−81 818	−78 083
投资所支付的现金	−3 075	0	0	−3 368	−46
取得子公司及其他营业单位支付的现金净额	0	0	−10 314	0	0
企业合并所支付的现金	0	0	−16	0	
支付的其他与投资活动有关的现金	−2	−30	−16	−212	−478
持续经营业务投资活动现金流出小计	−76 468	−78 838	−101 097	−85 398	−78 607
持续经营业务投资活动产生的现金流量净额(减:支付)	0	0	0	−82 738	−76 470
终止经营业务投资活动产生的现金流量净额(减:支付)	0	0	0	0	5 121
投资活动产生的现金流量净额(减:支付)	−75 034	−76 936	−99 233	−82 738	−71 348

续 表

项目	2014 年度 合并	2013 年度 合并	2012 年度 合并	2011 年度 合并	2010 年度 合并
三、筹资活动产生的现金流量—持续经营业务	0	0	0	0	0
子公司吸收少数股东投资所收到的现金	871	1 102	1	33	0
发行可转换债券所收到的现金	0	0	0	0	12 144
发行债券收到的现金	0	0	67 797	61 867	37 882
取得借款所收到的现金	200 047	186 995	87 111	55 461	114 982
筹资活动现金流入小计	200 917	188 097	154 909	117 361	165 008
偿还债务所支付的现金	−206 214	−183 485	−120 621	−106 305	−141 451
分配股利、利润或偿付利息所支付的现金	−8 290	−7 756	−6 640	−5 256	−5 732
回购联通红筹公司股份所支付的现金	0	0	0	0	
筹资活动现金流出小计	−214 503	−191 241	−127 261	−111 561	−147 184
筹资活动产生的现金流量净额(减:支付)	−13 586	−3 144	27 648	5 800	17 824
四、汇率变动对现金的影响	0	−42	0	0	
五、现金及现金等价物净增加(减少)额	3 809	3 247	3 153	−7 485	14 686
持续经营业务期末现金及现金等价物净增加额	0	0	0	−7 485	9 565
终止经营业务期末现金及现金等价物净增加(减少)额	0	0	0	0	5 121
加:年初现金及现金等价物余额	21 535	18 288	15 135	22 620	7 832
六、年末现金及现金等价物余额	25 344	21 535	18 288	15 135	22 518

根据表 9.1,选取中国联通 2013 年度和 2014 年度的数据,编制现金流量表水平分析表 9.2。

编制方法：

根据表 9.1,按照如下方法编制现金流量表总体结构分析表：

首先,计算所有现金流入占本年度现金总流入的比重；

其次,计算所有现金流出占本年度现金总流出的比重；

第三,计算各部分现金净流量占本年度总现金净流量的比重。

按照上述方法计算出来后,将结果填列在现金流量表总体结构分析表中,编制完成的结果如表 9.2 所示。

表 9.2 中国联通合并现金流量表水平分析表

单位:百万元

项目	2014 年度			
	合并	现金流入 占总流入百分比	现金流出 占总流出百分比	现金净流量 占总净流量百分比
	①	②＝①÷现金总流入	③＝①÷现金总流出	④＝现金净流量÷现金总净流量
一、经营活动产生的现金流量—持续经营业务				
销售商品、提供劳务收到的现金	282 938	58.19%		
收到的税款返还	15	0.00%		
收到其他与经营活动有关的现金	948	0.19%		
经营活动现金流入小计	283 901	58.39%		
购买商品、接受劳务支付的现金	−139 003		28.81%	
支付给职工以及为职工支付的现金	−32 688		6.78%	
支付的各项税费	−15 518		3.22%	
支付的其他与经营活动有关的现金	−4 263		0.88%	
经营活动现金流出小计	−191 472		39.69%	
经营活动产生的现金流量净额(减:支付)	92 429			2 426.25%
二、投资活动产生的现金流量	0			
处置固定资产、无形资产和其他长期资产所收回的现金净额	797	0.16%		
收回投资所收到的现金	0	0.00%		
取得投资收益所收到的现金	637	0.13%		
收到其他与投资活动有关的现金	1	0.00%		
持续经营业务投资活动现金流入小计	1 435	0.30%		
购建固定资产、无形资产和其他长期资产所支付的现金	−73 391		15.21%	
投资所支付的现金	−3 075		0.64%	
取得子公司及其他营业单位支付的现金净额	0		0.00%	

续 表

项目	2014 年度			
	合并	现金流入占总流入百分比	现金流出占总流出百分比	现金净流量占总净流量百分比
企业合并所支付的现金	0		0.00%	
支付的其他与投资活动有关的现金	−2		0.00%	
持续经营业务投资活动现金流出小计	−76 468		15.85%	
持续经营业务投资活动产生的现金流量净额(减:支付)	0			
终止经营业务投资活动产生的现金流量净额(减:支付)	0			
投资活动产生的现金流量净额(减:支付)	−75 034			−1 969.63%
三、筹资活动产生的现金流量—持续经营业务	0			
子公司吸收少数股东投资所收到的现金	871	0.18%		
发行可转换债券所收到的现金	0	0.00%		
发行债券收到的现金	0	0.00%		
取得借款所收到的现金	200 047	41.14%		
筹资活动现金流入小计	200 917	41.32%		
偿还债务所支付的现金	−206 214		42.74%	
分配股利、利润或偿付利息所支付的现金	−8 290		1.72%	
回购联通红筹公司股份所支付的现金	0			
筹资活动现金流出小计	−214 503		44.46%	
筹资活动产生的现金流量净额(减:支付)	−13 586			−356.62%
四、汇率变动对现金的影响	0			
五、现金及现金等价物净增加(减少)额	3 809			
持续经营业务期末现金及现金等价物净增加额	0			
终止经营业务期末现金及现金等价物净增加(减少)额	0			
加:年初现金及现金等价物余额	21 535			

续 表

项目	2014年度			
	合并	现金流入 占总流入百分比	现金流出 占总流出百分比	现金净流量 占总净流量百分比
六、年末现金及现金等价物余额	25 344			
现金流入总计	486 253	100.00%		
现金流出总计	-482 443		100.00%	
现金净流量总计	3 810			100.00%

根据表9.2,可以进行如下分析。

1. 现金流入总体结构分析

2014年中国联通现金流入总量为486 253百万元,其中经营活动现金流入量、投资活动现金流入量和筹资活动现金流入量所占比重分别为58.39%、0.30%和41.32%。可见企业的现金流入量主要是经营活动和筹资活动产生的。

经营活动的现金流入量中,销售商品和提供劳务产生的现金流入所占比重很大,达到58.19%,这是正常的。投资活动的现金流入量主要由处置固定资产、无形资产所收回的现金净额和取得投资所收到的现金构成的,投资活动的现金流入量在总的现金流入量中所占比重只有0.30%,比重非常小。筹资活动的现金流入量中,主要是取得借款所收到的现金占了较大的份额,达到了41.14%,借款所得的现金流入对于企业缓解资金压力,进行适度扩张是有积极意义的。但要警惕企业不能过度依赖外部筹资,还是要积极增加经营活动现金流入量的比重。

2. 现金流出总体结构分析

2014年中国联通现金流出总量为482 443百万元,其中经营活动现金流出量、投资活动现金流出量和筹资活动现金流出量所占比重分别为39.69%、15.85%和44.46%。

在现金流出总量中筹资活动现金流出量所占比重最大,经营活动现金流出量所占的比重次之。在筹资活动现金流出量中,偿还债务所支付的现金比重最大,达到了42.74%,说明中国联通2014年偿还债务的利息压力增大,而偿还债务利息的现金来源,除了经营所取得的现金流入外,主要通过进一步增加借款来偿还,因此,中国联通要防范由以借还息的资金运作模式所带来的财务风险,尽早采取应对措施。在经营活动现金流出量当中购买商品、接受劳务支付的现金所占比重最大,占企业当期现金总流出量的58.19%,这是正常的。2014年投资活动的现金流出量主要用于购建固定资产、无形资产所支付的现金,占企业当期现金流出的15.21%,占比重和规模都不小,显示出企业进行长期投资的力度比较大。

3. 现金净流量总体结构分析

2014年中国联通的现金净流入总量为3 810百万元,其中经营活动现金净流量、投资活动现金净流量和筹资活动现金净流量,占企业现金净流量的比重分别为2 426.25%、-1 969.63%和-356.62%。很显然企业当年的现金净流量主要是由经营和筹资活动产生的。经营活动的现金流入量占比远远大于筹资活动占比,说明中国联通的现金净流量主要来源于经营活动产生的现金流入,而公司需要关注投资活动现金净流量过大的现象,以及筹资活动现金净流入比重过小的现象,原因在于筹资活动中偿还债务所支付的现金比重过大,这是中国联通需要予以关注的主要问题。

第二节 现金流量表比较分析

现金流量表分析,不仅要分析企业当期产生的现金流量的情况和原因,还要揭示本期现金流量与前期或预计现金流量的差异。为了解决这个问题,可采用比较分析法对现金流量表进行分析,了解企业的各类现金流量在不同时期的增减变化情况。

一、现金流量表比较分析的目的

现金流量表比较分析,一般也称横向结构分析,是指用金额、百分比的形式,对现金流量表内每个项目的本期或多期的金额与其基期的金额进行比较分析,编制出横向结构百分比现金流量表,观察和比较相同项移动的金额及幅度,揭示差距,进行对比,以确定其增减差异和变动趋势,找出其变化的原因,判断这种变化是有利还是不利,并力求对这种趋势是否会延续做出判断,进而把握企业经营活动、投资活动和筹资活动的现金流量的变化情况。

二、现金流量表比较分析的思路

1. 经营活动现金流量比较分析

如果年度内经营活动产生的现金流入、流出量均比上年有所增加,但流出量的增长幅度要略大于流入量的增长幅度,致使经营活动现金流量净额降低,应进一步查明现金流出相对增长过快的原因,及时对各项开支加以严格控制,加快应收账款的回收速度,以防止经营活动现金流量净额的进一步下降。

2. 投资活动现金流量比较分析

如果投资活动现金流出量的增长幅度明显高于流入量的增长幅度,企业投资活动产生的现金流量净额呈现负增长趋势,说明企业投资规模有了新的扩张。如果其中购建固定资产支出增长较为明显,说明该公司本期注重基本建设投资,故可预测未来期间的前景看好,刺激了公司的投资欲望,因而有可能带来新的利润增长机会,但应保证投资期限与筹资期限的相互匹配,否则有可能造成财务风险的增加。

3. 筹资活动现金流量比较分析

如果筹资活动产生的现金流入量有大幅增加,这主要是投资活动对现金的大量需求的结果。如果其中大部分的资金通过举债筹集,由此应关注公司的偿债能力,应适当扩展新的筹资渠道,以降低财务风险。如果本期筹资活动产生的现金流出量变化幅度不大,这主要是因为偿还债务以及支付利息等项支出与其相关的筹资活动相比,具有一定的滞后性。

三、现金流量表比较分析的方法

首先,计算本年度与上年度各项目的差额;

其次,计算本年度的增减比率。增减比率为本年度与上年度各项目的差额分别除以上年度各项目的现金流量;

第三,对所计算出来的增减比率从各个项目进行分析。

【例 9.2】 以中国联通为例,说明现金流量表结构分析法的编制与分析。中国联通2010—2014 年的现金流量表的数据,如表 9.3 所示。

表 9.3　中国联通现金流量表水平分析表

单位：百万元

项目	2014 年度 ①	2013 年度 ②	增减额 ③＝①－②	增减率 ④＝③÷②
一、经营活动产生的现金流量—持续经营业务				
销售商品、提供劳务收到的现金	282 938	294 068	－11 129	－3.78％
收到的税款返还	15	91	－76	－83.74％
收到其他与经营活动有关的现金	948	359	588	163.84％
经营活动现金流入小计	283 901	294 518	－10 617	－3.60％
购买商品、接受劳务支付的现金	－139 003	－166 121	27 118	－16.32％
支付给职工以及为职工支付的现金	－32 688	－30 643	－2 045	6.67％
支付的各项税费	－15 518	－14 385	－1 133	7.88％
支付的其他与经营活动有关的现金	－4 263	0	－4 263	—
经营活动现金流出小计	－191 472	－211 149	19 677	－9.32％
经营活动产生的现金流量净额（减：支付）	92 429	83 369	9 060	10.87％
二、投资活动产生的现金流量	0	0	0	
处置固定资产、无形资产和其他长期资产所收回的现金净额	797	1 543	－746	－48.34％
收回投资所收到的现金	0	0	0	－100.00％
取得投资收益所收到的现金	637	350	287	81.85％
收到其他与投资活动有关的现金	1	8	－7	－90.41％
持续经营业务投资活动现金流入小计	1 435	1 901	－467	－24.55％
购建固定资产、无形资产和其他长期资产所支付的现金	－73 391	－78 808	5 417	－6.87％
投资所支付的现金	－3 075	0	－3 075	
取得子公司及其他营业单位支付的现金净额	0	0	0	
企业合并所支付的现金	0	0	0	
支付的其他与投资活动有关的现金	－2	－30	28	－92.93％
持续经营业务投资活动现金流出小计	－76 468	－78 838	2 369	－3.01％
持续经营业务投资活动产生的现金流量净额（减：支付）	0	0	0	
终止经营业务投资活动产生的现金流量净额（减：支付）	0	0	0	
投资活动产生的现金流量净额（减：支付）	－75 034	－76 936	1 903	－2.47％

续表

项目	2014年度	2013年度	增减额	增减率
三、筹资活动产生的现金流量—持续经营业务	0	0	0	
子公司吸收少数股东投资所收到的现金	871	1 102	−231	−20.97%
发行可转换债券所收到的现金	0	0	0	
发行债券收到的现金	0	0	0	
取得借款所收到的现金	200 047	186 995	13 051	6.98%
筹资活动现金流入小计	200 917	188 097	12 820	6.82%
偿还债务所支付的现金	−206 214	−183 485	−22 729	12.39%
分配股利、利润或偿付利息所支付的现金	−8 290	−7 756	−533	6.88%
回购联通红筹公司股份所支付的现金	0	0	0	
筹资活动现金流出小计	−214 503	−191 241	−23 262	12.16%
筹资活动产生的现金流量净额（减：支付）	−13 586	−3 144	−10 442	332.12%
四、汇率变动对现金的影响	0	−42	42	−99.31%
五、现金及现金等价物净增加（减少）额	3 809	3 247	562	17.32%
持续经营业务期末现金及现金等价物净增加额	0	0	0	
终止经营业务期末现金及现金等价物净增加（减少）额	0	0	0	
加：年初现金及现金等价物余额	21 535	18 288	3 247	17.75%
六、年末现金及现金等价物余额	25 344	21 535	3 809	17.69%

从表9.3的计算结果可以看出如下几点。

(1) 中国联通2014年度经营活动产生的现金流入比2013年度减少10 617百万元，减幅3.6%，经营活动产生的现金流出量比2013年减少19 677百万元，减幅9.32%，流出量的减少幅度要大于流入量的减少幅度，使得经营活动现金流量净额增加了9 060百万元，增幅10.87%。在现金流入中，销售商品、提供劳务收到的现金减少了11 129百万元，减幅3.78%，而收到其他与经营活动有关的现金则增加了588百万元，增幅达163.84%。在现金流出中，支付的其他与经营活动有关的现金2014年为4 263百万元，而2013年则没有。可见，在经营活动的现金流量中，中国联通应进一步查明收到与支付的与经营活动有关的现金这一项收支，查明具体的项目，分析其合理性，以便及时对各项开支加以严格控制，提高经营活动的现金流量净额。

(2) 中国联通2014年度投资活动现金流入量比2013年度减少467百万元，减幅达24.55%；现金流出量比2013年度减少2 369百万元，减幅3.01%。现金流入量的减幅大于现金流出量的减幅，使得投资活动的现金净流量减少了1 903百万元，减幅2.47%。

在现金流入量中，处置固定资产、无形资产和其他长期资产所收回的现金净额减少了746

百万元,减幅 48.34%;取得投资收益所收到的现金增加了 287 百万元,增幅达 81.85%。在现金流出量中,购建固定资产、无形资产和其他长期资产所支付的现金减少了 5 417 百万元,减幅 6.87%;支付的其他与投资活动有关的现金减少了 28 百万元,减幅 92.93%。说明中国联通 2014 年固定资产的更新换代处在逐步完成阶段,企业的基本建设投资在收缩,逐步在完成硬件设施的改造等。但需要进一步关注"支付的其他与投资活动有关的现金"项目,考察增长过快的原因,避免相关风险。

(3) 中国联通 2014 年度筹资活动产生的现金流入量比 2013 年度有所增加,增加了 12 820 百万元,增幅 6.82%,这主要是偿还借款利息等对现金的大量需求的结果,其中大部分的资金通过举债筹集,其中取得借款所收到的现金增加了 13 051 百万元,增幅 6.98%,因此应关注公司的偿债能力,下年度应适当扩展新的筹资渠道,以降低财务风险。2014 年的筹资活动产生的现金流出量增加了 23 262 百万元,增幅 12.16%,其中,偿还债务所支付的现金增加了 22 729 百万元,增幅 12.39%,因此筹资活动现金流出的增加主要是偿还债务所支付的现金的增加,中国联通应重点关注企业的财务风险。

第三节 现金流量表比率分析

现金流量表分析,在进行结构和比较分析之后,还需要计算相关的财务比率,这些比率可以将现金流量信息与其他财务信息相关联,更好地评价企业的现金流量状况,多角度分析评价企业的经营成果和财务状况。

一、现金流量表比率分析的含义

现金流量比率是指现金流量与其他项目数据相比所得的值。由于现金流量表按照经营活动、投资活动和筹资活动提供现金流入、流出和净流量的数据和信息,它们是衡量和评价经营活动、投资活动和筹资活动的重要标准。

与现金流量有密切联系的数据,主要来自资产负债表和利润表,少数来自其他资料。可以从这两张财务报表和其他资料中选择与之相关的数据,换算出很多现金流量比率。实际工作中有反映获利能力、盈利质量、偿债支付能力和发展能力,四类比率。

二、现金流量表比率分析的目的

利用现金流量表与其他与其有密切联系的项目数据相比得出的比率,就可以从更广泛的角度和多个方面对企业的财务状况、绩效和能力做出衡量和评价。现金流量比率分析是现金流量分析的一种重要方式,在财务报表分析中占有重要地位。

三、现金流量表比率分析的指标

1. 销售现金比率

$$销售现金比率 = 经营活动现金净流入 \div 销售额$$

这一比率反映每 1 元销售额可以得到的现金。一般来说,该指标值越高越好,如果该指标等于营业利润率,表明企业不但获利能力强,而且获利质量也高。如果该指标小于营业利润率,则表明获利质量有所欠缺。

【例 9.3】 根据中国联通现金流量表(表 9.1)和利润表(表 8.1)的资料,计算该公司销售现金比率的指标,计算结果如表9.4所示。

表9.4 中国联通销售现金比率计算表

单位:百万元

项目	2014年度	2013年度	2012年度	2011年度	2010年度
经营活动产生的现金流量净额(减:支付)①	92 429	83 369	74 738	69 453	68 210
营业收入②	288 571	303 727	256 265	215 519	176 168
销售现金比率③=①÷②	32.03%	27.45%	29.16%	32.23%	38.72%

从表9.4可以看出,中国联通2010—2014年的销售现金比率分别为38.72%、32.23%、29.16%、27.45%和32.03%。从近5年来看,2010年度的销售现金比率最高,达到了38.72%。这一比率反映每1元销售额可以得到的现金。一般来说,该指标值越高越好,如果该指标值等于营业利润率,表明企业不但获利能力强,而且获利质量也高。如果该指标值小于营业利润率,则表明获利质量有所欠缺。而根据表8.5的营业利润率的计算结果,中国联通2010—2014年的营业利润率分别为2.22%、2.16%、3.12%、4.25%和5.51%,两者相比较,销售现金比率远远高于营业利润率,说明中国联通的获利能力非常强。

2. 总资产现金流量率

总资产现金流量率,表明每1元资产通过经营流动所能形成的现金净流入,反映企业资产的经营收现水平。

计算公式为

$$总资产现金流量率 = 经营流动产生的现金流量净额 \div 平均资产总额$$

一般来说,该指标值越高,表明企业资产的利用效率越高。同时它也是衡量企业资产的综合管理水平的重要指标。

【例9.4】 根据中国联通现金流量表(表9.1)和资产负债表(表7.1)的资料,计算该公司总资产现金流量率的指标,计算结果如表9.5所示。

表9.5 中国联通总资产现金流量率计算表

单位:百万元

项目	2014年度	2013年度	2012年度	2011年度	2010年度
	合并	合并	合并	合并	合并
经营活动产生的现金流量净额(减:支付)①	92 429	83 369	74 738	69 453	68 210
总资产平均余额②	539 245	524 861	488 441	450 995	431 349
总资产现金流量率③=①÷②	17.14%	15.88%	15.30%	15.40%	15.81%

注:①"总资产平均余额"的计算如表7.15所示。

从表9.5可以看出,中国联通2010—2014年的总资产现金流量率分别为15.81%、15.40%、15.30%、15.88%和17.14%。从近5年来看,2014年度的总资产现金流量率最高,为17.14%,表明每1元资产通过经营流动所能形成的现金净流入达到了17.14%,说明中国联通资产的经营收现水平很高,企业资产的利用效率很好,企业资产的综合管理水平也很高。

3. 盈利现金比率

$$盈利现金比率 = 经营现金净流量 \div 净利润$$

这一比率反映企业本期经营活动产生的现金净流量与净利润之间的比例关系。

分析要点为：①一般情况下，比率越大，企业盈利质量就越高，表明企业利润的实现程度越高，可供企业自由支配的货币资金增加量越大，有助于提高企业的偿债能力和付现能力；②如果比率小于1，说明本期净利中存在尚未实现现金的收入。在这种情况下，即使企业盈利，也可能发生现金短缺，严重时会导致企业破产；③在分析时，还应结合企业的折旧政策，分析其对经营现金净流量的影响；④应把一个公司的该比率与一个特定的、不受一般不确定性因素影响的、具有确定的行业基准性比率的公司相比较。

【例 9.5】 根据中国联通现金流量表（表 9.1）和利润表（表 8.1）的资料，计算该公司盈利现金比率的指标，计算结果如表 9.6 所示。

表 9.6 中国联通盈利现金比率计算表

单位：百万元

项目	2014 年度 合并	2013 年度 合并	2012 年度 合并	2011 年度 合并	2010 年度 合并
经营活动产生的现金流量净额（减：支付）①	92 429	83 369	74 738	69 453	68 210
净利润②	11 968	10 292	7 025	4 188	3 671
盈利现金比率③＝①÷②	7.72	8.10	10.64	16.58	18.58

从表 9.6 可以看出，中国联通 2010—2014 年的盈利现金比率分别为 18.58、16.58、10.64、8.10 和 7.72。从近 5 年来看，2010 年度的盈利现金比率最高，为 18.58，随着时间的推移，依次递减，2014 年度最低，为 7.72。但近 5 年的盈利现金比率虽然依次减少，但均远远大于 1，说明中国联通的盈利质量很高，企业利润的实现程度也很高，可供企业自由支配的货币资金增加量很大，有助于提高企业的偿债能力和付现能力。

4. 经营现金流入量对主营业务收入的比率

经营现金流入量对主营业务收入的比率，表示每 1 元主营业务收入能形成的经营活动现金流入，反映企业主营业务的收现能力。

计算公式为：

经营现金流入量对主营业务收入的比率＝经营活动产生的现金流入量÷主营业务收入

一般来说，该指标值越高，表明企业销售款的回收速度越快，对应收账款的管理越好，坏账损失的风险越小。如公司本期经营现金流量与主营业务收入基本一致，说明公司的销售没有形成挂账，周转良好；本期经营活动现金流量大于主营业务收入，说明公司当期的销售全部变现，而且还收回了部分前期的应收账款；如果本期经营现金流量小于主营业务收入，则说明账面收入高，变现收入低，挂账较多，必须关注其债权资产的质量。

【例 9.6】 根据中国联通现金流量表（表 9.1）和利润表（表 8.1）的资料，计算该公司经营现金流入量对主营业务收入的比率指标，计算结果如表 9.7 所示。

表 9.7　中国联通经营现金流入量对主营业务收入比率计算表

单位:百万元

项目	2014 年度 合并	2013 年度 合并	2012 年度 合并	2011 年度 合并	2010 年度 合并
经营活动现金流入①	283 901	294 518	243 854	206 314	172 154
营业收入②	288 571	303 727	256 265	215 519	176 168
经营活动现金流入量对主营业务收入比率③=①÷②	0.98	0.97	0.95	0.96	0.98

从表 9.7 可以看出,中国联通 2010—2014 年的经营现金流入量对主营业务收入比率分别为 0.98、0.96、0.95、0.97 和 0.98。从近 5 年来看,中国联通的这一比率变化不大,但均小于 1,说明中国联通近 5 年来的本期经营现金流量均小于本期主营业务收入,说明账面收入高,变现收入低,挂账较多,必须关注其债权资产的质量。

5. 经营活动现金流量净额与营业利润的比率

经营活动现金流量净额与营业利润的比率,反映了企业经营活动现金流量净额与实现的账面利润之间的比例关系。

计算公式为:

经营活动现金流量净额与营业利润比率＝经营活动现金流量净额÷营业利润×100%

该指标值越大,表明企业实现的账面利润中流入现金的利润越多,企业营业利润的质量越好。因为只有真正收到的现金利润才是"实在"的利润,而非"账面"的利润。

【例 9.7】 根据中国联通现金流量表(表 9.1)和利润表(表 8.1)的资料,计算该公司经营活动现金流量净额与营业利润的比率指标,计算结果如表 9.8 所示。

表 9.8　中国联通经营活动现金流量净额与营业利润的比率计算表

单位:百万元

项目	2014 年度 合并	2013 年度 合并	2012 年度 合并	2011 年度 合并	2010 年度 合并
经营活动产生的现金流量净额(减:支付)①	92 429	83 369	74 738	69 453	68 210
营业利润②	15 893	12 917	7 996	4 654	3 914
经营活动现金流量净额与营业利润的比率③=①÷②	5.82	6.45	9.35	14.92	17.43

从表 9.8 可以看出,中国联通 2010—2014 年的经营活动现金流量净额与营业利润比率分别为 17.43、14.92、9.35、6.45 和 5.82,随着时间的推移,依次递减,2014 年度最低,为 5.82。该指标值越大,表明企业实现的账面利润中流入现金的利润越多,企业营业利润的质量越好。因为只有真正收到的现金利润才是"实在"的利润,而非"账面"的利润。因此,中国联通应该关注逐年递减的原因,并进行分析,以保证企业实现的利润能够及时收回。

6. 现金偿债比率

现金偿债比率＝经营现金净流量÷长期债务总额

这一比率反映企业用当期经营活动提供的现金偿还长期债务的能力。虽然企业可以用从投资或筹资活动中产生的现金来偿还债务,但从经营活动所获得的现金应该是企业长期现金的主要来源。一般来说,这一比率越高,企业偿还债务的能力就越强。

【例 9.8】 根据中国联通现金流量表(表 9.1)和资产负债表(表 7.1)的资料,计算该公司现金偿债比率指标,计算结果如表 9.9 所示。

表 9.9 中国联通现金偿债比率计算表

单位:百万元

项目	2014 年度 合并	2013 年度 合并	2012 年度 合并	2011 年度 合并	2010 年度 合并
经营活动产生的现金流量净额(减:支付)①	92 429	83 369	74 738	69 453	68 210
长期债务②	25 633	15 045	4 311	36 423	37 392
现金偿债比率③=①÷②	3.61	5.54	17.34	1.91	1.82

从表 9.9 可以看出,中国联通 2010—2014 年的现金偿债比率分别为 1.82、1.91、17.34、5.54 和 3.61。从近 5 年来看,2012 年度最高,为 17.34,之后逐年递减,2014 年为 3.61。说明中国联通用于偿还债务的现金,其中经营活动提供的现金相对于筹资活动中的现金在逐年递减,中国联通应进一步增强经营活动产生的现金流量,提高企业的偿债能力,避免财务风险。

7. 每股现金流量

每股现金流量是反映每股发行在外的普通股股票所平均占有的现金流量,或者说是反映公司为每一普通股获取的现金流入量的指标。

计算公式为:

$$每股现金流量 = (现金净流量 - 优先股股利) \div 发行在外的普通股股数$$

该比率分析要点为:①它实质上是作为每股盈利的支付保障的现金流量,因而该比率越高,就越为股东所接受;②它通常要高于每股收益,因为现金流量中没有减去非付现成本,它在反映企业进行资本支出和支付股利的能力方面,要优于每股收益;③该比率不能替代每股收益,它是与投资者有关比率的补充比率,其中发行在外的普通股股数应与计算每股收益时所使用的相一致。

思考与练习

第一章 思考与练习

一、填空题

1. 一般情况下,财务报表由_____、_____、_____、_____四部分构成。
2. 财务报表可以为债权人提供企业_____和_____方面的信息。
3. 企业对外报送的财务报表包括_____、_____、_____、_____四种。
4. 按照财务报表反映的资金运动状态,财务报表可以分为_____和_____。
5. _____和_____构成了企业编制财务报表的规范体系,是企业在编制财务报表时必须遵守的基本规范。

二、多选题

1. 以下属于财务报表特点的是(   )。
   A. 利用统一的货币计量单位
   B. 有统一规定的格式
   C. 记录企业所有经济活动的详细内容
   D. 建立在日常会计核算资料的基础上
2. 按照我国现行会计准则和会计制度的规定,以下属于企业对外报送的财务报表有(   )。
   A. 利润表   B. 主营业务收支明细表
   C. 资产负债表   D. 所有者权益变动表
3. 企业对外报送的财务报表的(   )均由财政部统一规定,任何单位都不得随意改变和增减。
   A. 报表种类   B. 报表的具体格式
   C. 报表的编制方法   D. 报表的报送时间
4. 财务报表编制要达到的基本要求包括(   )。
   A. 内容完整   B. 数字真实   C. 计算准确   D. 编报及时
5. 财务报表中各项目数字不能使用(   )。
   A. 实际数   B. 计划数   C. 预测数   D. 预算数

三、思考题

1. 什么是财务报表?财务报表有什么作用?
2. 财务报表的基本构成包括哪些?
3. 财务报表的编制有哪些基本要求?
4. 思考一下虚假财务报表有什么危害?有哪些杜绝虚假财务报表的方法?

第二章 思考与练习

一、填空题

1. 资产负债表是反映企业在某一特定日期_____的财务报表。
2. 资产负债表的编制结构为_____。
3. 资产负债表编制的理论依据是_____。
4. 资产负债表项目的会计核算规律（除特殊科目外）：
   资产项目，借方为_____，贷方为_____；负债和所有者权益项目，借方为_____，贷方为_____。
5. 明细账也称明细分类账，是根据_____所属的明细科目设置的，用于分类登记某一类经济业务事项，提供有关_____核算资料。
6. 明细分类账按账页格式不同可分为_____、数量金额式和_____。
7. 科目汇总表亦称"记账凭证汇总表"，是定期对_____进行汇总，按各个会计科目列示其_____和贷方发生额的一种汇总凭证。
8. 依据借贷记账法的基本原理，科目汇总表中各个会计科目的借方发生额合计与贷方发生额合计应该_____，因此，科目汇总表具有_____的作用。
9. 总分类账所提供的核算资料，是编制_____的主要依据，任何单位都必须设置_____。
10. 总分类账一般采用_____账簿，包括_____和多栏式。
11. 总分类账的登记依据和方法，可以直接根据各种_____逐笔登记，也可以采用_____或汇总记账凭证等据以登记。
12. 资产负债表的编制结构分为_____和_____结构两类。我国的资产负债表的编制结构为_____结构。
13. 资产负债表编制的理论依据：_____ + _____ = _____。
14. 资产项目，借方为_____额，贷方为_____额；负债项目，借方为_____额，贷方为_____额；所有者权益项目，借方为_____额，贷方为_____额。

二、多选题

1. 明细账的登记方法通常有以下几种（ ）。
   A. 根据原始凭证直接登记明细账
   B. 根据汇总原始凭证登记明细账
   C. 根据记账凭证登记明细账
   D. 根据科目汇总表登记明细账
2. 科目汇总表编制的时间，应根据经济业务量的多少而定，可选择（ ）或1个月。
   A. 3天   B. 5天
   C. 10天   D. 15天
3. 资产负债表中下列科目是根据总账科目余额填列的（ ）。
   A. 应付票据   B. 应交税费
   C. 固定资产清理   D. 长期借款

三、案例分析题

昌盛有限公司为增值税一般纳税人,增值税税率为17%,不考虑城市维护建设税和教育费附加。该公司主要生产和销售甲产品,有关资料如下。

昌盛有限公司2014年11月30日总账各账户的余额如下(单位:万元)。

账户名称	借方余额	账户名称	贷方余额
库存现金	652	应付账款	9 538
银行存款	8 058	预收账款	1 000
应收票据	1 660	应付职工薪酬	1 800
其他应收款	730	应交税费	2 267
库存商品	2 122	其他应付款	500
固定资产	9 401	累计折旧	1 700
无形资产	2 342	长期借款	1 160
		实收资本	5 000
		盈余公积	1 500
		利润分配	500
总计	24 965	总计	24 965

昌盛有限公司2014年12月份发生如下经济业务。

1. 12月5日购入材料一批,增值税专用发票上注明的材料价款为500万元,增值税85万元,材料已经验收入库,但货款尚未支付。该公司材料采用实际成本进行核算。

2. 12月13日向银行借入短期借款650万元,并用银行存款支付短期借款利息30万元(未实行预提)。

3. 12月15日通过银行转账支付12月5日购买材料的货款及增值税585万元。

4. 12月20日销售甲产品一批,该批产品的成本800万元,销售货款1 000万元,专用发票注明的增值税额为170万元,产品已经发出,提货单已经交给买方,但货款及增值税尚未收到。

5. 12月20日上述产品销售业务中,买方用银行存款支付了增值税85万元,而针对货款则开具了一张面值500万元、不带息的商业承兑汇票,期限3个月。

6. 12月20日销售甲商品一批,增值税专用发票上注明的货款200万元,增值税34万元,产品已经发出,货款及增值税已经收到存入银行。该批商品的成本为120万元。

7. 12月21日产品生产领用原材料1 000万元,生产车间领用机物料900万元,企业管理部门耗用材料100万元(材料成本均为实际成本)。

8. 12月23日销售材料一批,原材料实际成本为600万元,销售价款800万元,材料已经发出,收到了货款及增值税,并存入银行。

9. 12月分配并发放职工工资660万元,其中:生产工人工资400万元,车间管理人员工资80万元,企业管理人员工资60万元,在建工程工人工资120万元。

10. 12月28日偿还银行长期借款500万元。

11. 12月计提固定资产折旧100万元,其中计入制造费用的固定资产折旧75万元,计入管理费用的折旧为25万元。

12. 12月28日转让设备一台,原价400万元,已计提折旧100万元,取得转让收入200万元,支付清理费用50万元。设备已清理完毕,款项已通过银行结算(假设转让该设备不需缴纳增值税)。

13. 按利润总额的25%预提企业所得税。

14. 将本月收入和费用类账户结转本年利润。

要求:

(1) 根据上述业务编制记账凭证;

(2) 根据记账凭证登记各种明细账;

(3) 根据各种明细账编制科目汇总表;

(4) 根据科目汇总表登记总账(该公司采用科目汇总表账务处理程序);

(5) 编制资产负债表。

第三章 思考与练习

一、填空题

1. 利润表是反映企业一定会计期间的_____的财务会计报表,是一张_____的会计报表。

2. 利润表的格式主要有_____利润表和_____利润表两种。

3. "营业收入"项目反映企业当期确认的营业收入金额,该项目本期金额根据总账_____、_____账户的贷方发生额之和填列,若账户有借方发生额应扣减(转入"本年利润"的借方发生额除外)。

4. 营业利润=_____−营业成本−营业税金及附加−_____−管理费用−财务费用−资产减值损失+_____+投资收益。

5. 利润总额=_____+营业外收入−营业外支出。

6. 净利润=利润总额−_____。

二、单选题

1. 依据我国的会计准则,利润表采用的格式为( )。
   A. 单步式   B. 多步式
   C. 账户式   D. 混合式

2. 利润表编制的理论依据是( )。
   A. 资产=负债+所有者权益
   B. 利润=收入−费用
   C. 利得=收益−损失
   D. 资产=流动资产+非流动资产

三、多选题

1. 利润表项目本期金额的填列方法包括( )。
   A. 直接根据损益类账户发生额直接填列
   B. 根据有关损益账户发生额计算填列
   C. 根据表内项目计算填列
   D. 根据损益账户发生额分析填列

四、案例分析题

昌达有限责任公司是一家经营通信设备的公司,该公司有关资料如下。

(1) 2013 年度损益类账户的发生额如下。

项目	2013 年度(万元)	上年略
营业收入	85 000	
营业成本	55 900	
营业税金及附加	3 650	
销售费用	9 600	
管理费用	8 300	
财务费用	2 400	
营业外收入	1 000	
营业外支出	500	
所得税费用	1 250	

(2) 2013 年度未编制完成的利润表如下。

利润表

编制单位:昌达有限责任公司　　　　2013 年 12 月
单位:万元

项目	2013 年度	2012 年度
一、营业收入		75 000
减:营业成本		53 000
营业税金及附加		2 800
销售费用		7 800
管理费用		6 850
财务费用		1 700
二、营业利润(亏损以"-"号填列)		2 850
加:营业外收入		800
减:营业外支出		400
三、利润总额(亏损总额以"-"号填列)		3 250
减:所得税费用		1 000
四、净利润(净亏损以"-"号填列)		2 250

要求:

(1) 根据已知资料(1),计算 2013 年度的营业利润、利润总额、净利润,并列出计算过程;

(2) 编制未完成的 2013 年度利润表,请在答题纸上画出题中所给利润表,并填制 2013 年度部分;

(3) 根据(2)中编制完成的利润表,分别计算 2012 年度、2013 年度的营业净利率;

(4) 根据(3)的计算结果,进行昌达公司的销售盈利能力分析。

第四章 思考与练习

一、填空题

1. 编制现金流量表，需要用到的最基础的数据资料就是_____和_____。
2. 销售收入＋应收账款减少－_____＝经营活动所增加的现金流量。
3. 现金流量表告诉我们，一家公司的现金流入大于现金流出，则为_____；如果现金流出大于现金流入则为_____。
4. 现金流量是指现金和_____的流入和流出，即现金流量包括现金流入和_____。
5. 现金流量表是以现金及现金等价物为编制基础，以_____为原则，定期编制的、反映企业一定会计期间现金流量情况的财务报表。
6. 现金流量表的编制基础是_____。
7. 现金流量表补充资料，主要揭示以_____计算的反映_____的现金流量。

二、多选题

1. 企业的现金流量分为三类，即（　　）。
   A. 经营活动产生的现金流量
   B. 投资活动产生的现金流量
   C. 筹资活动产生的现金流量
   D. 经济活动中产生的各种收入和支出

2. 经营活动产生的现金流量包括（　　）。
   A. 销售商品、提供劳务收到的现金
   B. 收到的税费返还和支付的各项税费
   C. 购买商品、接受劳务支付的现金
   D. 支付给职工以及为职工支付的现金

3. 投资活动产生的现金流量包括（　　）。
   A. 收回投资收到的、取得投资收益收到的和投资支付的现金
   B. 处置固定资产、无形资产和其他长期资产收回的现金净额
   C. 购建固定资产、无形资产和其他长期资产支付的现金
   D. 购买、处置子公司及其他经营单位产生的现金净额，以及取得子公司和其他经营单位支付的现金净额

4. 筹资活动产生的现金流量包括（　　）。
   A. 吸收投资、取得借款收到的现金
   B. 偿还债务支付的现金
   C. 分配股利、利润或偿付利息支付的现金
   D. 收到或支付其他与筹资活动有关的现金

5. 现金流量表的编制方法有（　　）。
   A. 直接法和间接法　　　　　　　　B. 工作底稿法
   C. "T"型账户法　　　　　　　　　D. 分析填列法

6. 现金流量表补充资料包括三部分（　　）。
   A. 将净利润调节为经营活动现金流量

B. 不涉及现金收支的投资和筹资活动

C. 现金及现金等价物净增加情况

D. 所附原始凭证的张数和相关人员的签名或盖章

三、案例分析题

兴隆公司 2014 年内发生如下经济业务。

1. 12 月 1 日,购入乙公司的债券作为持有至到期投资,该债券于 2014 年 1 月 1 日发行,面值为 150 000 元,年利率为 6%,期限为三年,该债券到期一次还本付息,年终按规定计提债券利息。

2. 12 月 10 日,以银行存款 300 000 元购入不需要安装的固定资产,款项已付,资产已交付使用。

3. 12 月 15 日,出售设备一台,其原始价值 230 000 元,已计提折旧 150 000 元,出售所得收入 50 000 元已存入银行,并以银行存款支付清理费用 10 000 元。

4. 12 月 23 日,转让无形资产使用权,转让收入为 80 000 元存入银行,并以银行存款支付转让费用 5 000 元(不考虑营业税)。

5. 12 月 31 日,摊销无形资产 5 000 元。

6. 12 月 31 日,计算 12 月份的短期借款利息 10 000 元,还未支付,全年短期借款利息总计为 120 000 元。

7. 12 月 31 日,计提固定资产折旧 25 000 元,其中 15 000 元应计入制造费用,10 000 元应计入管理费用。

8. 存货的期初余额 80 000 元,期末余额 50 000 元。

9. 应收账款期初余额 75 000 元,期末余额 65 000 元。

10. 应收票据期初余额 25 000 元,期末余额 22 000 元。

11. 应付账款期初余额 40 000 元,期末余额 65 000 元。

12. 应付票据期初余额 30 000 元,期末余额 21 000 元。

13. 应付职工薪酬期初余额 40 000 元,期末余额 50 000 元。

14. 应交所得税期初余额 50 000 元,期末余额 30 000 元。

15. 2014 年实现净利润 750 000 元。

要求:

(1) 根据上述经济业务 1~7,编制有关会计分录;

(2) 计算存货增加额、经营性应收项目增加额、经营性应付项目增加额;

(3) 编制现金流量表补充资料部分的经营活动现金流量。

第五章　思考与练习

一、填空题

1. 所有者权益变动表在一定程度上体现了_____。

2. 所有者权益变动表,以利润表中的_____为起点,在反映净利润以及利润分配对所有者权益的影响的基础上,加之其他所有者权益变动因素,最终归于资产负债表中_____项目,起到联结_____的作用,揭示利润表和资产负债表的相互关系。

3. 会计报表附注是对_____、_____、_____以及_____等报表中列示的项目的文字描述和进一步详细说明,是对未能纳入财务会计报表的重要事项的补充说明。

二、多选题

1. 会计报表附注需要收集的数据资料包括( )。
   A. 企业的基本情况和会计报表的编制基础
   B. 会计差错更正的说明和遵循企业会计准则的声明
   C. 重要会计政策和会计估计其变更的披露
   D. 重要报表项目的说明和披露格式
   E. 资产负债表日后事项的说明和关联方关系及其交易的说明

2. 在所有者权益变动表中,将影响本年所有者权益的增减变动的因素分为四类( )。
   A. 净利润及其分配,导致的所有者权益变化
   B. 直接计入所有者权益的利得和损失,导致的所有者权益变化
   C. 所有者投入和减少资本,导致的所有者权益变化
   D. 所有者权益内部结转,导致的所有者权益变化

3. 会计报表附注的主要内容如下( )。
   A. 企业的基本情况和会计报表的编制基础
   B. 会计差错更正的说明和遵循企业会计准则的声明
   C. 重要会计政策和会计估计其变更的披露
   D. 重要报表项目的说明和披露格式
   E. 资产负债表日后事项的说明和关联方关系及其交易的说明

第六章 思考与练习

一、填空题

1. 财务报表分析常用方法有_____、_____、_____、_____等。
2. 财务报表分析的主要职能有_____、_____、_____、_____四项。
3. 根据报表使用目的的不同,可以将报表分析的主体分为_____、_____、_____、_____、_____和其他。
4. 财务报表分析的内容主要包括_____、_____、_____、_____等几个方面。
5. 财务报表分析应遵循_____、_____、_____、_____等原则。
6. 比较分析法的三个基本指标计算参数是_____、_____和_____。
7. 因素分析法一般包括_____法和_____法。
8. 运用趋势分析法时要将_____和_____结合运用。

二、多选题

1. 财务报表能够提供给使用者所需要的财务信息,但还存在如下欠缺( )。
   A. 不能反映企业的财务状况、经营能力和现金流量情况
   B. 不能直接或全面地反映企业的财务状况
   C. 不能说明财务状况的好坏
   D. 不能说明经营能力的高低

2. 财务报表分析的作用包括( )。

A. 反映企业在运营过程中的利弊得失和发展趋势
B. 揭示企业未来的报酬和风险
C. 检查企业预算的完成情况
D. 为改进企业财务管理工作和优化经济决策提供参考数据

3. 以下对财务报表描述不正确的是（　　）。
A. 不属于资本市场上的公开信息
B. 报表分析的主体构成复杂、数量众多
C. 财务报表信息的获取成本较高
D. 资本市场的所有参与者都可以成为报表分析的主体

4. 长期偿债能力分析是指公司偿还债务本金和支付债务利息的能力，又称财务能力，它与公司的（　　）和（　　）有关。
A. 资本结构   B. 流动资产数量
C. 对外投资规模   D. 收益能力

5. 所有的报表分析人员都会关注企业的（　　）。
A. 获利能力   B. 获利能力的发展趋势
C. 偿债能力   D. 筹资能力

6. 比率分析法与比较分析法都是财务分析中最为常用的方法，其共同之处都是要将两个数据进行对比分析，其主要区别在于（　　）。
A. 比较分析法主要是对同质的指标进行比较
B. 比率分析法的分析结果纯粹以相对数值表示
C. 比较分析法的分析结果不强调绝对差异的大小
D. 比率分析法主要是将不同质但相关的不同指标进行比较

7. 以下对于趋势分析法描述正确的是（　　）。
A. 趋势分析法又叫水平分析法
B. 趋势分析是一种静态的比较分析方法
C. 趋势分析法可用于对某些主要指标的发展趋势进行分析
D. 趋势分析法可用于对财务报表的整体分析

8. 以下对于因素分析法描述正确的是（　　）。
A. 因素分析法弥补了比较分析法不能查明某项综合指标变化差异原因的局限
B. 因素分析法有利于深入分析综合指标的差异受何种因素的影响
C. 因素分析法可以全面分析若干因素对某一经济指标的共同影响
D. 因素分析法不能单独分析某个因素对某一经济指标的影响

三、思考题

1. 财务报表分析的含义是什么？
2. 不同主体对财务报表分析的目的是什么？
3. 财务报表分析的对象及内容是什么？
4. 财务报表分析的方法有哪些？这些方法各有什么特点？

第七章　思考与练习

一、填空题

1. 资产负债表的结构分析,一般包括_____及发展趋势分析和_____及其合理性分析两个方面。
2. 在全部资产中,流动资产特别是其中的_____和_____两项,不仅流动性较强,而且最能体现企业的经营能力与管理效率。

二、单选题

1. 一般来说,表明企业的流动负债有足够流动资产作保证,其营运资金应为(　　)。
   A. 正数　　　　　　　　　　　　B. 负数
   C. 0　　　　　　　　　　　　　D. 小数
2. 以下不属于偿债比率的是(　　)。
   A. 流动比率　　　　　　　　　　B. 资产负债率
   C. 应收账款周转率　　　　　　　D. 利息保障倍数

三、多选题

1. 不同企业或同一企业的不同时期,其资本结构是不同的,具体来说有以下(　　)种类型。
   A. 谨慎型资本结构　　　　　　　B. 风险型资本结构
   C. 适中型资本结构　　　　　　　D. 融资结构
2. 下列有关已获利息倍数的叙述,正确的有(　　)。
   A. 已获利息倍数是从企业的收益方面考察其长期偿债能力
   B. 已获利息倍数越高,表明企业对偿还债务的保障程度就越强
   C. 这里的利息费用还包括予以资本化的部分
   D. 这里的利息费用不包括予以资本化的部分
3. 反映企业营运能力的指标有(　　)。
   A. 应收账款周转率　　　　　　　B. 资产负债率
   C. 已获利息倍数　　　　　　　　D. 存货周转率

四、案例分析题

(一)案例背景资料

新疆啤酒花股份有限公司位于新疆乌鲁木齐经济技术开发区,2011年至今,公司主营业务为:啤酒花、啤酒花制品(颗粒、浸膏等制品)的销售、进出口业务,房屋租赁。

1. 公司的股东变化情况

1997年公司控股股东为新疆轻工业供销总公司;1999年新疆恒源投资有限公司合并持有公司法人股3 824万股,占公司股本总额的29.875%,成为公司控股股东;2005年6月受新疆维吾尔自治区高级人民法院委托,乌鲁木齐新发拍卖有限公司与新疆捷成拍卖有限责任公司分别将本公司第一、二大股东股权9 789.44万股和7 168万股依法进行公开拍卖。新疆蓝剑嘉酿投资有限公司最终竞买取得上述两部分股权,合计16 957.44万股,占公司总股本的46.09%。成为公司控股股东。2010年新疆蓝剑嘉酿投资有限公司出资人"四川蓝剑投资管理有限公司"与"嘉士伯啤酒厂有限公司"签署了关于转让新疆蓝剑嘉酿投资有限公司股权的协

议,协议中约定"四川蓝剑投资管理有限公司"将持有的新疆蓝剑嘉酿投资有限公司41%的股权转让给"嘉士伯啤酒厂有限公司"。公司控股股东更名为新疆嘉酿投资有限公司。

2. 主要子公司、参股公司情况

(1) 新疆乌苏啤酒有限责任公司:该公司注册资本10 548万元,经营范围为啤酒、饮料的生产销售;大麦收购,麦芽的生产、销售,自有房屋租赁;旧瓶回收等。报告期末总资产97 508.56万元、净资产45 804.62万元。报告期实现营业收入106 258.60万元、营业利润12 648.81万元。本公司所占其权益比例为50%。

(2) 新疆乐活果蔬饮品有限公司:该公司注册资本6 264万元,经营范围为胡萝卜、番茄种植、收购、销售;家畜产品收购、销售;废旧物资回收;货物与技术进出口业务。报告期末总资产15 227.85万元、净资产3 671.99万元。报告期实现营业收入4 494.10万元、营业利润−324.50万元。本公司所占权益比例为100%。

(3) 新疆啤酒花房地产开发有限公司:该公司注册资本5 000万元,经营范围为房地产开发经营。报告期末总资产12 087.51万元、净资产4 170.49万元。报告期实现营业收入2 123.88万元、营业利润−347.23万元。本公司所占权益比例为100%。

(4) 阿拉山口啤酒花有限责任公司:该公司注册资本3 000万元,经营范围为五金交电、金属材料、化工原料、有色金属、机电产品、日用百货、现代办公用品、工艺美术品、农副产品的批发零售、边境小额贸易、钢材进口业务。报告期末总资产2 532.90万元、净资产2 411.01万元。报告期实现营业收入46.29万元、营业利润−37.97万元,本公司所占权益比例为100%。

3. 公司发展战略

2015年公司将继续稳步发展主营业务,兼顾其他产业的良性发展,同时配合有关各方全力推进重大资产重组的各项工作,完成重组相关事项,并协调政府各主管部门顺利完成重组事宜。啤酒产业将继续有效利用资源,优化管理流程,加强产品组合管理,继续建立牢固的市场,稳定和扩大市场份额。房地产产业将继续加大销售宣传力度、广度,采取各种行之有效的销售措施,完整地推进项目销售,提升客户的满意度。果蔬产业将继续加强原料控制,全面提升质量管理水平。一方面要加强对现有客户的服务及维护,稳定基础销量,另一方面仍要继续加大新客户的开发力度。

4. 经营计划

啤酒产业:销售方面,持续优化产品结构,增强盈利能力,并透过强大的渠道掌控力,结合品牌投资和渠道投资,提升市场份额。供应链方面,深入推进卓越化项目,继续推进安全生产,从而提升整体绩效及增强公司核心竞争力,优化整个供应链系统。支持服务方面,优化架构,加强人力资源管理,对公司各系统的整体提升起到推动作用。

(二) 公司的合并资产负债表

合并资产负债表

编制单位:新疆啤酒花股份有限公司　　　　　　　　　　　　　　单位:人民币元

项目	2014年末	2013年末
流动资产:		
货币资金	261 145 880.62	216 364 187.67
应收票据		

续表

项目	2014 年末	2013 年末
应收账款	3 767 490.49	11 523 918.65
预付款项	31 604 630.54	32 076 551.53
应收利息		
应收股利		
其他应收款	4 127 888.65	4 374 326.22
买入返售金融资产		
存货	268 396 287.85	307 566 788.21
一年内到期的非流动资产		
其他流动资产	39 831 229.02	
流动资产合计	608 873 407.17	571 905 772.28
非流动资产:		
可供出售金融资产	6 000 000.00	6 000 000.00
持有至到期投资		
长期应收款		
长期股权投资		
投资性房地产	62 666 760.76	64 104 717.82
固定资产	545 325 324.35	545 845 580.69
在建工程	17 403 862.01	41 809 116.19
工程物资		
固定资产清理		
生产性生物资产		
油气资产		
无形资产	56 429 149.52	61 950 533.82
开发支出	16 059 747.99	8 921 945.41
商誉		
长期待摊费用	155 346.55	253 460.11
递延所得税资产	34 368 754.67	30 931 425.18
其他非流动资产	2 732 000.00	
非流动资产合计	741 140 945.85	759 816 779.22
资产总计	1 350 014 353.02	1 331 722 551.50
流动负债:		
短期借款		62 589 583.42
应付票据		

续表

项目	2014年末	2013年末
应付账款	91 828 882.70	127 483 549.64
预收款项	9 349 779.70	3 220 820.24
应付职工薪酬	47 753 207.39	49 562 968.28
应交税费	10 929 342.46	3 502 881.83
应付利息		
应付股利	951 977.26	951 977.26
其他应付款	141 145 893.94	136 146 980.08
一年内到期的非流动负债		
其他流动负债		
流动负债合计	301 959 083.45	383 458 760.75
非流动负债：		
长期借款		
应付债券		
长期应付款		
长期应付职工薪酬	257 329 697.65	227 493 000.00
专项应付款	300 000.00	300 000.00
预计负债		
递延收益	9 075 299.17	6 075 657.88
递延所得税负债		
其他非流动负债		
非流动负债合计	266 704 996.82	233 868 657.88
负债合计	568 664 080.27	617 327 418.63
所有者权益		
股本	367 916 646.00	367 916 646.00
资本公积	385 123 355.82	385 123 355.82
减：库存股		
其他综合收益	−1 041 717.50	13 227 895.00
专项储备		
盈余公积	38 293 481.57	38 293 481.57
未分配利润	−338 524 067.35	−376 283 253.14
归属于母公司所有者权益合计	451 767 698.54	428 278 125.25
少数股东权益	329 582 574.21	286 117 007.62
股东权益合计	781 350 272.75	714 395 132.87
负债和所有者权益总计	1 350 014 353.02	1 331 722 551.50

(三)案例要求

(1)根据上述资料,要求编制资产负债表的水平分析表、垂直分析表,并进行分析;

(2)根据上述资料,计算营运资金、流动比率、速动比率,进行短期偿债能力分析;

(3)根据上述资料,计算资产负债率、已获利息倍数,进行长期偿债能力分析;

(4)根据上述资料,计算存货周转率、应收账款周转率、总资产周转率,进行营运能力分析。

第八章 思考与练习

一、填空题

1. 利润增减变动情况分析亦称_____,就是将利润表的实际数与对比标准或基数进行比较,以揭示_____的分析方法。

2. 利润表的结构变动情况分析亦称_____,是通过计算利润表中各项目占_____的比重或结构,反映利润表中的项目与营业收入关系情况及其变动情况,分析说明财务成果的结构及其增减变动的合理程度。

3. 盈利结构分析包括_____和_____。

二、多选题

1. 利润表水平变动情况的分析评价的主要分析内容包括( )。
   A. 净利润分析　　　　　　　　　B. 利润总额分析
   C. 营业利润分析　　　　　　　　D. 融资结构

2. 利润表盈利能力分析主要包括( )。
   A. 销售盈利能力分析　　　　　　B. 资本与资产经营能力分析
   C. 与成本费用有关的盈利能力分析　D. 上市公司盈利能力分析

3. 销售盈利能力分析指标主要包括( )。
   A. 成本费用利润率　　　　　　　B. 营业净利率
   C. 营业利润毛利率　　　　　　　D. 营业利润率

4. 与成本费用有关的盈利能力分析指标包括( )。
   A. 成本费用利润率　　　　　　　B. 营业净利率
   C. 营业利润毛利率　　　　　　　D. 利息保障倍数

5. 下列指标属于上市公司盈利能力指标的包括( )。
   A. 每股收益　　　　　　　　　　B. 市盈率
   C. 股利支付率　　　　　　　　　D. 利息保障倍数

6. 根据杜邦财务分析体系,影响净资产收益率的因素有( )。
   A. 权益乘数　　　　　　　　　　B. 总资产周转率
   C. 销售利润率　　　　　　　　　D. 流动比率

7. 杜邦财务分析体系的主要指标包括( )。
   A. 权益乘数　　　　　　　　　　B. 总资产周转率
   C. 应收账款周转率　　　　　　　D. 销售利润率

三、案例分析题

（一）案例背景资料

承接第七章新疆啤酒花股份有限公司的案例背景资料。

（二）公司的合并利润表

合并利润表

编制单位：新疆啤酒花股份有限公司　　　　　　　　　　　　　　　　　　　　　单位：人民币元

项目	2014年度发生额	2013年度发生额
一、营业总收入	1 132 164 870.73	1 307 258 426.93
其中：营业收入	1 132 164 870.73	1 307 258 426.93
二、营业总成本	1 024 969 758.63	1 157 134 831.07
其中：营业成本	703 018 036.81	801 384 229.46
营业税金及附加	94 723 194.60	115 830 000.43
销售费用	149 258 748.39	102 844 982.04
管理费用	59 601 338.98	91 186 634.60
财务费用	10 508 439.61	9 818 169.61
资产减值损失	7 860 000.24	36 070 814.93
投资收益（损失以"－"号填列）	1 118 699.29	44 969 461.42
三、营业利润（亏损以"－"号填列）	108 313 811.39	195 093 057.28
加：营业外收入	14 740 515.09	16 090 485.55
其中：非流动资产处置利得	2 225 087.82	3 612 973.20
减：营业外支出	3 833 103.61	4 181 230.10
其中：非流动资产处置损失	457 926.27	3 156 920.59
四、利润总额（亏损总额以"－"号填列）	119 221 222.87	207 002 312.73
减：所得税费用	24 515 182.99	40 426 344.55
五、净利润（净亏损以"－"号填列）	94 706 039.88	166 575 968.18
归属于母公司所有者的净利润	37 759 185.79	94 453 318.77
少数股东损益	56 946 854.09	72 122 649.41
六、其他综合收益的税后净额	－27 750 900.00	25 742 040.00
归属母公司所有者的其他综合收益的税后净额	－14 269 612.50	13 227 895.00
七、综合收益总额	66 955 139.88	192 318 008.18
归属于母公司所有者的综合收益总额	23 489 573.29	107 681 213.77
归属于少数股东的综合收益总额	43 465 566.59	84 636 794.41
八、每股收益		
（一）基本每股收益（元/股）	0.103	0.257
（二）稀释每股收益（元/股）	0.103	0.257

（三）案例要求

（1）根据上述资料，要求编制利润表的水平分析表、垂直分析表，并进行分析；

（2）根据上述资料，分别计算2013年度和2014年度的营业毛利率、营业利润率、营业净

利率,进行销售盈利能力分析;

(3) 根据上述资料和下表中的资料,分别计算2013年度和2014年度的净资产收益率、总资产报酬率,进行资本与资产经营盈利能力分析;

新疆啤酒花股份有限公司的股东权益和资产情况表

项目	2014 年	2013 年
股东权益合计	781 350 272.75	714 395 132.87
资产总计	1 350 014 353.02	1 331 722 551.50

(4) 根据上述资料,计算成本费用利润率、利息保障倍数,进行与成本费用有关的盈利能力分析;

(5) 根据上述资料,进行杜邦财务分析。

第九章 思考与练习

一、填空题

1. 现金流量表的结构分析,一般指_____结构分析,是指_____现金流量表中不同项目间的比较与分析,以揭示各项数据在企业现金流量中的相对意义。

2. 现金流量表比较分析,一般也称_____分析,是指用_____的形式,对现金流量表内每个项目的本期或多期的金额与其基期的金额进行比较分析,编制出横向结构百分比现金流量表,从而揭示差距,观察和分析企业现金流量的变化趋势。

3. 现金流量比率是指_____与其他项目数据相比所得的值。

二、单选题

1. 当经营活动现金净流量为负数,投资活动现金净流量为负数,筹资活动现金净流量为正数时,表明该企业处于产品(   )。

   A. 初创期　　　　　　　　　　B. 发展期
   C. 成熟期　　　　　　　　　　D. 衰退期

2. 当经营活动现金净流量为正数,投资活动现金净流量为负数,筹资活动现金净流量为正数时,可以判断企业处于高速(   )。

   A. 初创期　　　　　　　　　　B. 发展期
   C. 成熟期　　　　　　　　　　D. 衰退期

3. 当经营活动现金净流量为正数,投资活动现金净流量为正数,筹资活动现金净流量为负数时,表明企业进入产品(   )。

   A. 初创期　　　　　　　　　　B. 发展期
   C. 成熟期　　　　　　　　　　D. 衰退期

4. 当经营活动现金净流量为负数,投资活动现金净流量为正数,筹资活动现金净流量为负数时,可以认为企业处于(   )。

   A. 初创期　　　　　　　　　　B. 发展期
   C. 成熟期　　　　　　　　　　D. 衰退期

5. 盈利现金比率的计算公式为(   )。

   A. 经营现金净流量÷长期债务总额

B. 经营现金净流量÷净利润

C. 经营活动现金流量净额÷营业利润

D. (现金净流量－优先股股利)÷发行在外的普通股股数

6. 每股现金流量的计算公式为(　　)。

A. 经营现金净流量÷长期债务总额

B. 经营现金净流量÷净利润

C. 经营活动现金流量净额÷营业利润

D. (现金净流量－优先股股利)÷发行在外的普通股股数

7. 现金偿债比率的计算公式为(　　)。

A. 经营现金净流量÷长期债务总额

B. 经营现金净流量÷净利润

C. 经营活动现金流量净额÷营业利润

D. (现金净流量－优先股股利)÷发行在外的普通股股数

三、多选题

1. 现金流量表比较分析的步骤包括(　　)。

A. 计算本年度与上年度各项目的差额

B. 计算本年度的增减比率

C. 计算各现金流入项目和现金流出项目占总现金流入流出的比例

D. 对所计算出来的增减比率从各个项目进行分析

四、案例分析题

(一)案例背景资料

承接第七章新疆啤酒花股份有限公司的案例背景资料。

(二)公司的合并现金流量表

合并现金流量表

编制单位：新疆啤酒花股份有限公司　　　　　　　　　　　　　　单位：人民币元

项目	2014 年度	2013 年度
一、经营活动产生的现金流量：		
销售商品、提供劳务收到的现金	1 352 112 451.32	1 525 937 432.09
收到的税费返还	2 829 315.55	913 730.77
收到其他与经营活动有关的现金	18 026 546.25	19 731 692.85
经营活动现金流入小计	1 372 968 313.12	1 546 582 855.71
购买商品、接受劳务支付的现金	708 100 077.09	746 668 845.84
支付给职工以及为职工支付的现金净额	174 500 979.16	201 597 953.99
支付的各项税费	221 972 003.33	274 308 641.97
支付其他与经营活动有关的现金	72 279 304.33	108 991 536.10
经营活动现金流出小计	1 176 852 363.91	1 331 566 977.90
经营活动产生的现金流量净额	196 115 949.21	215 015 877.81
二、投资活动产生的现金流量：		
收回投资收到的现金	200 697 879.63	99 149 535.42

续 表

项目	2014年度	2013年度
取得投资收益收到的现金	200 000.00	
处置固定资产、无形资产和其他长期资产收回的现金净额	1 192 207.27	4 850 584.44
处置子公司及其他营业单位收到的现金	4 499 909.24	
收到其他与投资活动有关的现金		
投资活动现金流入小计	206 589 996.14	104 000 119.86
购建固定资产、无形资产和其他长期资产支付的现金	64 953 513.84	128 380 954.47
投资支付的现金	230 000 000.00	
质押贷款净增加额		
取得子公司及其他营业单位支付的现金净额		
支付其他与投资活动有关的现金		
投资活动现金流出小计	294 953 513.84	128 380 954.47
投资活动产生的现金流量净额	−88 363 517.70	−24 380 834.61
三、筹资活动产生的现金流量:		
吸收投资收到的现金		
其中:子公司吸收少数股东投资收到的现金		
取得借款收到的现金		79 389 600.42
发行债券收到的现金		
收到其他与筹资活动有关的现金		
筹资活动现金流入小计		79 389 600.42
偿还债务支付的现金	62 589 583.42	136 800 017.00
分配股利、利润或偿付利息支付的现金	2 538 141.81	57 807 077.62
其中:子公司支付给少数股东的股利、利润		54 810 721.96
支付其他与筹资活动有关的现金		
筹资活动现金流出小计	65 127 725.23	194 607 094.62
筹资活动产生的现金流量净额	−65 127 725.23	−115 217 494.20
四、汇率变动对现金及现金等价物的影响		
五、现金及现金等价物净增加额	42 624 706.28	75 417 549.00
加:期初现金及现金等价物余额	215 030 008.41	139 612 459.41
六、期末现金及现金等价物余额	257 654 714.69	215 030 008.41

(三) 案例要求

(1) 根据上述资料,要求编制现金流量表的水平分析表、垂直分析表,并进行分析;

(2) 根据上述资料,分别计算2013年度和2014年度的销售现金比率、盈利现金比率并进行分析;

(3) 根据上述资料,分别计算2013年度和2014年度的经营现金流入量对主营业务收入的比率、经营活动现金流量净额与营业利润的比率和现金偿债比率,并进行分析。

思考与练习答案(客观题)

第一章 思考与练习答案

一、填空题
1. 表头;主表;报表附注;附表
2. 资金运转情况;偿债能力
3. 资产负债表;利润表;现金流量表;所有者权益变动表
4. 静态财务报表;动态财务报表
5. 会计法;企业会计准则

二、多选题
1. ABD
2. ACD
3. ABCD
4. ABCD
5. BCD

第二章 思考与练习答案

一、填空题
1. 财务状况
2. 账户式结构
3. 资产＝负债＋所有者权益
4. 增加额,减少额;减少额,增加额
5. 总账科目;明细
6. 三栏式;多栏式
7. 全部记账凭证;借方发生额
8. 相等;试算平衡
9. 会计报表;总分类账
10. 订本式;三栏式
11. 记账凭证;科目汇总表
12. 报告式;账户式;账户式
13. 资产;负债;所有者权益
14. 增加、减少;减少、增加;减少、增加

二、多选题

1. ABC
2. ABCD
3. ABCD

第三章 思考与练习答案

一、填空题

1. 经营成果;动态
2. 单步式;多步式
3. 主营业务收入;其他业务收入
4. 营业收入;销售费用;公允价值变动收益
5. 营业利润
6. 所得税费用

二、单选题

1. B
2. B

三、多选题

1. ABCD

第四章 思考与练习答案

一、填空题

1. 资产负债表;利润表
2. 应收账款增加
3. 正的净现金流;负的净现金流
4. 现金等价物;现金流出
5. 收付实现制
6. 现金及现金等价物
7. 间接法;经营活动

二、多选题

1. ABC
2. ABCD
3. ABCD
4. ABCD
5. ABCD
6. ABC

第五章 思考与练习答案

一、填空题
1. 企业综合收益
2. 净利润;所有者权益;利润表和资产负债表
3. 资产负债表;利润表;现金流量表;所有者权益变动表

二、多选题
1. ABCDE
2. ABCD
3. ABCDE

第六章 思考与练习答案

一、填空题
1. 比较分析法;比率分析法;趋势分析法;因素分析法
2. 评价职能;预测职能;发展职能;协调职能
3. 债权人;投资者;企业管理者;审计师;分析师;监管机构
4. 偿债能力分析;资产运用效率分析;获利能力分析;投资报酬分析;现金流动分析
5. 实事求是原则;系统分析原则;成本效益原则;可理解性原则
6. 差异额(或绝对额);差异率;变动率
7. 比率因素分解;差异因素分解
8. 比较分析法;比率分析法

二、多选题
1. BCD
2. ABCD
3. AC
4. AD
5. AB
6. ABD
7. ACD
8. ABC

第七章 思考与练习答案

一、填空题
1. 总量变动;资产结构
2. 应收账款;存货

二、单选题
1. A

2. C

三、多选题

1. ABC
2. ABC
3. AD

第八章 思考与练习答案

一、填空题

1. 利润表水平分析;利润变动差异
2. 利润表垂直分析;营业收入
3. 收支结构分析;盈利结构分析

二、多选题

1. ABC
2. ABCD
3. BCD
4. AD
5. ABC
6. ABC
7. ABD

第九章 思考与练习答案

一、填空题

1. 纵向;同一时期
2. 横向结构;金额和百分比
3. 现金流量

二、单选题

1. A
2. B
3. C
4. D
5. B
6. D
7. A

三、多选题

1. ABD

附录一

中国联合网络通信股份有限公司合并及公司资产负债表

2010 年 12 月 31 日

单位:元

资产	2010 年 12 月 31 日	2009 年 12 月 31 日	2010 年 12 月 31 日	2009 年 12 月 31 日
	合并	合并	公司	公司
流动资产				
货币资金	22 790 656 271	8 828 101 716	22 094 474	11 533 374
应收票据	61 453 402	24 522 070	—	—
应收账款	10 407 880 852	9 870 653 801	—	—
预付款项	3 066 549 854	1 853 329 628	—	—
应收利息	1 654 138	6 874 902	—	—
应收股利	—	—	423 498 119	307 361 297
其他应收款	1 616 611 493	6 667 416 291	1 840 968	2 002 560
存货	3 728 424 300	2 412 408 382	—	—
其他流动资产	619 616 472	1 059 443 471	—	—
流动资产合计	42 292 846 782	30 722 750 261	447 433 561	320 897 231
非流动资产				
可供出售金融资产	6 213 538 603	7 976 911 996	—	—
长期股权投资	47 713 824	15 000 000	38 538 133 791	38 538 133 791
固定资产	304 422 521 027	285 035 422 340	6 352 817	5 898 094
在建工程	55 861 735 600	57 843 899 232	—	—
工程物资	3 366 788 885	6 291 784 814	—	—
无形资产	19 869 756 964	19 645 275 246	10 999 555	11 247 662
长期待摊费用	7 723 855 943	7 620 496 398	—	—
递延所得税资产	3 667 496 079	4 080 756 622	—	—
非流动资产合计	401 173 406 925	388 509 546 648	38 555 486 163	38 555 279 547
资产总计	443 466 253 707	419 232 296 909	39 002 919 724	38 876 176 778
流动负债				
短期借款	36 726 520 000	63 908 500 000	—	—
应付短期债券	23 000 000 000	—	—	—
应付票据	585 181 600	1 380 861 045	—	—
应付账款	93 695 041 747	100 567 494 864	—	—
预收款项	29 971 070 505	21 135 828 170	—	—
应付职工薪酬	3 402 371 265	3 598 220 139	—	—
应交税费	1 483 998 972	911 986 749	28 281	96 292
应付利息	743 909 825	216 387 694	—	—

续表

资产	2010年12月31日	2009年12月31日	2010年12月31日	2009年12月31日
	合并	合并	公司	公司
应付股利	24 118 117	24 133 609	61 049	76 541
其他应付款	8 077 305 416	7 780 884 818	5 823 876	7 409 145
一年内到期的非流动负债	184 035 033	88 098 747	—	—
流动负债合计	197 893 552 480	199 612 395 835	5 913 206	7 581 978
非流动负债				
长期借款	1 462 239 790	759 455 307	—	—
应付债券	33 557 754 642	7 000 000 000	—	—
长期应付款	161 603 695	190 913 424	—	—
其他非流动负债（递延收益）	2 170 526 901	2 557 781 469	—	—
递延所得税负债	40 130 185	266 278 342	—	—
非流动负债合计	37 392 255 213	10 774 428 542	—	—
负债合计	235 285 807 693	210 386 824 377	5 913 206	7 581 978
股东权益				
股本	21 196 596 395	21 196 596 395	21 196 596 395	21 196 596 395
资本公积	27 818 940 772	28 060 074 201	17 111 103 108	17 111 103 108
盈余公积	684 955 035	558 500 106	684 955 035	558 500 106
未分配利润	21 153 277 236	21 188 259 723	4 351 980	2 395 191
外币报表折算差额	(17 733 819)	(19 544 587)	—	—
归属母公司股东权益合计	70 836 035 619	70 983 885 838	38 997 006 518	38 868 594 800
少数股东权益	137 344 410 395	137 861 586 694		
股东权益合计	208 180 446 014	208 845 472 532	38 997 006 518	38 868 594 800
负债和股东权益总计	443 466 253 707	419 232 296 909	39 002 919 724	38 876 176 778

附录一

中国联合网络通信股份有限公司合并及公司资产负债表

2011 年 12 月 31 日

单位：元

资产	2011 年 12 月 31 日 合并	2010 年 12 月 31 日 合并（经重列）	2011 年 12 月 31 日 公司	2010 年 12 月 31 日 公司
流动资产				
货币资金	15 439 016 285	22 892 569 517	28 383 556	22 094 474
应收票据	31 490 161	61 453 402	—	—
应收账款	12 439 244 269	10 425 387 072	—	—
预付款项	3 689 114 396	3 067 243 483	—	—
应收利息	1 583 338	1 654 138	—	—
应收股利	—	—	479 119 262	423 498 119
其他应收款	1 924 610 778	1 616 633 144	1 835 991	1 840 968
存货	4 651 374 730	3 728 424 300	—	—
其他流动资产	696 047 622	619 616 472	—	—
流动资产合计	38 872 481 579	42 412 981 528	509 338 809	447 433 561
非流动资产				
可供出售金融资产	6 951 106 326	6 213 538 603	—	—
长期股权投资	47 465 488	47 713 824	38 538 133 791	38 538 133 791
固定资产	325 436 125 614	304 440 266 558	5 960 958	6 352 817
在建工程	52 328 892 232	55 861 735 600	—	—
工程物资	2 337 301 169	3 366 791 778	—	—
无形资产	20 739 627 902	19 871 863 623	10 751 448	10 999 555
长期待摊费用	8 100 299 374	7 724 362 908	—	—
递延所得税资产	3 710 544 195	3 668 413 433	—	—
非流动资产合计	419 651 362 300	401 194 686 327	38 554 846 197	38 555 486 163
资产总计	458 523 843 879	443 607 667 855	39 064 185 006	39 002 919 724
流动负债				
短期借款	32 321 530 000	36 726 520 000	—	—
应付短期债券	38 000 000 000	23 000 000 000	—	—
应付票据	1 046 319 417	585 181 600	—	—
应付账款	91 138 684 831	93 688 780 320	—	—
预收款项	36 620 704 885	29 972 285 104	—	—
应付职工薪酬	3 550 320 691	3 404 906 636	—	—
应交税费	1 233 433 789	1 483 483 552	71 267	28 281
应付利息	834 595 861	743 909 825	—	—
应付股利	8 940 742	24 118 117	—	61 049
其他应付款	8 607 473 651	8 078 377 564	2 816 515	5 823 876

续表

资产	2011年12月31日 合并	2010年12月31日 合并(经重列)	2011年12月31日 公司	2010年12月31日 公司
一年内到期的非流动负债	127 919 616	184 035 033	—	—
流动负债合计	213 489 923 483	197 891 597 751	2 887 782	5 913 206
非流动负债				
长期借款	1 383 679 474	1 462 239 790	—	—
应付债券	33 118 105 681	33 557 754 642	—	—
长期应付款	88 460 997	161 603 695	—	—
其他非流动负债(递延收益)	1 801 330 590	2 170 526 901	—	—
递延所得税负债	31 647 601	40 130 185	—	—
非流动负债合计	36 423 224 343	37 392 255 213	—	—
负债合计	249 913 147 826	235 283 852 964	2 887 782	5 913 206
股东权益				
股本	21 196 596 395	21 196 596 395	21 196 596 395	21 196 596 395
资本公积	27 159 443 685	27 859 867 254	17 111 103 108	17 111 103 108
盈余公积	746 495 256	684 955 035	746 495 256	684 955 035
未分配利润	21 944 910 470	21 160 924 580	7 102 465	4 351 980
外币报表折算差额	(23 643 600)	(17 733 819)		
归属母公司股东权益合计	71 023 802 206	70 884 609 445	39 061 297 224	38 997 006 518
少数股东权益	137 586 893 847	137 439 205 446	—	—
股东权益合计	208 610 696 053	208 323 814 891	39 061 297 224	38 997 006 518
负债和股东权益总计	458 523 843 879	443 607 667 855	39 064 185 006	39 002 919 724

中国联合网络通信股份有限公司合并及公司资产负债表

2012年12月31日

单位:元

资产	2012年12月31日	2011年12月31日	2012年12月31日	2011年12月31日
	合并	合并	公司	公司
流动资产				
货币资金	18 320 075 382	15 439 016 285	38 308 031	28 383 556
应收票据	73 892 565	31 490 161	—	—
应收账款	14 299 836 695	12 439 244 269	—	—
预付款项	4 169 984 192	3 689 114 396	—	—
应收利息	53 941	1 583 338	—	—
应收股利	—	—	551 400 293	479 119 262
其他应收款	5 418 707 908	1 924 610 778	1 523 411	1 835 991
存货	5 803 260 310	4 651 374 730	—	—
其他流动资产	154 280 444	696 047 622	—	—
流动资产合计	48 240 091 437	38 872 481 579	591 231 735	509 338 809
非流动资产				
可供出售金融资产	5 567 113 651	6 951 106 326	—	—
长期股权投资	49 964 427	47 465 488	38 538 133 791	38 538 133 791
固定资产	367 280 968 600	325 436 125 614	5 587 415	5 960 958
在建工程	59 934 754 887	52 328 892 232	—	—
工程物资	1 965 004 362	2 337 301 169	—	—
无形资产	21 362 042 730	20 739 627 902	10 503 341	10 751 448
长期待摊费用	8 898 958 739	8 100 299 374	—	—
递延所得税资产	5 058 391 277	3 710 544 195	—	—
非流动资产合计	470 117 198 673	419 651 362 300	38 554 224 547	38 554 846 197
资产总计	518 357 290 110	458 523 843 879	39 145 456 282	39 064 185 006
流动负债				
短期借款	69 175 125 170	32 321 530 000	—	—
应付短期债券	38 000 000 000	38 000 000 000	—	—
应付票据	285 077 142	1 046 319 417	—	—
应付账款	103 512 018 697	91 138 684 831	—	—
预收款项	43 083 175 709	36 620 704 885	—	—
应付职工薪酬	3 916 948 966	3 550 320 691	—	—
应交税费	1 832 111 706	1 233 433 789	12 181 648	71 267
应付利息	845 799 827	834 595 861	—	—
应付股利	8 940 742	8 940 742	—	—
其他应付款	8 959 530 980	8 607 473 651	2 859 636	2 816 515

续表

资产	2012年12月31日 合并	2011年12月31日 合并	2012年12月31日 公司	2011年12月31日 公司
一年内到期的非流动负债	32 193 020 545	127 919 616	—	—
流动负债合计	301 811 749 484	213 489 923 483	15 041 284	2 887 782
非流动负债				
长期借款	535 851 778	1 383 679 474	—	—
应付债券	2 000 000 000	33 118 105 681	—	—
长期应付款	331 300 694	88 460 997	—	—
其他非流动负债（递延收益）	1 411 941 680	1 801 330 590	—	—
递延所得税负债	32 133 209	31 647 601	—	—
非流动负债合计	4 311 227 361	36 423 224 343	—	—
负债合计	306 122 976 845	249 913 147 826	15 041 284	2 887 782
股东权益				
股本	21 196 596 395	21 196 596 395	21 196 596 395	21 196 596 395
资本公积	26 775 590 138	27 159 443 685	17 111 103 108	17 111 103 108
盈余公积	824 415 632	746 495 256	824 415 632	746 495 256
未分配利润	23 525 010 902	21 944 910 470	(1 700 137)	7 102 465
外币报表折算差额	(24 329 887)	(23 643 600)	—	—
归属母公司股东权益合计	72 297 283 180	71 023 802 206	39 130 414 998	39 061 297 224
少数股东权益	139 937 030 085	137 586 893 847		
股东权益合计	212 234 313 265	208 610 696 053	39 130 414 998	39 061 297 224
负债和股东权益总计	518 357 290 110	458 523 843 879	39 145 456 282	39 064 185 006

中国联合网络通信股份有限公司合并及公司资产负债表

2013 年 12 月 31 日

单位:元

资产	2013 年 12 月 31 日 合并	2012 年 12 月 31 日 合并	2013 年 12 月 31 日 公司	2012 年 12 月 31 日 公司
流动资产				
货币资金	21 589 060 597	18 320 075 382	28 492 707	38 308 031
应收票据	85 806 786	73 892 565	—	—
应收账款	15 312 304 551	14 299 836 695	—	—
预付款项	4 005 637 554	4 169 984 192	—	—
应收利息	310 566	53 941	—	—
应收股利	—	—	651 379 217	551 400 293
其他应收款	5 643 332 565	5 418 707 908	1 452 574	1 523 411
存货	5 535 771 415	5 803 260 310	—	—
其他流动资产	160 549 881	154 280 444	—	—
流动资产合计	52 332 773 915	48 240 091 437	681 324 498	591 231 735
非流动资产				
可供出售金融资产	6 497 100 997	5 567 113 651	—	—
长期股权投资	53 141 130	49 964 427	38 538 133 791	38 538 133 791
固定资产	370 674 381 416	367 280 968 600	5 255 227	5 587 415
在建工程	57 176 424 958	59 934 754 887	—	—
工程物资	1 796 895 217	1 965 004 362	—	—
无形资产	23 822 847 423	21 362 042 730	10 255 234	10 503 341
长期待摊费用	11 334 651 709	8 898 958 739	—	—
递延所得税资产	5 180 414 136	5 058 391 277	—	—
其他非流动资产	2 495 822 362	—	—	—
非流动资产合计	479 031 679 348	470 117 198 673	38 553 644 252	38 554 224 547
资产总计	531 364 453 263	518 357 290 110	39 234 968 750	39 145 456 282
流动负债				
短期借款	95 765 895 663	69 175 125 170	—	—
应付短期债券	35 000 000 000	38 000 000 000	—	—
应付票据	406 317 719	285 077 142	—	—
应付账款	95 745 696 314	103 512 018 697	—	—
预收款项	50 352 480 435	43 083 175 709	—	—
应付职工薪酬	4 927 070 472	3 916 948 966	—	—
应交税费	2 634 109 942	1 832 111 706	75 493	12 181 648
应付利息	568 100 158	845 799 827	—	—

续表

资产	2013年12月31日	2012年12月31日	2013年12月31日	2012年12月31日
	合并	合并	公司	公司
应付股利	2 266 014	8 940 742	—	—
其他应付款	9 081 352 828	8 959 530 980	3 173 915	2 859 636
一年内到期的非流动负债	209 733 286	32 193 020 545	—	—
流动负债合计	294 693 022 831	301 811 749 484	3 249 408	15 041 284
非流动负债				
长期借款	481 296 995	535 851 778	—	—
应付债券	13 001 630 309	2 000 000 000	—	—
长期应付款	254 652 354	331 300 694	—	—
其他非流动负债（递延收益）	1 268 860 999	1 411 941 680	—	—
递延所得税负债	38 885 611	32 133 209	—	—
非流动负债合计	15 045 326 268	4 311 227 361	—	—
负债合计	309 738 349 099	306 122 976 845	3 249 408	15 041 284
股东权益				
股本	21 196 596 395	21 196 596 395	21 196 596 395	21 196 596 395
资本公积	26 745 949 454	26 775 590 138	17 111 103 108	17 111 103 108
盈余公积	919 120 486	824 415 632	919 120 486	824 415 632
未分配利润	26 027 415 661	23 525 010 902	4 899 353	(1 700 137)
外币报表折算差额	(30 142 535)	(24 329 887)	—	—
归属母公司股东权益合计	74 858 939 461	72 297 283 180	39 231 719 342	39 130 414 998
少数股东权益	146 767 164 703	139 937 030 085	—	—
股东权益合计	221 626 104 164	212 234 313 265	39 231 719 342	39 130 414 998
负债和股东权益总计	531 364 453 263	518 357 290 110	39 234 968 750	39 145 456 282

中国联合网络通信股份有限公司合并及公司资产负债表

2014 年 12 月 31 日

单位:元

资产	2014 年 12 月 31 日 合并	2013 年 12 月 31 日 合并	2014 年 12 月 31 日 公司	2013 年 12 月 31 日 公司
流动资产				
货币资金	25 399 678 650	21 589 060 597	35 965 094	28 492 707
以公允价值计量且其变动计入当期损益的金融资产	12 871 426			
应收票据	38 444 704	85 806 786	—	—
应收账款	16 632 115 939	15 312 304 551		
预付款项	4 094 478 005	4 005 637 554		
应收利息	887 145	310 566		
应收股利	—	—	770 946 023	651 379 217
其他应收款	4 801 396 395	5 643 332 565	1 448 866	1 452 574
存货	4 378 472 861	5 535 771 415	—	—
其他流动资产	1 262 309 623	160 549 881		
流动资产合计	56 620 654 748	52 332 773 915	808 359 983	681 324 498
非流动资产				
可供出售金融资产	5 901 979 614	6 497 100 997	—	—
长期股权投资	3 056 537 978	53 141 130	38 538 133 791	38 538 133 791
固定资产	377 765 033 457	370 674 381 416	5 003 766	5 255 227
在建工程	57 190 574 167	57 176 424 958		
工程物资	1 375 300 871	1 796 895 217		
无形资产	25 716 538 830	23 822 847 423	10 007 127	10 255 234
长期待摊费用	13 623 954 065	11 334 651 709		
递延所得税资产	4 679 264 541	5 180 414 136		
其他非流动资产	1 194 730 574	2 495 822 362		
非流动资产合计	490 503 914 097	479 031 679 348	38 553 144 684	38 553 644 252
资产总计	547 124 568 845	531 364 453 263	39 361 504 667	39 234 968 750
流动负债				
短期借款	93 321 002 921	95 765 895 663	—	—
应付票据	107 766 020	406 317 719	—	—
应付账款	112 372 702 753	95 745 696 314		
预收款项	47 470 423 706	50 352 480 435		
应付职工薪酬	6 873 016 135	4 927 070 472		
应交税费	1 466 511 521	2 634 109 942	38 817	75 493
应付利息	765 503 758	568 100 158	—	—

续 表

资产	2014年12月31日	2013年12月31日	2014年12月31日	2013年12月31日
	合并	合并	公司	公司
应付股利	2 266 014	2 266 014	—	—
其他应付款	7 425 989 256	9 081 352 828	4 622 028	3 173 915
一年内到期的非流动负债	11 380 300 366	209 733 286	—	—
其他流动负债	9 978 520 548	35 000 000 000	—	—
流动负债合计	291 164 002 998	294 693 022 831	4 660 845	3 249 408
非流动负债				
长期借款	419 824 527	481 296 995	—	—
应付债券	23 459 900 328	13 001 630 309	—	—
长期应付款	120 107 898	157 397 760	—	—
长期应付职工薪酬	96 804 663	97 254 594	—	—
递延收益	1 496 636 678	1 268 860 999	—	—
递延所得税负债	39 370 551	38 885 611	—	—
非流动负债合计	25 632 644 645	15 045 326 268	—	—
负债合计	316 796 647 643	309 738 349 099	4 660 845	3 249 408
股东权益				
股本	21 196 596 395	21 196 596 395	21 196 596 395	21 196 596 395
资本公积	27 811 699 351	28 024 362 928	17 111 103 108	17 111 103 108
其他综合收益	(1 468 152 809)	(1 308 556 009)	—	—
盈余公积	1 044 822 759	919 120 486	1 044 822 759	919 120 486
未分配利润	28 751 553 676	26 027 415 661	4 321 560	4 899 353
归属母公司股东权益合计	77 336 519 372	74 858 939 461	39 356 843 822	39 231 719 342
少数股东权益	152 991 401 830	146 767 164 703	—	—
股东权益合计	230 327 921 202	221 626 104 164	39 356 843 822	39 231 719 342
负债和股东权益总计	547 124 568 845	531 364 453 263	39 361 504 667	39 234 968 750

附录二

中国联合网络通信股份有限公司合并及公司利润表

2010 年度

单位:元

项目	2010 年度 合并	2009 年度 合并	2010 年度 公司	2009 年度 公司
一、营业收入	176 168 361 570	158 368 819 533		
减:营业成本	(123 734 874 682)	(105 653 764 889)		
营业税金及附加	(4 870 685 998)	(4 487 042 060)		
销售费用	(23 732 607 298)	(20 956 737 441)		
管理费用	(16 112 717 598)	(14 047 876 509)	(10 442 402)	(13 410 954)
财务费用(加:收入)	(1 624 542 243)	(943 518 133)	(2 422 076)	534 500
资产减值损失	(2 663 931 281)	(2 375 636 936)		
加:公允价值变动收益	—	1 239 125 224		
投资收益	484 626 759	212 157 048	1 277 413 763	1 596 772 574
二、营业利润	3 913 629 229	11 355 525 837	1 264 549 285	1 583 896 120
加:营业外收入	1 060 149 128	1 100 637 091		
减:营业外支出	(327 274 954)	(275 186 614)		
三、利润总额	4 646 503 403	12 180 976 314	1 264 549 285	1 583 896 120
减:所得税费用	(975 227 096)	(2 807 082 528)		
四、净利润	3 671 276 307	9 373 893 786	1 264 549 285	1 583 896 120
归属于母公司普通股股东净利润	1 227 610 009	3 137 024 492	1 264 549 285	1 583 896 120
少数股东损益	2 443 666 298	6 236 869 294	不适用	不适用
五、同一控制下企业合并中被合并方在合并前实现的净利润	—	117 276 255	不适用	不适用
六、每股收益(归属于母公司普通股股东)				
基本每股收益	0.057 9	0.148 0	不适用	不适用
稀释每股收益	0.057 6	0.147 2	不适用	不适用
七、其他综合收益	(1 334 815 631)	(37 472 362)		
八、综合收益总额	2 336 460 676	9 336 421 424	1 264 549 285	1 583 896 120
归属于母公司普通股股东综合收益总额	775 317 974	3 124 117 937	1 264 549 285	1 583 896 120
归属于少数股东的综合收益总额	1 561 142 702	6 212 303 487	不适用	不适用

中国联合网络通信股份有限公司合并及公司利润表

2011年度

单位：元

项目	2011年度	2010年度	2011年度	2010年度
	合并	合并(经重列)	公司	公司
一、营业收入	215 518 511 458	176 243 422 124		
减：营业成本	(154 414 023 686)	(123 763 218 376)		
营业税金及附加	(6 351 628 168)	(4 873 381 319)		
销售费用	(28 750 690 843)	(23 734 742 786)		
管理费用	(18 199 737 712)	(16 123 273 282)	(10 676 612)	(10 442 402)
财务费用(加：收入)	(1 243 082 687)	(1 624 003 124)	473 714	(2 422 076)
资产减值损失	(2 771 213 069)	(2 667 652 270)		
加：投资收益	866 240 576	484 626 759	625 590 662	1 277 413 763
二、营业利润	4 654 375 869	3 941 777 726	615 387 764	1 264 549 285
加：营业外收入	1 874 449 694	1 060 169 149	23 449	
减：营业外支出	(864 784 747)	(330 192 862)	(9 001)	
三、利润总额	5 664 040 816	4 671 754 013	615 402 212	1 264 549 285
减：所得税费用	(1 476 075 431)	(980 121 278)		
四、净利润	4 187 965 385	3 691 632 735	615 402 212	1 264 549 285
归属于母公司普通股股东净利润	1 412 245 739	1 234 506 831	615 402 212	1 264 549 285
少数股东损益	2 775 719 646	2 457 125 904		
五、同一控制下企业合并中被合并方在合并前实现的净利润	8 940 742	20 356 428	不适用	不适用
六、每股收益(归属于母公司普通股股东)				
基本每股收益	0.066 6	0.058 2	不适用	不适用
稀释每股收益	0.066 0	0.057 9	不适用	不适用
七、其他综合收益	(1 990 478 831)	(1 334 815 631)		
八、综合收益总额	2 197 486 554	2 356 817 104	615 402 212	1 264 549 285
归属于母公司普通股股东综合收益总额	737 787 260	782 214 796	615 402 212	1 264 549 285
归属于少数股东的综合收益总额	1 459 699 294	1 574 602 308		

中国联合网络通信股份有限公司合并及公司利润表

2012 年度

单位:元

项目	2012 年度	2011 年度	2012 年度	2011 年度
	合并	合并	公司	公司
一、营业收入	256 264 749 435	215 518 511 458		
减:营业成本	—179 108 178 878	—154 414 023 686		
营业税金及附加	(7 338 782 346)	(6 351 628 168)		
销售费用	(35 037 103 692)	(28 750 690 843)		
管理费用	(20 491 250 373)	(18 199 737 712)	(24 870 195)	(10 676 612)
财务费用(加:收入)	(3 416 514 137)	(1 243 082 687)	5 828 981	473 714
资产减值损失	(3 294 126 554)	(2 771 213 069)		
加:投资收益	417 326 751	866 240 576	798 250 738	625 590 662
二、营业利润	7 996 120 206	4 654 375 869	779 209 524	615 387 764
加:营业外收入	2 053 188 618	1 874 449 694		23 449
减:营业外支出	(505 247 938)	(864 784 747)	(5 769)	(9 001)
三、利润总额	9 544 060 886	5 664 040 816	779 203 755	615 402 212
减:所得税费用	(2 518 632 373)	(1 476 075 431)		
四、净利润	7 025 428 513	4 187 965 385	779 203 755	615 402 212
归属于母公司普通股股东净利润	2 368 106 789	1 412 245 739	779 203 755	615 402 212
少数股东损益	4 657 321 724	2 775 719 646		
五、同一控制下企业合并中被合并方在合并前实现的净利润	—	8 940 742	不适用	不适用
六、每股收益(归属于母公司普通股股东)				
基本每股收益	0.111 7	0.066 6	不适用	不适用
稀释每股收益	0.109 9	0.066 0	不适用	不适用
七、其他综合损失	(1 148 741 561)	(1 990 478 831)		
八、综合收益总额	5 876 686 952	2 197 486 554	779 203 755	615 402 212
归属于母公司普通股股东综合收益总额	1 978 912 008	737 787 260	779 203 755	615 402 212
归属于少数股东的综合收益总额	3 897 774 944	1 459 699 294		

中国联合网络通信股份有限公司合并及公司利润表

2013 年度

单位：元

项目	2013 年度	2012 年度	2013 年度	2012 年度
	合并	合并	公司	公司
一、营业收入	303 727 203 182	256 264 749 435		
减：营业成本	(211 657 042 435)	(179 108 178 878)		
营业税金及附加	(8 689 393 669)	(7 338 782 346)		
销售费用	(42 991 498 574)	(35 037 103 692)		
管理费用	(20 373 057 592)	(20 491 250 373)	(12 343 062)	(24 870 195)
财务费用(加：收入)	(2 949 207 468)	(3 416 514 137)	1 333 280	5 828 981
资产减值损失	(4 347 533 230)	(3 294 126 554)		
加：投资收益	197 949 012	417 326 751	958 060 322	798 250 738
二、营业利润	12 917 419 226	7 996 120 206	947 050 540	779 209 524
加：营业外收入	1 439 382 148	2 053 188 618		
减：营业外支出	(680 142 833)	(505 247 938)	(2 000)	(5 769)
三、利润总额	13 676 658 541	9 544 060 886	947 048 540	779 203 755
减：所得税费用	(3 384 222 262)	(2 518 632 373)		
四、净利润	10 292 436 279	7 025 428 513	947 048 540	779 203 755
归属于母公司普通股股东净利润	3 442 853 809	2 368 106 789	947 048 540	779 203 755
少数股东损益	6 849 582 470	4 657 321 724		
五、每股收益(归属于母公司普通股股东)				
基本每股收益	0.162 4	0.111 7	不适用	不适用
稀释每股收益	0.159 0	0.109 9	不适用	不适用
六、其他综合收益	670 275 520	(1 148 741 561)		
七、综合收益总额	10 962 711 799	5 876 686 952	947 048 540	779 203 755
归属于母公司普通股股东综合收益总额	3 667 874 348	1 978 912 008	947 048 540	779 203 755
归属于少数股东的综合收益总额	7 294 837 451	3 897 774 944		

中国联合网络通信股份有限公司合并及公司利润表

2014 年度

单位:元

项目	2014 年度	2013 年度	2014 年度	2013 年度
	合并	合并	公司	公司
一、营业收入	288 570 874 374	303 727 203 182		
二、减:营业成本	(199 936 890 360)	(211 657 042 435)		
营业税金及附加	(4 721 258 591)	(8 689 393 669)		
销售费用	(40 193 368 746)	(42 991 498 574)		
管理费用	(19 825 119 469)	(20 373 057 592)	(13 641 612)	(12 343 062)
财务费用(加:收入)	(4 333 087 838)	(2 949 207 468)	1 159 389	1 333 280
资产减值损失	(4 023 758 839)	(4 347 533 230)		
加:公允价值变动损失	(7 311 523)	—		
投资收益	363 324 686	197 949 012	1 269 504 951	958 060 322
其中:对联营和合营企业的投资(损失)/收益	(28 122 881)	4 537 739		
三、营业利润	15 893 403 694	12 917 419 226	1 257 022 728	947 050 540
加:营业外收入	1 529 245 060	1 439 382 148		
其中:非流动资产处置利得	406 134 169	626 078 732		
减:营业外支出	(1 586 153 087)	(680 142 833)	(2 000)	
其中:非流动资产处置损失	(1 454 264 890)	(550 808 556)		
四、利润总额	15 836 495 667	13 676 658 541	1 257 022 728	947 048 540
减:所得税费用	(3 868 606 057)	(3 384 222 262)		
五、净利润	11 967 889 610	10 292 436 279	1 257 022 728	947 048 540
归属于母公司普通股股东净利润	3 981 738 536	3 442 853 809	1 257 022 728	947 048 540
少数股东损益	7 986 151 074	6 849 582 470		
六、其他综合收益的税后净额	(478 698 136)	670 275 520		
归属母公司所有者的其他综合收益的税后净额	(159 596 800)	225 020 539		
(一)以后不能重分类进损益的其他综合收益:	(722 487)	(798 501)		
1. 重新计量设定受益计划负债的变动	(722 487)	(798 501)		
(二)以后会计期间将重分类进损益的其他综合收益项目:	(158 874 313)	225 819 040		
1. 可供出售金融资产公允价值变动损益	(154 680 221)	231 631 688		

续表

项目	2014年度 合并	2013年度 合并	2014年度 公司	2013年度 公司
2.外币财务报表折算差额	(4 194 092)	(5 812 648)		
归属于少数股东的其他综合收益的税后净额	(319 101 336)	445 254 981		
七、综合收益总额	11 489 191 474	10 962 711 799	1 257 022 728	947 048 540
归属于母公司股东综合收益总额	3 822 141 736	3 667 874 348	1 257 022 728	947 048 540
归属于少数股东的综合收益总额	7 667 049 738	7 294 837 451	—	—
八、每股收益（归属于母公司普通股股东）				
基本每股收益	0.187 8	0.162 4	不适用	不适用
稀释每股收益	0.183 9	0.159 0	不适用	不适用

附录三

中国联合网络通信股份有限公司合并及公司现金流量表

2010 年度

单位:元

项目	2010 年度 合并	2009 年度 合并	2010 年度 公司	2009 年度 公司
一、经营活动产生的现金流量—持续经营业务				
销售商品、提供劳务收到的现金	170 173 835 063	146 940 734 972		
收到的税款返还	97 762 455	5 459 142		
收到其他与经营活动有关的现金	1 882 406 374	419 096 390		
经营活动现金流入小计	172 154 003 892	147 365 290 504		
购买商品、接受劳务支付的现金	(73 707 882 256)	(56 170 245 012)	(8 549 309)	(8 789 379)
支付给职工以及为职工支付的现金	(23 478 996 907)	(22 111 777 965)	(2 898 004)	(3 227 353)
支付的各项税费	(6 757 164 128)	(9 774 448 064)		
经营活动现金流出小计	(103 944 043 291)	(88 056 471 041)	(11 447 313)	(12 016 732)
经营活动产生的现金流量净额(减:支付)	68 209 960 601	59 308 819 463	(11 447 313)	(12 016 732)
二、投资活动产生的现金流量				
处置固定资产、无形资产和其他长期资产所收回的现金净额	374 591 782	611 015 242		
收回投资所收到的现金	—	1 370 989		
取得投资收益所收到的现金	561 683 784	271 580 498	1 158 858 348	1 438 948 918
收到其他与投资活动有关的现金	1 200 945 107	238 259 536		
持续经营业务投资活动现金流入小计	2 137 220 673	1 122 226 265	1 158 858 348	1 438 948 918
购建固定资产、无形资产和其他长期资产所支付的现金	(78 082 801 607)	(81 540 256 970)	(696 878)	(59 784)
投资所支付的现金	(46 275 271)	—		
企业合并所支付的现金	—	(3 895 085 620)		

续表

项目	2010 年度 合并	2009 年度 合并	2010 年度 公司	2009 年度 公司
支付的其他与投资活动有关的现金	(477 672 520)	(897 650 802)		
持续经营业务投资活动现金流出小计	(78 606 749 398)	(86 332 993 392)	(696 878)	(59 784)
持续经营业务投资活动产生的现金流量净额(减:支付)	(76 469 528 725)	(85 210 767 127)	1 158 161 470	1 438 889 134
终止经营业务投资活动产生的现金流量净额(减:支付)	5 121 123 007	(5 039 198 272)		
投资活动产生的现金流量净额(减:支付)	(71 348 405 718)	(90 249 965 399)	1 158 161 470	1 438 889 134
三、筹资活动产生的现金流量—持续经营业务				
子公司吸收少数股东投资所收到的现金	405 515	—		
发行可转换债券所收到的现金	12 143 781 219	—		
发行债券收到的现金	37 881 800 000	—		
取得借款所收到的现金	114 981 978 200	98 317 901 438		
筹资活动现金流入小计	165 007 964 934	98 317 901 438		
偿还债务所支付的现金	(141 451 449 465)	(54 485 351 743)		
分配股利、利润或偿付利息所支付的现金	(5 732 243 210)	(6 504 947 640)	(1 136 153 057)	(1 426 113 884)
回购联通红筹公司股份所支付的现金	—	(8 801 661 273)		
筹资活动现金流出小计	(147 183 692 675)	(69 791 960 656)	(1 136 153 057)	(1 426 113 884)
筹资活动产生的现金流量净额(减:支付)	17 824 272 259	28 525 940 782	(1 136 153 057)	(1 426 113 884)
四、汇率变动对现金的影响	—	—		
五、现金及现金等价物净增加(减少)额	14 685 827 142	(2 415 205 154)	10 561 100	758 518
持续经营业务期末现金及现金等价物净增加额	9 564 704 135	2 623 993 118	10 561 100	758 518
终止经营业务期末现金及现金等价物净增加(减少)额	5 121 123 007	(5 039 198 272)		
加:年初现金及现金等价物余额	7 832 048 194	10 247 253 348	11 533 374	10 774 856
六、年末现金及现金等价物余额	22 517 875 336	7 832 048 194	22 094 474	11 533 374

中国联合网络通信股份有限公司合并及公司现金流量表

2011 年度

单位:元

项目	2011 年度	2010 年度	2011 年度	2010 年度
	合并	合并(经重列)	公司	公司
一、经营活动产生的现金流量—持续经营业务				
销售商品、提供劳务收到的现金	205 738 561 772	170 248 492 218		
收到的税款返还	27 664 445	97 762 455		
收到其他与经营活动有关的现金	547 931 509	1 887 813 551		
经营活动现金流入小计	206 314 157 726	172 234 068 224		
购买商品、接受劳务支付的现金	(100 918 902 794)	(73 721 453 945)	(10 149 436)	(8 549 309)
支付给职工以及为职工支付的现金	(26 443 414 889)	(23 504 105 093)	(2 876 826)	(2 898 004)
支付的各项税费	(9 498 977 137)	(6 767 502 730)		
经营活动现金流出小计	(136 861 294 820)	(103 993 061 768)	(13 026 262)	(11 447 313)
经营活动产生的现金流量净额(减:支付)	69 452 862 906	68 241 006 456	(13 026 262)	(11 447 313)
二、投资活动产生的现金流量				
处置固定资产、无形资产所收回的现金净额	1 431 320 599	374 602 080	41 000	
取得投资收益所收到的现金	1 047 765 284	561 683 784	570 446 899	1 158 858 348
收到其他与投资活动有关的现金	181 172 648	1 200 945 107		
持续经营业务投资活动现金流入小计	2 660 258 531	2 137 230 971	570 487 899	1 158 858 348
购建固定资产、无形资产所支付的现金	(81 817 902 431)	(78 086 433 622)		(696 878)
投资所支付的现金	(3 367 586 262)	(46 275 271)		
支付的其他与投资活动有关的现金	(212 436 455)	(477 672 520)		
持续经营业务投资活动现金流出小计	(85 397 925 148)	(78 610 381 413)		(696 878)

续表

项目	2011 年度 合并	2010 年度 合并(经重列)	2011 年度 公司	2010 年度 公司
持续经营业务投资活动产生的现金流量净额(减:支付)	(82 737 666 617)	(76 473 150 442)	570 487 899	1 158 161 470
终止经营业务投资活动产生的现金流量净额	—	5 121 123 007		
投资活动产生的现金流量净额(减:支付)	(82 737 666 617)	(71 352 027 435)	570 487 899	1 158 161 470
三、筹资活动产生的现金流量—持续经营业务				
子公司吸收少数股东投资所收到的现金	33 422 359	405 515		
发行可转换债券所收到的现金	—	12 143 781 219		
发行债券收到的现金	61 866 594 907	37 881 800 000		
取得借款所收到的现金	55 460 955 472	114 981 978 200		
筹资活动现金流入小计	117 360 972 738	165 007 964 934		
偿还债务所支付的现金	(106 305 374 182)	(141 451 449 465)		
分配股利、利润或偿付利息所支付的现金	(5 255 611 884)	(5 732 243 210)	(551 172 555)	(1 136 153 057)
筹资活动现金流出小计	(111 560 986 066)	(147 183 692 675)	(551 172 555)	(1 136 153 057)
筹资活动产生的现金流量净额(减:支付)	5 799 986 672	17 824 272 259	(551 172 555)	(1 136 153 057)
四、汇率变动对现金的影响	—	—		
五、现金及现金等价物净增加(减少)额	(7 484 817 039)	14 713 251 280	6 289 082	10 561 100
持续经营业务期末现金及现金等价物净增加额	(7 484 817 039)	9 592 128 273	6 289 082	10 561 100
终止经营业务期末现金及现金等价物净增加(减少)额	—	5 121 123 007		
加:年初现金及现金等价物余额	22 619 788 582	7 906 537 302	22 094 474	11 533 374
六、年末现金及现金等价物余额	15 134 971 543	22 619 788 582	28 383 556	22 094 474

中国联合网络通信股份有限公司合并及公司现金流量表

2012 年度

单位:元

项目	2012 年度 合并	2011 年度 合并	2012 年度 公司	2011 年度 公司
一、经营活动产生的现金流量				
销售商品、提供劳务收到的现金	243 095 682 578	205 738 561 772		
收到的税款返还	15 896 336	27 664 445		
收到其他与经营活动有关的现金	742 007 719	547 931 509		
经营活动现金流入小计	243 853 586 633	206 314 157 726		
购买商品、接受劳务支付的现金	(129 290 641 103)	(100 918 902 794)	(8 676 832)	(10 149 436)
支付给职工以及为职工支付的现金	(28 478 883 962)	(26 443 414 889)	(3 110 150)	(2 876 826)
支付的各项税费	(11 345 656 385)	(9 498 977 137)		
经营活动现金流出小计	(169 115 181 450)	(136 861 294 820)	(11 786 982)	(13 026 262)
经营活动产生的现金流量净额(减:支付)	74 738 405 183	69 452 862 906	(11 786 982)	(13 026 262)
二、投资活动产生的现金流量				
处置固定资产、无形资产所收回的现金净额	1 085 829 708	1 431 320 599	690	41 000
取得投资收益所收到的现金	489 491 911	1 047 765 284	731 802 147	570 446 899
收到其他与投资活动有关的现金	288 324 452	181 172 648		
投资活动现金流入小计	1 863 646 071	2 660 258 531	731 802 837	570 487 899
购建固定资产、无形资产所支付的现金	(90 766 178 785)	(81 817 902 431)	(5 399)	
投资所支付的现金	—	(3 367 586 262)		
取得子公司及其他营业单位支付的现金净额	(10 314 455 759)	—		
支付的其他与投资活动有关的现金	(16 363 723)	(212 436 455)		
投资活动现金流出小计	(101 096 998 267)	(85 397 925 148)	(5 399)	
投资活动产生的现金流量净额(减:支付)	(99 233 352 196)	(82 737 666 617)	731 797 438	570 487 899
三、筹资活动产生的现金流量				

续表

项目	2012 年度 合并	2011 年度 合并	2012 年度 公司	2011 年度 公司
子公司吸收少数股东投资所收到的现金	774 287	33 422 359		
发行债券收到的现金	67 797 255 195	61 866 594 907		
取得借款所收到的现金	87 111 129 125	55 460 955 472		
筹资活动现金流入小计	154 909 158 607	117 360 972 738		
偿还债务所支付的现金	(120 620 855 774)	(106 305 374 182)		
分配股利、利润或偿付利息所支付的现金	(6 640 335 994)	(5 255 611 884)	(710 085 981)	(551 172 555)
筹资活动现金流出小计	(127 261 191 768)	(111 560 986 066)	(710 085 981)	(551 172 555)
筹资活动产生的现金流量净额(减:支付)	27 647 966 839	5 799 986 672	(710 085 981)	(551 172 555)
四、汇率变动对现金的影响	—	—		
五、现金及现金等价物净增加(减少)额	3 153 019 826	(7 484 817 039)	9 924 475	6 289 082
加:年初现金及现金等价物余额	15 134 971 543	22 619 788 582	28 383 556	22 094 474
六、年末现金及现金等价物余额	18 287 991 369	15 134 971 543	38 308 031	28 383 556

中国联合网络通信股份有限公司合并及公司现金流量表

2013 年度

单位：元

项目	2013 年度 合并	2012 年度 合并	2013 年度 公司	2012 年度 公司
一、经营活动产生的现金流量				
销售商品、提供劳务收到的现金	294 067 611 299	243 095 682 578		
收到的税费返还	91 271 182	15 896 336		
收到其他与经营活动有关的现金	359 145 416	742 007 719		
经营活动现金流入小计	294 518 027 897	243 853 586 633		
购买商品、接受劳务支付的现金	(166 120 717 704)	(129 290 641 103)	(7 073 212)	(8 676 832)
支付给职工以及为职工支付的现金	(30 643 231 169)	(28 478 883 962)	(4 057 113)	(3 110 150)
支付的各项税费	(14 384 614 657)	(11 345 656 385)	(12 321 631)	
经营活动现金流出小计	(211 148 563 530)	(169 115 181 450)	(23 451 956)	(11 786 982)
经营活动产生的现金流量净额	83 369 464 367	74 738 405 183	(23 451 956)	(11 786 982)
二、投资活动产生的现金流量				
收回投资收到的现金	250 000	—		
取得投资收益收到的现金	350 241 246	489 491 911	859 418 917	731 802 147
处置固定资产、无形资产和其他长期资产收回的现金净额	1 542 675 900	1 085 829 708		690
收到其他与投资活动有关的现金	8 188 030	288 324 452		
投资活动现金流入小计	1 901 355 176	1 863 646 071	859 418 917	731 802 837
购建固定资产、无形资产和其他长期资产所支付的现金	(78 807 504 351)	(90 766 178 785)	(38 089)	(5 399)
取得子公司及其他营业单位支付的现金净额	—	(10 314 455 759)		
支付其他与投资活动有关的现金	(30 309 666)	(16 363 723)		
投资活动现金流出小计	(78 837 814 017)	(101 096 998 267)	(38 089)	(5 399)
投资活动产生的现金流量净额	(76 936 458 841)	(99 233 352 196)	859 380 828	731 797 438

续表

项目	2013 年度 合并	2012 年度 合并	2013 年度 公司	2012 年度 公司
三、筹资活动产生的现金流量				
子公司吸收少数股东投资收到的现金	1 101 880 306	774 287		
取得借款收到的现金	186 995 417 495	154 908 384 320		
筹资活动现金流入小计	188 097 297 801	154 909 158 607		
偿还债务支付的现金	(183 484 950 613)	(120 620 855 774)		
分配股利、利润或偿付利息所支付的现金	(7 756 335 346)	(6 640 335 994)	(845 744 196)	(710 085 981)
筹资活动现金流出小计	(191 241 285 959)	(127 261 191 768)	(845 744 196)	(710 085 981)
筹资活动产生的现金流量净额	(3 143 988 158)	27 647 966 839	(845 744 196)	(710 085 981)
四、汇率变动对现金及现金等价物的影响	(42 153 789)	—		
五、现金及现金等价物净增加(减少)额	3 246 863 579	3 153 019 826	(9 815 324)	9 924 475
加:年初现金及现金等价物余额	18 287 991 369	15 134 971 543	38 308 031	28 383 556
六、年末现金及现金等价物余额	21 534 854 948	18 287 991 369	28 492 707	38 308 031

中国联合网络通信股份有限公司合并及公司现金流量表

2014 年度

单位:元

项目	2014 年度 合并	2013 年度 合并	2014 年度 公司	2013 年度 公司
一、经营活动产生的现金流量				
销售商品、提供劳务收到的现金	282 938 421 499	294 067 611 299		
收到的税费返还	14 844 651	91 271 182		
收到其他与经营活动有关的现金	947 571 134	359 145 416	52 576	
经营活动现金流入小计	283 900 837 284	294 518 027 897	52 576	
购买商品、接受劳务支付的现金	(139 002 602 474)	(161 378 534 771)	(2 756 283)	(7 073 212)
支付给职工以及为职工支付的现金	(32 688 262 589)	(30 643 231 169)	(5 316 469)	(4 057 113)
支付的各项税费	(15 517 667 301)	(14 384 614 657)	(68 495)	(12 321 631)
支付的其他与经营活动有关的现金	(4 263 124 761)	(4 742 182 933)	(3 516 629)	
经营活动现金流出小计	(191 471 657 125)	(211 148 563 530)	(11 657 876)	(23 451 956)
经营活动产生的现金流量净额	92 429 180 159	83 369 464 367	(11 605 300)	(23 451 956)
二、投资活动产生的现金流量				
收回投资收到的现金	—	250 000		
取得投资收益收到的现金	636 913 732	350 241 246	1 151 101 725	859 418 917
处置固定资产、无形资产和其他长期资产收回的现金净额	796 891 687	1 542 675 900		
收到其他与投资活动有关的现金	785 114	8 188 030		
投资活动现金流入小计	1 434 590 533	1 901 355 176	1 151 101 725	859 418 917
购建固定资产、无形资产和其他长期资产所支付的现金	(73 390 940 253)	(78 807 504 351)	(125 790)	(38 089)
投资支付的现金	(3 075 386 390)	—		
支付其他与投资活动有关的现金	(2 144 008)	(30 309 666)		
投资活动现金流出小计	(76 468 470 651)	(78 837 814 017)	(125 790)	(38 089)

续 表

项目	2014 年度	2013 年度	2014 年度	2013 年度
	合并	合并	公司	公司
投资活动产生的现金流量净额	(75 033 880 118)	(76 936 458 841)	1 150 975 935	859 380 828
三、筹资活动产生的现金流量				
子公司吸收少数股东投资收到的现金	870 865 596	1 101 880 306		
取得借款收到的现金	200 046 623 851	186 995 417 495		
筹资活动现金流入小计	200 917 489 447	188 097 297 801		
偿还债务支付的现金	(206 213 510 730)	(183 484 950 613)		
分配股利、利润或偿付利息所支付的现金	(8 289 729 299)	(7 756 335 346)	(1 131 898 248)	(845 744 196)
筹资活动现金流出小计	(214 503 240 029)	(191 241 285 959)	(1 131 898 248)	(845 744 196)
筹资活动产生的现金流量净额	(13 585 750 582)	(3 143 988 158)	(1 131 898 248)	(845 744 196)
四、汇率变动对现金及现金等价物的影响	(290 300)	(42 153 789)		
五、现金及现金等价物净增加(减少)额	3 809 259 159	3 246 863 579	7 472 387	(9 815 324)
加：年初现金及现金等价物余额	21 534 854 948	18 287 991 369	28 492 707	38 308 031
六、年末现金及现金等价物余额	25 344 114 107	21 534 854 948	35 965 094	28 492 707

参 考 文 献

[1] 黄倩,丛连钢.会计报表解读与分析.北京:中国人民大学出版社,2012.
[2] 甘娅丽.财务报表编制与分析.北京:北京理工大学出版社,2011.
[3] 李芳懿.财务报表编制与分析.北京:中国市场出版社,2011.
[4] 郑艳秋,向显湖.财务报表编制与分析.北京:清华大学出版社,北京交通大学出版社,2013.
[5] 姚文英.财务报表分析.大连:东北财经大学出版社,2013.
[6] 陆正飞.财务报告与分析.北京:北京大学出版社,2014.
[7] 陈锷.会计报表编制与分析.北京:经济科学出版社,2013.
[8] 郭梅,王书果.财务报表编制与分析.山东:山东人民出版社,2014.
[9] 王化成.财务报表分析.北京:北京大学出版社,2014.
[10] 徐泓.基础会计学.北京:机械工业出版社,2010.
[11] 岳虹.财务报表分析.北京:中国人民大学出版社,2014.
[12] 葛家澍,刘峰.会计理论.北京:中国财政经济出版社,2003.